Werner Frieling
Das Herz des Steines
Sozialarbeit mit traumatisierten Menschen
Arbeit für Pflegekinder
Ein Erfahrungsbericht mit der Beschreibung
von Methoden und Theoriekonzepten

Dieses Buch widme ich den Menschen, die mir in meinem Leben begegnet sind. Sie alle sind beteiligt an der Entwicklung meiner Gedanken, Gefühle und Möglichkeiten, ohne Ausnahme.

Werner Frieling

Das Herz des Steines

Sozialarbeit mit traumatisierten Menschen

Arbeit für Pflegekinder

Ein Erfahrungsbericht mit der Beschreibung
von Methoden und Theoriekonzepten

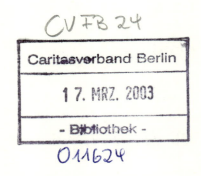

Bibliographische Information Der Deutschen Bibliothek
Die Deutsche Bibliothek verzeichnet diese Publikation in der Deutschen National-
bibliographie; detaillierte Daten sind im Internet über http://dnb.ddb.de abrufbar.

Copyright 2003 by VERLAG HANS JACOBS
Hellweg 72, 32791 Lage, Germany
Printed by bertelsmann media

ISBN 3-89918-109-3

Vorwort 9

Fallbericht – eine thematische Einführung 11

Einleitung 19
   Die Tätigkeit im Fachdienst für Pflegekinder 24
   Frühe Kommunikation als entscheidender Faktor zur Prägung der
   emotionalen Entwicklung 28

Kapitel I 33
   Fallgeschichte - Roy - 33
   Die sekundäre Traumatisierung, eine Folge der Übertragung 40

Kapitel II 41
   Agnes 41
   Eltern 45
     Frau Meier 50
   Grenzen der Arbeit 51
   Helferkrisen 53

Kapitel III 57
   Der Energiehaushalt von Gruppen und Personen 57
   Die Konfrontation des Opfers mit dem Täter 62
   Die Pflicht, zu helfen 64

Kapitel IV 69
   Anna 69
   Die bittere Seite 71

Kapitel V 75
Arbeitsabläufe zur Vermittlung eines Pflegekindes 75
Die Vorbereitung von Pflegefamilien 75
Der Bewerbungsprozess von Pflegeeltern / Erziehungsstellen 76
Die Arbeit mit der Familiengrafik und dem Zeitstrahl 78
Die Bedeutung für das Bewerbungsverfahren 87
Traumbilder 87
Der Umgang mit kritischen Themen 89
Ein Kind passt nicht in jede Familie 90
Die Vermittlung 93
   Ich habe soeben 95
   Angelina 98
   Die Erlaubnis 101
Ideologie 102

Kapitel VI 105
Pflegekinder sind Kinder mit gemeinsamen Erfahrungen 105
Deutung und Fehldeutung von Signalen 107
Karla 107
Das Kind verstehen 110
Normen und Werte 116
Georg 117

Kapitel VII 125
Das Konzept 'Familie' 125
Lebensraum – Familie 126
Auswirkungen auf das bestehende Potential zur Aufnahme eines
Pflegekindes 128
Auswirkungen für Pflegekinder 129

Kapitel VIII 131
Die Arbeit mit traumatisierten Kindern 131
   Die Gestaltung des sozialen Klimas 132
   Besuchskontakte - die Präsenz der Ursprungsfamilie 133
   Robert 137
   Zusammenfassung und Bewertung 142

Kapitel IX 145
   Laufende Beratung / Methoden 145
   Das Beratungssystem 146
      Der Umgang mit dem Krisenverlauf des Kindes 148
      Das sichere Umfeld 150
      Biographiearbeit 153
      Fachliche Begleitung und Unterstützung 155
      Gruppenarbeit mit Pflegeeltern / Erziehungsstellen 157
      Erlebnisorientierte Gruppenarbeit mit Pflegekindern 162
      Beratungsarbeit mit Kindern 169
   Methodische Eigenständigkeit 187

Kapitel X 189
   Kind und Pflegefamilie leben in unterschiedlichen Welten 189
   Ein Bild 189
   Kontrollmechanismen 191
   Übertragung 193
      Energie-Smog 195

Kapitel XI 203
   Schutz und Entlastung 203
   Veränderungen des Lebensortes und –raumes 205
   Das Rollenverständnis des Sozialarbeiters 208

Das Prinzip von Ursache und Wirkung 211
   Die offene Frage 215

Schlussbemerkungen 217

Nachtrag: Finanzielle Leistungen in der Pflegekinderarbeit 219

Quellen 220

Anmerkungen 221

Literaturhinweise 227

Vorwort

Dieses Buch habe ich geschrieben, damit bei Fachleuten oder Laien Verständnis für die oft sehr schwierige Situation von Menschen entsteht, die wir zwar oft nicht verstehen, die wir aber doch auf menschliche Weise begleiten können. Es soll auch einen Einblick in die Arbeit von Sozialarbeitern in den Fachdiensten der Jugendämter und freien Träger geben, die sich mit der Arbeit um Pflegekinder beschäftigen.

Zunächst einmal möchte ich den vielen Menschen danken, die mich auf meiner beruflichen Reise begleitet haben. Dieses Manuskript wäre ohne sie alle nie geschrieben worden, es hätte keine Substanz.

Dazu geht mein ganz besonderer Dank an meine Frau Margret. Sie hat sich in den vielen Jahren immer auch für meine Arbeit interessiert und war meine Ansprechpartnerin in vielen entscheidenden Überlegungen. Sie hat auch die erste Rohfassung dieses Manuskriptes gelesen und hat mir Mut gemacht, es weiter auszuarbeiten und vielleicht ein Buch daraus werden zu lassen.

Diejenigen, die mein Manuskript gelesen und mir wichtige Hinweise zu dem weiteren Umgang hiermit gegeben haben, sind Helmut Bentlage, ein Pflegevater und Freund, Frau Opriel, Erziehungsstellenmutter und Juristin, Frau Slagman, Erziehungsstellenmutter und Lehrerin, Heike Meinicke, eine ehemalige Studentin und Praktikantin, Prof. Dr. Otto Schütt, ein Freund, Andreas Mielck, Soziologe und Freund, Frau Wichert, Psychologin und Kinder- und Jugendpsychotherapeutin, Andrea Väthjunker und Claudia Kufferath, lieb gewordene Kolleginnen. Sie alle haben großen Verdienst an der Konkretisierung meiner Gedanken und der Zusammenfassung der Texte durch ihre Kritik. Ich bin sehr froh darüber, dass mir diese Menschen begegnet sind und darüber, zu wissen, dass sie mich im Leben begleiten.

Mein besonderer Dank geht auch an Wolfgang Zilla, meinen Kollegen, der überraschend die finanziellen Mittel zur Veröffentlichung zur Verfügung stellte, an Frau Feldt, die als Lektorin die letzte Fassung dieses Buches korrigierte und Frau Eller, die das Formatieren übernahm. Gerhard Schmal hat den Umschlag gestaltet, auch ihm gilt mein herzlicher Dank. Ganz besonders möchte ich meinem Freund Andreas Mielck danken, der, als ich die Veröffentlichung bereits aufgegeben hatte, erfolgreich daran arbeitete einen Verlag zu finden und die erforderlichen Abläufe koordinierte.

Das ist keine Absage an all die anderen Menschen, die direkt oder indirekt an der Entstehung dieses Manuskriptes beteiligt sind. Ihnen allen gebührt der Dank, in besonderer Weise aber den Hauptpersonen dieses Buches, den Pflegekindern und den Pflege- und Erziehungsstellen.

Ich habe in diesem Buch zum Teil sehr persönliche Aussagen der betroffenen Personen wiedergegeben. Mit einzelnen Personen habe ich über die Kapitel gesprochen, in denen ich über ihre Erfahrungen geschrieben habe. Sie sind mit der Veröffentlichung einverstanden. Mit anderen ist ein Gespräch nicht möglich. Keine der betroffenen Personen kann in diesem Buch identifiziert werden. Alter, Name und andere persönliche Hinweise sind so verfremdet, dass sie nicht zugeordnet werden können. Die Berichte zu Einzelpersonen sind aus meiner Erinnerung zusammengestellt. Akten des Jugendamtes, in dem ich tätig bin, wurden nicht verwandt. Soweit sich jemand persönlich beschrieben sehen könnte, sei versichert, dass erkennbare Ähnlichkeiten mit Personen nicht gewollt, sondern zufällig entstanden sind. Der Leser kann aber sicher sein, dass die einzelnen Berichte in ähnlicher Weise in der Realität vorgekommen sind und meiner persönlichen, beruflichen Erfahrung entsprechen.

Ich hoffe, dass der Leser mit dem nötigen Respekt und der Achtung vor dem Leben der Menschen, deren Erfahrungen in diesem Buch wiedergegeben werden, umgeht.

Im Besonderen möchte ich darauf hinweisen, dass niemandem eine Beurteilung oder Verurteilung der hier geschilderten Schicksale zusteht. Jeder hat sein eigenes Schicksal, und nicht immer ist es so, wie man es sich wünscht.

Betroffenen, die sich trotz aller angewandter Vorsicht wiedererkennen, stehe ich gerne als Gesprächspartner zur Verfügung.

In diesem Buch wird vielleicht der eine oder die andere die nähere Differenzierung zwischen Männern und Frauen bei der Berufbezeichnung oder bei anderen Gelegenheiten vermissen. Zur sprachlichen und stilistischen Vereinfachung habe ich mich für die maskuline Form entschieden und bitte alle diejenigen, die daran Anstoß nehmen, um Nachsicht.

Fallbericht – eine thematische Einführung

Vor ca. vier Jahren lernte ich das damals neunjährige Mädchen Nicole kennen. Sie lebte in einer Pflegefamilie. Ihre Mutter war an einem Tumor erkrankt, die Lebenserwartung betrug maximal ein ½ Jahr. Ich lernte Nicole im Oktober kennen, im Januar des folgenden Jahres begleitete ich sie zu der Beerdigung ihrer Mutter.
Die Pflegemutter, Frau Rotbusch, hatte dieses Kind durch ihren Kontakt mit einer Beratungsstelle kennen gelernt und es immer wieder während der unterschiedlichen Krankenhausaufenthalte der Mutter bei sich aufgenommen. Sie begleitete die Mutter im Hospiz, bis diese starb und gab dem damals sehr verunsicherten Mädchen die erforderliche Geborgenheit und den Schutz, den es benötigte.
Ich lernte die Situation im Rahmen der Hilfeplanung kennen. Die damals schon sehr geschwächte Kindesmutter wünschte ausdrücklich die Unterbringung des Kindes bei dieser Familie während ihrer Erkrankung und auch nach ihrem vorhersehbaren Tod.
Familie Rotbusch bestand aus einer alleinerziehenden Mutter mit drei eigenen Kindern, einem Jungen von fünfzehn, einem Mädchen von vierzehn und einem weiteren Jungen von sieben Jahren.

Nicole wirkte von Beginn der Betreuung an sehr verwirrt. Sie hatte keinen Orientierungssinn, sie brachte alle Menschen um sich herum dazu, sich erhebliche Sorgen um sie zu machen. Sie hatte psychosomatische Auffälligkeiten (z. B. fiel sie in der Schule eines Tages auf die Erde und erklärte, ihr Rücken sei gebrochen und zwar mehrmals. Obwohl der Lehrer die Situation gesehen hatte, zweifelte er bei der Darbietung des Kindes bald an seiner Wahrnehmung und rief den Krankenwagen und die Pflegemutter. Erst im Krankenhaus, als die Ärzte ihr sagten, sie sei gesund, glaubte Nicole das, stand auf und ging mit der Pflegemutter nach Hause).
Immer wieder wirkte ihr Verhalten sehr stark sexualisiert. So bat sie ihr völlig fremde männliche Freunde der Pflegemutter, sie ins Bett zu bringen, massierte ihnen den Nacken, wenn sie saßen und sich unterhielten, so dass die Pflegemutter einschreiten musste.
Während der Rekonstruktion ihrer Biographie wurde deutlich, dass sie zu Hause häufig Zeugin intensiver sexueller Kontakte ihrer Mutter war. Der wesentliche Hinweisgeber hierzu war ihre um 19 Jahre ältere Schwester.

Diese Schwester berichtete von sexuellen Exzessen der Mutter im Beisein der Kinder und von massiven gewaltsamen Übergriffen der Mutter gegenüber den Kindern, nachdem sie sich mit Alkohol und Männern ausgelebt hatte. Sie berichtete auch von einer Situation, an der Nicole beteiligt war und dafür ein großzügiges Geldgeschenk von einem Lover der Mutter bekam. Nicole selber beschrieb, wie der Großvater sie sexuell belästigte und die Mutter, nachdem Nicole davon berichtet hatte, den Kontakt zu ihm abbrach.
Diese Beschreibungen und der erkennbare Bedarf an Erziehungsleistung durch Frau Rotbusch sowie an Unterstützung durch Fachberatung führte dazu, dass Nicole und die Pflegefamilie in das von mir betreute Erziehungsstellenprojekt übernommen wurde.

Von Beginn an wurde Nicole durch den psychologischen Dienst ihrer Schule begleitet. Sie verstand es, ihre Psychotherapeutin so zu manipulieren, dass diese davon überzeugt war, das Mädchen würde in der Erziehungsstelle massiv geschädigt. Eltern einer Mitschülerin verstand sie so zu beeinflussen, dass diese ihr eine Geburtstagsfeier ausrichteten und dort auch beschenkten. Nicole hatte berichtet, ihr Geburtstag werde nicht in der Familie gefeiert, obwohl eine umfangreiche Party organisiert war, zu der auch ihre Geschwister und der Vater eingeladen waren. Frau Rotbusch fiel aus allen Wolken, als sie von der alternativen Veranstaltung hörte.
Nicole ist musikalisch sehr begabt. Die Erziehungsstelle organisierte mit finanzieller Unterstützung des Jugendamtes, der Musikschule und auch aus eigenen Mitteln den Einkauf eines passenden Instrumentes, das ihrer Begabung gerecht wurde.
Über einen Zeitraum von ca. zwei Jahren hatten wir, die Erziehungsstelle und ich als Fachberater in jeder Woche Kontakt miteinander, später vierzehntägig. Einmal im Monat fanden für die Dauer eines Jahres Gespräche mit Nicole und mir als Fachberater im Beisein der Erziehungsstellenmutter statt, um ihre sehr chaotische Situation mit ihr durchzusprechen und diese für sich verstehbar und veränderbar zu machen. Verhaltensalternativen wurden mit ihr entwickelt und deren Erfolg oder Misserfolg besprochen.
Mit den Geschwistern wurden die Grenzen und Möglichkeiten der Kontakte zueinander geklärt. Zu dem nichtehelichen Kindesvater wurden Kontakte aufgebaut, welche die Mutter jahrelang unterbunden hatte. Dieser Kontakt wurde von ihm sehr einfühlsam und fürsorglich, aber auch in der Verbindlichkeit unzuverlässig gestaltet. Überhaupt waren die Kontakte der

Ursprungsfamilie zu Nicole wenig verbindlich und laufend von Missverständnissen und gegenseitigen Vorwürfen geprägt.
Die Erziehungsstellenmutter war eingebunden in den Erziehungsstellenkreis, in dem sich die von mir betreuten Familien regelmäßig einmal im Monat treffen. Nicole nahm zusätzlich zu ihrem regelmäßigen Kontakt mit der Fachberatung an einer Ferienmaßnahme mit anderen Pflegekindern teil.
Nicole wurde bei den Pfadfindern angemeldet, ging gerne dort hin und war gerne gesehen. Sie besuchte ein Gymnasium. Die Leistungen in der Schule waren mit sehr gutem Willen der Lehrer befriedigend.

Nicoles Mutter hat Promiskuität[1] und Alkoholsucht gelebt. Beide lebten lange Zeit alleine. Als Nicole geboren wurde, war die ältere Schwester bereits zu Hause ausgezogen, ihr Bruder lebte noch für vier Jahre mit im Haushalt der Mutter. Die Mutter beendete jede Beziehung zu anderen Menschen nach dem kleinsten Konflikt. Die Kinder wurden körperlich oder durch Missachtung bestraft, wenn sie gegen den oft nicht erkennbaren Willen der Mutter verstießen. Nicole hatte durch die Mutter gelernt, Beziehungen als unverbindlich anzusehen und in jedem Augenblick das zu sagen oder zu tun, was, dem Lustprinzip folgend, die größte Befriedigung versprach. Zudem hatte sie gelernt, Menschen schnell gegeneinander auszuspielen, indem sie Sachverhalte zwar schilderte, aber doch so verdreht, dass sie selber den Eindruck eines armen, vernachlässigten Kindes erweckte, das von den sie versorgenden Personen benachteiligt wird.
Nicole verlor die Fahrkarten, so dass diese laufend ersetzt werden mussten. Sie verlor ihr Fahrrad und behauptete dann, die Pflegemutter helfe ihr nicht bei der Reparatur. Sie kontrollierte ihre Umgebung, indem sie im Hause jedes Zimmer durchsuchte. Allen Familienmitgliedern nahm sie wahllos Dinge weg, welche diese offensichtlich schätzten. Geld und Kleinigkeiten wurden entwendet. Sie sexualisierte jede für die Pflegemutter wichtige Beziehung. So fragte sie in Gegenwart eines befreundeten Ehepaares die Pflegemutter, warum sie denn nicht mit dem Ehemann der Freundin ins Bett gehe? Zum Glück kannten beide Nicole bereits und wussten die Bemerkung zu werten. Nicole schien sich der Wirkung ihrer Aussage sehr bewusst zu sein. Sie stellte um sich eine Atmosphäre von Misstrauen und Verdächtigungen her. Es entstand eine für die Familie ungewöhnliche Atmosphäre von Sexualisierung und Misstrauen.
Fremde Menschen riefen die Erziehungsstellenmutter an, um sich zu erkundigen, wie es denn dem Mädchen wohl gehe. Frau Rotbusch wurde von

vielen Menschen, mit denen Nicole zu tun hatte, ausgesprochen kritisch betrachtet.

Im Laufe des letzten Jahres nahm Nicole Kontakt zu der Familie ihres Onkels väterlicherseits auf. Die Erziehungsstellenmutter unterstützte dieses sehr. Sie konnte das Mädchen mit ruhigem Gewissen dorthin gehen lassen. Sie selber hatte erzieherische Ideale und als religiöse Frau mit einem klaren Weltbild war ihr der Kontakt Nicoles zu der ebenfalls religiösen Familie durchaus angenehm.

Im Verlaufe der vergangenen Monate wurde in der Erziehungsstelle immer deutlicher, wie wenig Einfluss Frau Rotbusch tatsächlich auf Nicole hatte.
- Das Mädchen schwänzte zwischenzeitlich die Schule und hielt sich stattdessen an einem Bahnhof auf. Sie verlor dort ihre Schultasche, so dass dieses auch sofort auffiel.
- Zu der Mitschülerin, die sich auch für die Geburtstagsparty stark gemacht hatte, nahm sie eine sexuelle Beziehung gegen "Bezahlung" auf, sie ließ sich mit Kleinigkeiten beschenken. Als Gegenleistung traf sie sich in einer Schultoilette mit ihr zum Austausch von Intimitäten. In einem Brief bat die Freundin sie, doch zu erklären, warum denn nun alles zu Ende sei, sie habe ihr doch alles gegeben (diesen Brief fand Frau Rotbusch).
- Dem jetzt 19-jährigen Sohn der Familie bot die 12-Jährige zum Geburtstag einen "Tanz auf dem Tisch" als Geschenk an.
- Die Familie des Onkels versprach Nicole, sie aufzunehmen und zu einer Urlaubsreise mitzunehmen.
- In der Schule verbreitete sich auf der Lehrerseite eine Stimmung des Misstrauens gegenüber Frau Rotbusch.

Frau Rotbusch bekam Angst um ihren in der Zwischenzeit elf Jahre alten jüngsten Sohn, nachdem sie schriftliche Aufzeichnungen von Nicole über ihre sexuellen Aktivitäten mit der Freundin fand.
Die Erziehungsstellenmutter entschloss sich nach vierjähriger Betreuung, Nicole abzugeben.

Für mich als Fachberater kam diese Entwicklung nicht überraschend, zumal Nicole zwar nun die Strukturen um sich herum kannte, sie aber immer noch entsprechend ihrer eigenen Dynamik nutzte. Diese Erziehungsstelle war verbraucht.

Es war geplant, das Mädchen in eine Heimeinrichtung zu geben. Wir, der Vormund, die Erziehungsstellenmutter und ich, hatten überlegt, dass dieses Mädchen mit den Familienstrukturen und den dort vorhandenen Bindungserwartungen und daraus folgernd Verhaltenserwartungen überfordert war. Ihr altes Muster, dem sie noch folgte, musste in engen Beziehungsanforderungen zu Versagen und Frustration führen. Eine Heimeinrichtung mit normaler Gruppenstärke von bis zu acht Kindern war angedacht. Sie sollte einen klaren, überschaubaren organisatorischen Ablauf, die gleichzeitige Förderung der musischen Begabung und des religiösen Interesses des Kindes bieten. Gleichzeitig sollten die Beziehungserwartungen der Umwelt die Fähigkeiten des Kindes nicht überfordern. Der Schulbesuch und die Einbindung in die Pfadfindergruppe sollten erhalten bleiben, ebenso der Musiklehrer, der sie bislang gefördert hatte. Die Beziehungen zu der bisherigen Erziehungsstelle, zum Vater und zu der Familie ihres Onkels sollten weiterhin bestehen und unterstützt werden.

Überraschend war für mich die sich nun entwickelnde Eigendynamik in diesem Fall:
Der Kindesvater war zum Zeitpunkt dieser Entscheidung inhaftiert. Sein Bruder, Nicoles Onkel und dessen Familie traten als Retter für Nicole auf, diffamierten die Erziehungsstelle in gleicher Weise, wie es Nicole tat, schafften eine diffuse Atmosphäre von Verdächtigungen und verhinderten so eine fachlich orientierte Hilfeplanung für Nicole.
Aggressiv fordernd vertrat der Onkel des Kindes den Wunsch seiner Familie, Nicole zu sich zu nehmen. Auch die Vormundschaft wollten er oder eines seiner Familienmitglieder für Nicole übernehmen. Dem Kind versprachen sie den Verbleib in seiner jetzigen Schule sowie die weitere Mitgliedschaft in der Pfadfindergruppe. Sie sollte nicht alle Beziehungen wechseln.
Nicole signalisierte allen Beteiligten, dass sie unbedingt in diese Familie wechseln wollte.
Nach Gesprächen zwischen seiner Familie und dem Jugendamt verhinderte der Onkel des Kindes eine gezielte Pflegestellenprüfung durch das Jugendamt. Den Mitarbeitern unterstellte er unterschwellig abwegige Fantasien, als ihm die Problematik des Kindes geschildert wurde. Die Situation des Kindes ignorierte er in Gesprächen völlig.
Der Onkel des Mädchens wandte sich im weiteren Verlauf des Falles nun ausschließlich an die Vorgesetzten der Fachberatung. In seinen Schriftsätzen formulierte er so doppelbödig, dass immer Wahrheit mit subtilen, nicht näher

greifbaren sexualisierten Unterstellungen gemischt wurde. Die Vorgesetzten im Jugendamt sicherten den Mitarbeitern zwar ihre Loyalität zu, enthoben sie aber der fachlichen Autorität, indem die Kommunikation mit der Onkelfamilie nun nicht mehr direkt, sondern ausschließlich über sie erfolgte.

Die Erziehungsstelle beendete das Pflegeverhältnis, nachdem auch Nicole immer deutlicher nur noch ein Ziel hatte, nämlich ein Mitglied der Familie ihres Onkels zu werden. Dem Druck der Familie ihres Onkels wurde nachgegeben, und Nicole wechselte dorthin.

Unter diesen Bedingungen war die Fachberatung nicht mehr durch das Jugendamt zu leisten. Sie wechselte zu einem religiös orientierten Jugendhilfeträger.

Nicole ist jetzt seit kurzer Zeit in ihrer neuen Familie. Mich erreichte soeben die Nachricht, dass sie die Schule gewechselt hat. Von der Pfadfindergruppe wurde sie abgemeldet.

Frau Rotbusch ist durch den Ablauf während des Wechsels so verletzt, dass sie sich für die Zukunft jeden Kontakt seitens der Familie des Onkels verbeten hat. Auch zu Nicole wünscht sie vorerst keinerlei Verbindung.

Der jetzige Vormund ist durch das Amtsgericht aufgefordert, zum Wechsel der Vormundschaft auf ein Familienmitglied der "Onkelfamilie" Stellung zu nehmen. Der Kindesvater, aus der Haft entlassen, strebt ebenfalls die Vormundschaft an, das wird von der Familie seines Bruders abgelehnt.

Für Nicole sind die bisher bestehenden positiven Kontakte abgeschnitten. Ihre Suche nach Identität und Verstehen ihrer Person sowie der Suche nach einem neuen, angemessenen persönlichen Ausdruck, deren Erscheinungsbild die oben beschriebene Problematik war, wurden durch einen neuen Lebensraum überlagert, der ihr eine scheinbar heile Welt verspricht. Es kam nicht zu einer wünschenswerten Kooperation aller Beteiligter, die Atmosphäre der Betroffenen untereinander ist vergällt.

Zu der Zeit, als es der Mutter wirklich schlecht ging, hatte Nicole niemanden, an den sie sich wenden konnte, außer ihrer Erziehungsstellenmutter. Von Nicoles Mutter wurde die Familie des Onkels immer sehr abgelehnt. Sie verweigerte jeden Kontakt dorthin. Nicole wurde von ihrer Mutter in einer engen Loyalität gebunden. Die jetzige Familie hat die Problematik des Kindes völlig negiert.

Nach meiner beruflichen Auffassung sind dies keine günstigen Voraussetzungen für Nicole, sich mit ihrer Identität auseinander zu setzen. Dieses wäre aber sinnvoll, wenn sie nicht auch in der Zukunft die bisher gelebten Strategien von Verdrängung und Verleumdung, von Verantwortungsverlust und Anpassung leben soll.

Nicole und ihrer jetzigen Familie bleibt zu wünschen, dass sie nicht in das zu erwartende Desaster rennen, das schon vorhersehbar zu sein scheint. Aber, wer ist sicher, dass nicht auch die aus fachlicher Sicht sinnvollere Alternative ein ähnliches Ergebnis erzielt hätte, wie diese Lösung der Situation? Immerhin handelt es sich bei der neuen, mit ihr verwandten Pflegefamilie, ja um unbescholtene Bürger mit Lebenserfahrung und gesellschaftlicher Reputation.

Diese Geschichte ist eine von vielen, in denen die Fragen nach einem sinnvollen System der fachlich geeigneten Betreuung von Pflegekindern durch Sozialarbeit entsteht. Ein solches in der Arbeit mit Pflegekindern und Pflegefamilien entwickeltes System soll in den folgenden Kapiteln dargestellt werden. Hierbei wird, ausgehend von den gesetzlichen und strukturellen Vorgaben, umfassend aus der Fallarbeit und den in dieser Sozialarbeit entwickelten Methoden berichtet.

*

Einleitung

Die neuere Entwicklung von Sozialarbeit mit Pflegekindern erfolgte auf dem erschreckenden Hintergrund der Erfahrungen von Kindern in der Heimerziehung der Nachkriegszeit und der 60er Jahre.
Der Zeitgeist war revolutionär und auf positive, helfende Aspekte im sozialen Zusammenleben hin orientiert. Insbesondere die junge Generation war im Widerstand gegen herrschende Strukturen und verkrustete Denkmuster. Man glaubte an die Macht der Erziehung und der Förderung. Sozialarbeit hatte einen hohen Stellenwert.

Die Entdeckung des Leidens der Kinder unter deprivierenden[2] Bedingungen innerhalb der Heimerziehung schockierte die Menschen. Es entstand der Ruf nach Familienerziehung für Heimkinder. Pflegefamilien wurden geworben. Kinder kamen aus den Einrichtungen in die Familien, die es gut meinten und die oft bis an die Grenzen ihrer Möglichkeiten gefordert waren. Es entstanden spezielle Fachdienste in den Kommunen, in denen Sozialarbeiter angestellt waren. Diese sollten die Vermittlung der Kinder und die Beratung der Familien sichern. Nach der ersten Euphorie entstand die nüchterne Erkenntnis, dass nicht jede Familie für diese Aufgabe geeignet ist, die sich dafür bewirbt. Es wurden Verfahren zur Prüfung von Familien entwickelt.
Viele Kinder verließen die Familien wieder, in die sie vermittelt worden waren. Das Gespenst vom 'Abbruch' von Pflegeverhältnissen ging um.
In den 80er Jahren wurden die Beratungskonzepte weiter entwickelt. In der Jugendhilfe entstand experimentell die Gruppenarbeit mit Pflegekindern und Pflegefamilien.
Die Pflegeeltern verweigerten immer mehr den Gehorsam dem Staat gegenüber. Sie wurden zu Partnern in der Jugendhilfe. War der Begriff 'Partner' in den 70er Jahren ein hohles Wort, so wurden die Familien jetzt im Umgang stärker berücksichtigt und anerkannt. Die allgemeine Wertschätzung innerhalb der Jugendhilfe und das Erkennbarwerden der Leistung von Pflegefamilien drückten sich allerdings nicht in einer finanziellen Honorierung dieser Leistung aus. Es blieb bei der Bemessung des Erziehungsbeitrags[3] im Pflegegeld bei einem 'Taschengeld' für die Pflegefamilien. Altruismus wurde den Pflegefamilien als selbstbefriedigender Teil und damit ausreichende Entlohnung unterstellt.

Gleichzeitig wurden an die Professionalität der Pflegeeltern und die professionellen Berater höhere Anforderungen gestellt. Mit verändertem Problembewusstsein wurde der Bedarf an Beratung in den Pflegefamilien deutlich. Die Themen innerhalb dieses Fachbereichs wurden in den Fachdiensten der Jugendämter und freien Träger erarbeitet, das erforderliche Fachwissen dort entwickelt.

Eine besondere Form der Pflegefamilien sind die Erziehungsstellen. Deren Entwicklung reicht in die 60er Jahre zurück. Diese Erziehungsstellen zeichnen sich durch erhöhtes fachliches Wissen innerhalb den Familien, bessere finanzielle Ausstattung (ca. dreifacher Satz des Erziehungsbeitrages für Vollpflegefamilien, zuzüglich minimaler Altervorsorge) und durch eine intensivere fachliche Begleitung aus.

Neben der Entwicklung in den Jugendämtern und bei den freien Trägern der Jugendhilfe beschäftigten sich laufend Menschen anderer Professionen, zum Beispiel Psychologen und Juristen, mit diesem Bereich der Sozialarbeit.

Durch die Gesetzgebung wurde die seit 1989 als Kinder- und Jugendhilfegesetz - im Folgenden KJHG genannt - vorliegende Richtlinie für das Handeln in diesem Bereich entwickelt. Das Gesetz gilt seit 1991 für die gesamte Bundesrepublik. Die Studie des Deutschen Jugendhilfe Institutes[4] mit ihrem stark kollektiven und auf die Ursprungsfamilie hin orientierten Ansatz - und die Arbeit der Psychologen Monika Nienstedt und Arnim Westermann[5], die das Recht des Kindes, seine Traumatisierungen ausheilen zu dürfen, in den Mittelpunkt stellten - sind vielleicht unbequem aber richtungsweisend auf diesem Gebiet.

Die ehemals auf den Eingriff in das Elternrecht konzentrierte Fremdplatzierung[6] von Kindern sollte nach dem Willen der Gesetzgebung einem partnerschaftlichen, an dem Willen der Personensorgeberechtigten orientierten Handeln weichen. Die Verantwortung für das Geschehen mit und um fremdplatzierte Kinder verblieb aber bei den Mitarbeitern der Jugendämter. Das Ergebnis ist: Weniger Entscheidungskompetenz, mehr Verantwortung für das Geschehen bei den einzelnen Sozialarbeitern.

Die Anwendung qualifizierter und an den Bedürfnissen traumatisierter Kinder orientierter Methoden sind auf diesem Hintergrund zu sehen und zu interpretieren.

Die Sozialarbeit der 90er Jahre hat neben der Einführung und Umsetzung des KJHG[7] auch den Veränderungsprozess der Verwaltungsstrukturen erlebt und

ist mit durch sie geprägt. Neue Steuerungsmodelle[8], Verunsicherungen in den internen Verwaltungsabläufen, Verringerung der Personalressource in den Jugendämtern, das sind die Überschriften dieser Zeit.
Sozialarbeiter haben in der Jugendhilfe mit geringer personeller Ressource einen erheblich ausgeweiteten gesetzlichen Auftrag zu bewältigen. Die §§ 27 in Verbindung mit 33, 36, 37, 38, und 44 im KJHG weisen auf die hohen fachlichen Anforderungen und die erforderlichen erheblichen zeitlichen Ressourcen der einzelnen Mitarbeiter hin. Es sind gesellschaftliche, sprich politische Entscheidungen, die zu Veränderungen der personellen Ausstattungen führen könnten. Wenn von Engpässen in der Beratung und Kontrolle von Pflegefamilien gesprochen wird, so muss zunächst die Frage nach der personellen Ausstattung in den Behörden gestellt werden, bevor die individuelle Leistung der Kollegen im Einzelfall überprüft werden kann.

Sozialarbeit findet in einem fachlichen, sozialen, juristischen und ökonomischen Kontext statt. Sie kann nur so gut, so intensiv und effizient geleistet werden, wie dies auch in diesem Kontext von den Entscheidungsträgern unterstützt wird.
Der politisch und ökonomisch gewollte Abbau der personellen Ressourcen in den einzelnen Organisationseinheiten der Jugendämter (Schreibdienst, Verwaltungsfachkräfte und Sozialarbeiter) bedeutet auch eine Qualitätsminderung der fachlichen Arbeit mit den Klienten. Die Rahmenbedingungen so zu verändern, dass die Familien sich selber überlassen bleiben, ist unverantwortlich. Ebenso unverantwortlich ist es, die Auswirkungen der veränderten Rahmenbedingungen nicht öffentlich zu benennen.
Nun kann gesagt werden, dass Schutz und Unterstützung nicht unbedingt von staatlichen Angestellten durchgeführt werden müssen. Ich frage mich, wer denn, wenn nicht diese, sollte den Auftrag hierzu haben? Wer sollte das 'Know How' entwickeln, wenn nicht die Stellen, die sich seit Jahren damit beschäftigt haben? Wer sollte das Recht zur Kontrolle haben, wenn nicht der Staat und die von ihm eingerichteten Organe und angestellten Personen? Wer sollte die Unabhängigkeit gegenüber den Klienten denn besitzen, wenn nicht staatliche Angestellte?

Dem Zeitgeist folgend wird im öffentlichen Dienst heute Personal reduziert und gleichzeitig Verantwortung nach unten delegiert. Die Entscheidung, was im Einzelfall wann zu tun ist, wird dem Kollegen überlassen. Am Ende, dann nämlich, wenn ein Kind schwer verletzt oder gar getötet wird, steht der

Vorwurf: 'Das hätten Sie ja wissen müssen.' Sicher ist, dass in der Vergangenheit in den Fällen schwerer Verletzungen von Kindern in Pflegefamilien die öffentliche Jugendhilfe versagt hat. Sicher ist aber auch, dass in solchen Fällen auch die prüfenden Blicke auf die Organisationsstrukturen und personellen Ausstattungen gerichtet sein müssen. Es stellt sich schnell die Frage: 'Hatte denn der Kollege eine faire Chance, seinen Auftrag zu erfüllen?'

Als Fachberater benötigen wir den Schutz durch die Organisation, in der wir arbeiten. Politik und Rechtsprechung schaffen Rahmenbedingungen, die möglicherweise den von dort gegebenen Auftrag unerfüllbar werden lassen; dieses insbesondere dann, wenn die fachspezifischen Aspekte dieses Themas in den Entscheidungen zur Organisationsstruktur und personellen Ausstattung der Ämter keinen Niederschlag finden.

Ich gehe davon aus, dass bei den Entscheidungsträgern bereits gedacht ist, die Elemente der Beratung und Unterstützung in der Jugendhilfe zu privatisieren, um Personal in den Behörden weiter abzubauen. Vor diesem Schritt warne ich als Insider. Ich kann mir diese Strategie nur langfristig kostensteigernd oder aber für die zu betreuenden Klienten als öffentliche Strategie der Vernachlässigung vorstellen.

Die Idee, privatwirtschaftliches Handeln vor gesellschaftliche Verantwortung zu stellen, kann in den Auswirkungen nur zum Nachteil für die Betroffenen werden. Ich weise in diesem Zusammenhang auf die eklatanten Mängel in der Versorgung anderer Randgruppen (z. B. alter Menschen) hin. Es besteht die Gefahr, dass die Vernachlässigung dieser Gruppierungen zu einer Entmoralisierung der gesellschaftlichen Verantwortung für schwache und geschädigte Menschen führen kann.
Dieser Zukunftsentwurf der Gesellschaft ist eine Bankrotterklärung an die Ideale des Humanismus und eine Wiederbelebung darwinistischen Denkens, in dem nur 'der Starke' ein Überlebensrecht hat. Jeder mag daran denken, wie schnell er selber aus dem Kontext der sogenannten 'Starken' herausfällt. Der Grat zwischen Ökonomie und menschlich Vertretbarem ist schmal. Es sollte immer der Mensch und seine natürlich eingeordnete Existenz im Mittelpunkt sozialer und ökonomischer und ökologischer Überlegungen stehen.

Ich hatte Gelegenheit, meine Berufstätigkeit in einem Fachdienst für Adoption und Pflegekinder zu beginnen. Ursprünglich wollte ich nur einen Zeitraum zwischen zwei und fünf Jahren dort tätig sein. Heute, 22 Jahre später, arbeite ich immer noch dort. Für mich ist es eine sehr interessante Tätigkeit. Ich konnte vieles ausprobieren und entwickeln.

Meine eigene Lebenserfahrung war mir behilflich, vieles von dem zu verstehen, was meine Klienten erlebten. Es gab häufig Situationen, die mir neue Fragen aufgaben und für die neue Antworten gesucht werden mussten. Zu meinem Glück gab es während meiner Berufstätigkeit immer die Freiheit, neben den konventionellen, eingefahrenen Wege neue Ideen zu entwickeln und sie zu verwirklichen. Diese Möglichkeit bestand trotz der Widerstände in den Köpfen von Kollegen und in der Verwaltung. Ich habe den Begriff 'lebendige Verwaltung' durchaus kennen gelernt. Wie alles im Leben kann diese Tätigkeit als Last und Belastung empfunden werden. Sie kann aber auch eine Aufgabe sein, die immer mehr kreativ gestaltet wird. Diese Kreativität bezieht sich nicht nur auf die Arbeit, sondern auf mein Leben. So betrachtete ich diese Tätigkeit auch als ein Geschenk an meine persönliche Entwicklung.

Im Kontakt mit Kollegen aus anderen Arbeitsbereichen und in vielen professionellen Arbeitsgruppen habe ich erlebt, dass die mit Pflegekindern verbundenen Themen für Menschen, die nicht persönlich betroffen sind, nur sehr schwer zu verstehen sind. Ich habe erlebt, dass oft Ansichten und Ideologien die Einschätzung um diese Kinder bestimmen, nicht Fachwissen oder eine realitätsbezogene Auseinandersetzung. Immer wieder fand ich bei Berufskollegen die Tendenz, sehr viel Verständnis für die Eltern, die ein Kind verletzt hatten, aufzubringen. Dieses Verständnis führte in einigen Fällen zu einer Haltung von 'Wiedergutmachung'. Wenn es um Wiedergutmachung ging, wurde oft darüber nachgedacht, wie ein verletztes Kind zurück zu der verletzenden Situation zu bringen ist. Die Ursachen der Trennung der Kinder von ihren Familien wurden häufig verdrängt. Eine realistische Prüfung der Fähigkeiten von Eltern, sich zu verändern und die Lebensbedingungen der Kinder zu verbessern, fand oft nicht statt. Meine persönliche Erfahrung zeigte mir manchmal andere Richtungen für Kinder, als sie in der Realität später von den verantwortlichen Sozialarbeitern, Richtern und Gutachtern realisiert wurden.

In dem folgenden Buch beschreibe ich einen Teil meiner Erfahrungen. Es soll motivieren, auf die Bedürfnisse aller Beteiligter in einem Hilfeprozess zu schauen und die Entscheidungen an deren Möglichkeiten, aber auch an deren Notwendigkeit, sich zu entwickeln, zu orientieren.

Ich habe versucht, die Themen zu ordnen. Nachdem ich den ersten Entwurf dieses Manuskriptes geschrieben habe, entschied ich mich für eine Ordnung nach Kapiteln. Natürlich greifen diese Themen alle ineinander und ergänzen sich gegenseitig, so fiel mir die Zuordnung nicht leicht.
Anhand der Falldarstellungen gebe ich Überblicke zu den Fragestellungen. Die mir wichtigen Aussagen der Arbeit sind persönliche Interpretationen oder auch Denkansätze, die sich mir im Laufe der Zeit aufdrängten. Ich beschreibe die Tätigkeit, welche in Fachdiensten von Jugendämtern und freien Trägern in dieser Arbeit geschieht. Es sollte Verständnis und Verstehen für die Menschen entstehen, die von Sozialarbeit betroffen sind. Ich kenne wenig Literatur, die von Sozialarbeitern zu ihrem Tätigkeitsbereich veröffentlicht wurde. Daher betrachte ich dieses Buch auch als einen Beitrag zur Information innerhalb der Sozialarbeit.
Auf den Seiten 28-31, 40, 57-61 und 193-201 besteht der Versuch, Theorieansätze zu vermitteln. Hier bitte ich um Nachsicht, denn es gibt für mich noch kein vollendetes Theoriemodell in dieser Arbeit mit Menschen.

Natürlich fallen mir zu meiner Arbeit zunächst die Kinder ein, für die ich da war und bin. Neben den Kindern sind mir im beruflichen Alltag deren Eltern und Pflegeeltern, Familien, Kollegen, Verwaltung, Vorgesetzte, Studenten begegnet. Ich will mich in diesem Buch nur auf einige wenige Aspekte dieser Arbeit beschränken; es sind die Kinder, deren Familien, die Pflegefamilien, die Methoden meiner Arbeit und meine eigenen Erfahrungen und Auswertungen. Die Rahmenbedingungen innerhalb der Behörde, die strukturellen Veränderungen und gesetzlichen Entwicklungen, begleitet von politischen Entscheidungen, habe ich im Vorwort erwähnt. Es sind für mich die Bedingungen, ohne die es diese Arbeit nicht gibt.
Um die späteren Ausführungen zu verstehen, ist es wichtig zu wissen, welche Arbeit gemeint ist und welche Arbeitsabläufe entstehen.

Die Tätigkeit im Fachdienst für Pflegekinder

Ich arbeite in einem Fachdienst für Pflegekinder und Adoptionen ausschließlich mit Kindern in Vollpflege und Erziehungsstellen.

Die Tätigkeit besteht aus Arbeiten mit
- dem Kind,
- den Pflegeeltern,
- den Eltern,
- anderen Behörden,
- Helfern anderer Professionen,
- Gerichten und Anwälten,
- Abläufen in der Verwaltung.

Zunächst einmal muss der Begriff „Pflegekind" definiert sein:
Bei einem Pflegekind handelt es sich um ein Kind, welches für die Dauer von mehr als acht Wochen in einer fremden Familie untergebracht ist. Die Unterbringung erfolgt mit oder ohne die Zustimmung der Eltern. Im zweiten Fall ist es so, dass ein Eingriff in das Sorgerecht der Eltern erfolgt sein muss, damit die Unterbringung erfolgen kann. Ein Eingriff in das Sorgerecht bedeutet, dass durch die Eltern das Wohl des Kindes erheblich verletzt oder gefährdet sein muss. Die grundlegende Rechtsnorm hierzu wurde im BGB, dort § 1666 (Gefährdung des Kindeswohles) ff festgelegt.
Die Rechtsgrundlage der Hilfe zur Erziehung in Form von Pflegefamilien finden wir im KJHG, dort §§ 27 i. V. mit §§ 33, 36, 37, 38, 44, 86 und im BGB, § 1688.

Die Arbeit findet in Kooperation mit den unterschiedlichsten sozialen Diensten und anderen Professionen statt. Sie wird in den Akten dokumentiert.
Die Organisation der Arbeit und Verwaltungstätigkeiten stellen einen großen Anteil der Tätigkeit dar.
Die Pflegekinderarbeit besteht im Wesentlichen aus der Vorbereitung, Vermittlung und laufenden Betreuung von Pflegeverhältnissen und zwar sowohl im Bereich der Vollpflege als auch im Bereich der Erziehungsstellen.
Die Begriffe Vorbereitung, Vermittlung und laufende Betreuung beziehen sich auf die Kinder, deren Eltern und die Pflegefamilien.

Kinder, die ihre Familien verlassen und sich vorübergehend oder auf Dauer in anderen Familien befinden, sollten wissen, warum sie dort sind und die Erlaubnis oder zumindest die Akzeptanz zu der Unterbringung von ihren Eltern haben. Die Kinder benötigen diese Erlaubnis, um sich vertrauensvoll auf ein neues Lebensfeld einzulassen. Sie dient ebenso dazu, Loyalitätskonflikte des Kindes zwischen seiner alten und seiner neuen Welt zu vermeiden. Die Kinder sollten von den professionellen Helfern an die Vermittlung herangeführt und durch diese hinweg begleitet werden.

Auch die Eltern haben während der Vermittlung und für die Dauer der Unterbringung ihres Kindes Bedarf an Beratung und Begleitung, wenn sie den Kontakt zu ihrem Kind halten. Es sollte in den Helferkreisen klar festgelegt sein, wer diese Aufgaben übernimmt.
Im Pflegekinderdienst kann diese Begleitung während der Vermittlung und der laufenden Betreuung ausschließlich für Themen, die das Pflegeverhältnis betreffen, geleistet werden. Die laufende Betreuung und Unterstützungsarbeit in Alltagsfragen ist von dort für die Ursprungsfamilien nicht möglich.

Vor der Vermittlung eines Kindes erfolgt für die Pflegefamilie eine Vorbereitung durch ein differenziertes Entscheidungsverfahren, in dem geklärt wird, was die Familie zu leisten in der Lage ist. Falls es möglich ist, werden Bewerber durch eine vorbereitende Gruppenarbeit in Themen der Betreuung eingeführt.

Die Begleitung erfolgt zu der Vermittlung eines Pflegekindes:
- vor der Vermittlung für Eltern in der Entscheidungsfindung,
- bei der Entscheidung der Pflegefamilie und des Kindes, zueinander ja zu sagen,
- bei den Besuchskontakten durch Auswertung,
- nach der Vermittlung durch Einzel-, Paar- und Familiengespräche. Wenn es möglich ist, so wird in unserem Sachgebiet laufend Gruppenarbeit als begleitende Unterstützung für Pflegefamilien eingesetzt.

Die Beratung bezieht sich
- auf die Auswirkungen der Vermittlung des Kindes in Bezug zu seiner Herkunftsfamilie,
- auf das bestehende Beziehungsgeflecht,
- auf die neu entstehenden Beziehungsstrukturen,
- auf den Prozess der Integration (bei dauerhafter Unterbringung),
- auf die Begegnungen von Kind, Pflegefamilie und Ursprungsfamilie,
- das „Störpotential" des Kindes,
- auf die Rückführung in die Ursprungsfamilie des Kindes, wenn diese geplant ist.

Ergänzend hierzu werden Kollegen, Lehrer, Therapeuten zu den für Pflegekinder relevanten Themen beraten bzw. in die laufende Beratung zum Kind mit einbezogen.
Die laufende Fallgeschichte wird, wenn irgend möglich, dokumentiert.
Durch den Pflegekinderdienst wird die Hilfe sachbezogen strukturiert und organisiert. Das Hilfeplanverfahren gemäss § 36 KJHG ist Instrument zur Steuerung der Hilfe und wird in unserer Behörde regelmäßig im Einzelfall durchgeführt.

Besondere Aufmerksamkeit ist bei dieser Tätigkeit der Arbeit mit Pflegestellenbewerbern zu widmen. Die Bevölkerungsentwicklung sowie die Entwicklung der Lebensbedingungen für Familien in Ballungsräumen führt dazu, dass in unserer Stadt kaum noch Familien für diese Aufgabe zur Verfügung stehen. Die wenigen verbleibenden Familien sind daher möglichst sorgfältig vorzubereiten und möglichst qualifiziert zu beraten, damit für diese Aufgabe auch in der Zukunft noch Familien zur Verfügung stehen. Für den Bereich der Vollpflege und der Erziehungsstellen stelle ich fest:
Es gibt wenige Bewerber, es gibt viele Städte, Gemeinden und freie Anbieter, die in dieser Arbeit in Konkurrenz stehen, um eine kostengünstige, qualitativ hochwertige Hilfe für Kinder anbieten zu können. Ein Jugendamt, das daran interessiert ist, diese Hilfe zu erhalten und/oder sogar auszubauen, sollte laufend daran arbeiten, neue Familien für den Bereich Erziehungsstellen oder Vollpflege zu gewinnen. Dieses bedeutet den Einsatz von Fachpersonal.

Die Qualität der Hilfe entsteht aus den angebotenen Beziehungen und Bindungen sowie dem sozialen und geographischen Umfeld. Die Stabilität dieser Faktoren verschafft dem Kind die Sicherheit, die es in Bezug auf seine Sinneswahrnehmung und seine Gefühlssituation benötigt. Diese Stabilität herzustellen ist Aufgabe aller beteiligten Professionen. Erst wenn diese Grundlage existiert, kann ein Kind sich als Individuum mit seinen bisherigen Erfahrungen, seinen Stärken und Schwächen erleben und ernst nehmen. So wird es sich seiner Selbst immer sicherer. Der gewollte Prozess ist die Integration[9] des Kindes in seine neue Welt, wenn es sich um eine auf Dauer angelegte Hilfe handelt.
Wenn es sich um eine vorübergehende Unterbringung handelt, so wird, wenn irgend möglich, diese Zeit der Fremdplatzierung möglichst kurz gehalten, damit Kind und Herkunftsfamilie[10] nicht unnötig emotional belastet werden. Die Kontakte zwischen der Pflegefamilie und der Herkunftsfamilie sollten

dann so häufig wie möglich stattfinden. Das Kind soll seine ursprünglichen Bindungen und Beziehungen als sicher und tragfähig erleben.

In dem in diesem Kontext häufig stattfindenden professionellen Streit geht es oft darum, dem Kind ein Recht auf seine Familie zu sichern. Ich bitte alle professionell mit dieser Frage vertrauten Menschen daran zu denken, dass ein Kind zunächst sich selber braucht. Alle Fragen treten zurück, wenn ein Kind sich selber in der Auseinandersetzung zwischen Rechthaberei der Erwachsenen verliert.

Das Kind benötigt in aller erster Reihe Sicherheit in folgenden Qualitäten:
- Befriedigung seiner Grundbedürfnisse wie essen, trinken, positive Zuwendung, Schlaf, Wohnen, körperliche und seelische Unversehrtheit,
- Beständigkeit der Mitmenschen,
- Lebensraum,

um seine Identität[11] durch Erfahrung, Fühlen, Interpretieren und Handeln zu erlangen.

Erst dann kann es seine Suche nach den Ursprüngen seiner Gene wie seiner Seele beginnen. Der Respekt vor dieser Basis sollte vorne an stehen, so, dass ein Kind nicht durch Menschen, die es scheinbar gut meinen, verunsichert wird.

Zum Verständnis dieser Grundaussage einige Gedanken zur Kommunikation.

Frühe Kommunikation als entscheidender Faktor zur Prägung[12] der emotionalen Entwicklung

Bereits vor unserer Geburt und dann als kleine, neugeborene Kinder lernen wir. Wir nehmen über unsere Sinnesorgane und unseren Körper Signale auf und senden sie.

Als Säugling haben wir geschrien, wir bekamen Zuwendung, Strafe oder Gleichgültigkeit für dieses Signal. Das sind natürliche Äußerungen und Reaktionen.

Die Mutter, der Vater beruhigt, straft, füttert, tröstet ihr/sein Kind. Eltern tun dieses in bestimmten Qualitäten: Sicher zuwendend, sicher ablehnend oder unsicher mit ambivalenten Gefühlen. Das gleiche gilt für weitere Bezugspersonen. Eltern mit liebevoller, auf das Kind gerichteter Akzeptanz, welche erleben, dass Kinder einen hohen Stellenwert haben, sind sicherer in der Zuwendung positiv zu bewertender Signale als solche, in deren Erfahrung

Kinder eher störend sind, bei denen die Aufmerksamkeit eher auf den Erwachsenen und sein Unbehagen gerichtet ist.
Werden diese Haltungen noch durch Großeltern und/oder Freunde unterstützt, so kann schon von Beginn seines Lebens an von einem annehmenden oder ablehnenden Umfeld für das Kind gesprochen werden. Die Atmosphäre dieses sozialen Umfeldes wirkt sich bereits jetzt durch die gegebenen Signale auf das Kind aus.
Das Kind fühlt sich in einem umhüllenden, versorgenden, akzeptierenden Kommunikationsfeld geborgen. Fehlt diese Atmosphäre, so erfährt das Kind etwas anders. Es erlebt nicht nichts! Es erlebt unter Umständen Gefühle wie: Ablehnung, Gleichgültigkeit, Verletzung, Schmerz, Wertlosigkeit. Seine Welt ist feindlich, gegen es gerichtet. Das Kind fühlt sich hilflos und wertlos. Es ist ausgeliefert.
Wertlosigkeit, Hilflosigkeit, ausgeliefert sein sind in diesem Fall die ersten lebendigen Begriffe, auf denen als Basis zukünftige Kommunikation aufgebaut wird.
Das Gegenteil wäre liebevoll, akzeptiert sein, Interesse erleben und damit wertvoll sein, wenn **Wertschätzung** ohne egoistisch motivierte Zuwendung gegeben ist. Es wird Selbstwert erzeugt!

Alleine diese beiden Begriffe - Wertschätzung und Wertlosigkeit - zeigen, wie die frühen Einstellungen der Umwelt zum Leben, die Einstellung des Individuums zu dieser Welt als lebenswert oder lebensfeindlich beeinflussen und prägen. Der Selbstwert des Kindes wird durch diese ihm früh vermittelten Signale erzeugt. Ein Mensch mit geringem Selbstwert hat ein hohes Angstpotential, er fühlt sich einsam, seine Grundstimmung ist traurig. Er wird als Säugling und Kleinkind zur Unterwerfung geneigt sein, um zu überleben.
Ein Mensch mit gutem Selbstwertgefühl hat Vertrauen, ist eher liebevoll, und seine Grundstimmung ist Freude.
Liebe, Vertrauen, Freude, und/oder Angst, Einsamkeit, Trauer sind gegensätzliche Empfindungsmuster.

Abbildung 1: Empfindungsmuster

	Geborgenheit	Einsamkeit	
Die emotionale Basis	Liebe ↗ ↑ ↙ Vertrauen ←→ ↕ ↘ ↓ ↖ Freude	Angst ↗ ↖ ↕ ←→ Misstrauen ↘ ↓ Trauer	Die emotionale Basis
	offen	verschlossen	

Sie erlauben die Interpretation aller zukünftigen Botschaften sich nähernder Lebewesen. Die Reaktionen auf Zuwendung orientieren sich an der emotionalen Qualität der gesandten Botschaft.

Das liebevolle, geduldige Füttern mit dem Blickkontakt der Eltern wird herzlich erwidert durch Blickkontakt und lachende Stimme des Kindes.

Das ungeduldige, ablehnende, gleichgültige Füttern wird ängstlich, vorsichtig, misstrauisch, wehrlos, zum Teil schreiend, ablehnend von dem Kind entgegengenommen.

Wenn der Geber wenig Freude signalisiert, eher Gleichgültigkeit oder Ablehnung, so heißt dieses Signal: Du bist nichts wert.

Wenn ein Kind z. B. erbricht und es widerwillig gesäubert wird oder durch anschreien oder Schläge bestraft wird, so bedeutet dieses für das Kind: „Du bist nichts wert, du störst mich, ich mag dich nicht, du bist schlecht."

Wenn das Kind nun weint, so ruft es vielleicht Schuldgefühle hervor.

Sind die Eltern hilflos, so kann dieses Schuldgefühl schnell zu Abwehr (ich bin nicht Schuld) werden und eine neuerliche Verletzung als eigenes Schuldabwehrverhalten und als Schuldzuweisung an das Kind hervorrufen.

So kann ein Kreislauf von Verletzung, Entwertung, Hilflosigkeit und Unterwerfung entstehen, der die Beziehungen der Familienmitglieder untereinander und damit die zukünftige Interpretation des Kindes für diese Welt prägt.

Auf der Basis dieser Erkenntnis lebt nun das Kind in der Zukunft.
Es lernt laufen mit Freude und Liebe - es lernt laufen mit Strafe und Entwertung.
An dem Kind ist sehr vieles früh sichtbar.

Bereits mit drei Jahren ist sichtbar, ob ein Kind sich:
A - sicher und wohl in seinem „Ich bin"! oder
B - unsicher und unwohl in seinem „Ich bin"! fühlt.
Kinder des Typus A haben die Möglichkeit, ebenso liebevoll, akzeptierend und tätig an die Welt zu gehen, wie seine Eltern es tun.
Kinder des Typus B haben die Möglichkeit, ebenso liebevoll, akzeptierend und tätig an die Welt zu gehen, wie seine Eltern es tun.
Nur, dass ein Kind, das verletzt ist, andere Reaktionen zeigt, als ein solches, das nicht geschädigt wurde.

Das Kind hat die Methode, mit der seine Eltern leben, durch Kommunikation aufgenommen und durch Wiederholung internalisiert[13]. Es kommuniziert nun seinerseits damit. Es wird mit dieser Methode die Welt beeinflussen und die zu dieser Methode passenden Rückmeldungen erwarten und erhalten. Das Muster der Emotionen und grundlegenden Kommunikationsabläufe sowie die dazu gehörenden einfachen Denkmuster sind vorhanden. Auf dieser Grundlage kommuniziert das Kind nun. Die gezeigten Reaktionen verweigern den Zugang zu den anderen Menschen oder eröffnen ihn. Das Kind kann annehmen oder ablehnen.

Wird ein Kind nun aufgrund seiner Muster abgelehnt, so gerät es in Isolation. Das bedeutet unter anderem, dass ihm der Zugang zu kollektivem Spiel und Wissen verweigert bleibt. Es bekommt den Zugang zu Menschen, die ihm ähnlich sind. Die Zugänge zur Gemeinschaft mit anderen Menschen sind nun einmal: Verhalten, Sprache, Ausstrahlung und auch Fähigkeiten von Menschen.
Mit diesen Mitteln stellt sich sein Platz innerhalb von Gruppen, die natürlich entstehen, automatisch her.

Die Kinder, mit denen Sozialarbeiter in den Pflegekinderdiensten arbeiten, haben in der Regel Verletzungen erhalten, die weit über das verstehbare Maß hinaus gehen.
Im Folgenden werde ich versuchen, anhand von Fallbeispielen, Interpretationen sowie der Darstellung unterschiedlicher Methoden die Themen der Kinder und die Sozialarbeit in diesem Bereich vorzustellen. Anhand dieser Darstellungen wird sichtbar, welche Bedeutung im Einzelfall Sozialarbeit für die beschriebenen Kinder haben kann.

*

Kapitel I

Fallgeschichte - Roy -

Eines der ersten Kinder, auf die ich zu Beginn meiner Berufstätigkeit traf und das ich wegen seiner heftigen Problematik in Erinnerung behalten habe, war ein kleiner Junge; ich nenne ihn Roy.

Ich lernte Roy bereits in meinem ersten Berufsjahr, 1978, kennen.
Roy lebte zunächst länger mit seiner Mutter und seinem türkischen Vater zusammen, als es für ihn gut war. Mit sieben Monaten kam er auf Veranlassung eines Vormundes in eine Pflegefamilie. Die Pflegeeltern waren beide zwischen 20 und 25 Jahren alt und aus heutiger Sicht ihrer Aufgabe nicht gewachsen.
Roy hatte schöne braune Augen, war dünn, hatte Dauerdurchfall und aß, wie er es gewohnt war, alles, was er bekommen konnte. Ein bekanntes Phänomen bei Pflegekindern. Immerhin hatte er gelernt, mit Hunden und Katzen aus dem Napf zu fressen und sich sein Essen zu erkämpfen.
Roy war bei seinen Pflegeeltern sehr beliebt. Sie brachten eine unendliche Portion Mitleid in die Beziehung zu ihm ein.
In der Familie lebte noch der um ein Jahr ältere eigene Sohn der Pflegeeltern. Auch ihn mochten seine Eltern sehr. Wenige Tage nach seiner Aufnahme in der Familie begann für diese eine enorme psychische Belastung.
Roys Mutter war psychisch krank. Sie terrorisierte die Familie endlos mit nächtlichen Telefonanrufen und wüsten Beschimpfungen. Häufig war sie völlig betrunken. Eines Tages stand sie mit ihrem Partner vor der Türe und verlangte ihr Kind. Das Jugendamt wurde gerufen, die Kollegin kam, der Vormund (Mitarbeiter eines freien Verbandes) wurde gerufen, auch er kam.

Die kranke und alkoholisierte Mutter und deren Freund traten derart massiv auf, dass schließlich die Mutter ihr Kind der Kollegin aus dem Arm riss und mit ihm und dem Freund verschwand.
Nach wenigen Tagen wurde Roy von der Polizei völlig verlaust und verdreckt in einer übelriechenden Wohnung zusammen mit dem vollkommen hilflosen Vater und der Mutter gefunden.

Roy verbrachte eine Nacht in der Notaufnahme eines Heimes und kam am Tag darauf zurück zu seiner Pflegefamilie.

Zu diesem Zeitpunkt war er nun 1 Jahr alt, und ich lernte ihn kennen.
Roy war ein völlig verunsicherter kleiner Junge, der jedem zutraulich entgegenkam. Was sollte er tun? Angst haben, dass ihn jemand mitnimmt? Hilft nicht, denn das könnte ja geschehen. Ist es dann nicht einfacher, direkt, scheinbar offen, auf Fremde zuzugehen? Er entschied sich für diese Möglichkeit. Sein Essverhalten änderte sich nicht. Die Terroranrufe der Mutter blieben, die Familie lebte im Dauerstress und in dauernder Angst vor der Mutter und möglichen Aktionen durch diese, die sie hinreichend androhte. Besuchskontakte fanden hin und wieder statt, so dass Ruhe, die eine Familie benötigt, um mit dem Alltäglichen fertig zu werden, nicht eintrat.

Die Pflegefamilie zog um. Ein kleines Einfamilienhaus in einer Arbeitersiedlung wurde zum Eigentum. Der Pflegevater, LKW – Fahrer, wurde immer häufiger krank, eine Folge seiner sehr aufreibenden Lebenssituation. Als er seine Arbeit verlor, machte er sich selbstständig. Gemeinsam mit seiner Frau bewirtschaftete er wenige Jahre eine Tankstelle mit Schlosserei; machte Konkurs und arbeitete dann wieder als Fahrer.

In der Zwischenzeit wurde Roy älter, die Problemlage änderte sich nicht. Meine Beratung konzentrierte sich auf Roy und die mögliche Eindämmung seiner erkennbaren Problemlagen zu Hause. Die Pflegemutter, übliche Ansprechpartnerin in diesem Bereich, bagatellisierte und problematisierte gleichzeitig. Hilfe von Außen wollte sie nicht annehmen. Beratungsangebote durch Menschen, die sich aus psychologischer und neurologischer Sicht mit Roy befassten, nutzte die Familie nicht.
Der Begriff „Therapie" als Prozess wurde nicht verstanden. Zudem passte ein solches Konzept nicht in den angespannten Alltag der Familie.
Wohl fand man Zeit, nach Feierabend, häufig bis in die Nacht hinein, Beratung beim Jugendamt zu suchen. Keines der Ergebnisse, von Kontrolle bis Verhaltenstraining, wurde umgesetzt.
Die Familie hatte nicht die intellektuellen Kapazitäten und das Kräftepotential, um Verhaltensregeln selber einzuhalten, die Roy geholfen hätten, sich an den herrschenden Normen zu orientieren.

Er war ca. fünf Jahre alt, als er in den Kindergarten kam. Die Kollegin, Leiterin der Einrichtung, bat mich kurze Zeit nach seiner Aufnahme zum Gespräch. Roy hatte sich ihr genähert, indem er ihr gezielt unter Rock und Bluse griff. Dieses Verhalten sowie die anderen Auffälligkeiten, ließen noch einmal die Pflegemutter und das Jugendamt sehr eng über die weiteren Möglichkeiten zur Betreuung nachdenken. Es erfolgten ergebnislose Vorstellungen bei Psychologen, Terminsuche, Absagen seitens der Pflegeeltern, endlose Abendberatungen, die vorübergehend die Situation beruhigten, aber dem Kind nicht aus seiner Not halfen.

In diese Zeit fallen einige Geschichten, die mich bis heute beeindrucken: Roy spielte in der Werkstatt seines Pflegevaters an einem Motor.

Er kam zu seiner Pflegemutter und zeigte ihr einen Zeigefinger, an dem die Kuppe abgetrennt war. In panischer Angst wurde er ins Krankenhaus gefahren. Er wurde ohne Betäubung genäht. Er war Schmerz unempfindlich. Seiner Pflegemutter erklärte er, dass ihn eine Biene gestochen habe.

Ein anderes Mal stand er des Nachts auf, kochte Milchreis, aß diesen auf und legte sich ins Bett. Am Morgen war die Küche völlig verkokelt, der Herd kaputt. Ein Schaden von ca. 10.000 DM war entstanden, weil er den Küchenherd nicht ausgemacht hatte. Roy verputzte die Geburtstagstorte bei Freunden, in der Nacht leerte er den Kühlschrank usw.. In der Zwischenzeit hatte die Familie ein Schloss auf dem Kühlschrank, alle Lebensmittel waren eingeschlossen, es gab für Roy keinen Weg in die Küche ohne Begleitung.

Ein anderes Mal trank Roy eine volle Flasche Tabasco aus. Erst als er diese Flüssigkeit ausschied spürte er Schmerzen.

Einmal machte ich einen Hausbesuch, Roy war inzwischen in der Schule. Ich kam gegen Mittag. Roy war im Garten, die Mutter war nicht zu Hause. Roy durfte in Abwesenheit aller anderen Familienmitglieder nicht mehr alleine ins Haus. Da das so ja nicht ging und das Jugendamt (ich) hierzu etwas sagte, half ab jetzt die Großmutter aus. Roy und sie verstanden sich prächtig.

In der Zwischenzeit ging es für Roy weiter: Klauen im Geschäft, Prügeleien und immer noch essen ohne Ende. Bei einem Grillfest mit Freunden im Garten lag Roy mit kugeligem vollen Bauch auf dem Rasen und hatte, laut Bericht der Pflegeeltern, 20 rohe Grillwürstchen verschlungen. Niemand in der Schule oder Nachbarschaft ging mit ihm eine Freundschaft ein. Er verbrauchte einfach zu viel von den anderen. Nur ein Mädchen aus der Nachbarschaft spielte gerne mit ihm.

Vorbei war es, als Roy etwas aus deren Wohnung mitgehen ließ. Seine frühreife sexuelle Annäherung wurde noch als Doktorspiel verstanden.

Die Grundschule durchlief Roy mit mäßigen, eher schlechten Leistungen. Er wurde in die Sonderschule für lernbehinderte Kinder umgeschult. Er war nicht in der Lage, soziale Normen, Werte und Regeln zu akzeptieren. Im normalen Unterricht war er nicht tragbar. Im Fußballverein klaute er und wurde aus der Mannschaft ausgeschlossen. Er gewann Freunde, mit denen er klauen ging. Roy war nicht dumm, deshalb gehörte er bald in diesen Kreisen zur Führungsschicht. Die Jungs taten, was Roy sagte.
Sein Pflegebruder wollte nichts mehr mit ihm zu tun haben. Er schämte sich für Roy. Sein Pflegevater ignorierte ihn, er konnte sich nicht auf ihn verlassen. Seine Pflegemutter 'hielt ihm die Stange', sie liebte ihren Roy ungebrochen.

Kurz nach seinem Wechsel in die Hauptschule (für lernbehinderte Kinder) fand man seine Mutter erstochen auf. Es war ein Versehen. Ein betrunkener Saufkumpan aus dem Obdachlosenbereich machte ihrem hilflosen, ungeliebten und verachteten Leben im Streit um nichts ein Ende.

Während meiner Recherche, die ich im Zusammenhang mit der Suche nach Geschwistern von Roy durchführte, traf ich auf eine Schwester seiner Mutter. Diese berichtete mir:
Sie hat sich nach dem erkennbaren Absinken ihrer Schwester in das soziale Abseits um deren Kinder, mit Ausnahme von Roy, gekümmert. Er hatte noch drei Schwestern, die alle im Leben leidlich zurechtkamen. Die Familie der Mutter stammte aus sehr gutem Hause. Ihr Vater war Prokurist einer großen Firma.
Roys Mutter war sehr intelligent, hübsch und sehr beliebt. Sie war 14 Jahre alt, als sie sich sehr veränderte. Ihr plötzlicher Einbruch konnte von niemandem geklärt werden. Auf mein Nachfragen hin äußerte Roys Tante die vage Vermutung, dass der Mutter der Kontakt zu einer befreundeten Familie nicht gut getan habe. Das kinderlose Ehepaar war mit ihren Eltern befreundet. Dieses Paar beschäftigte sich mit schwarzmagischen Praktiken. Die Familie von Roys Mutter vermutete, dass diese dort mit einbezogen war und von dem Paar auch sexuell missbraucht wurde. Die Mutter war bereits mit 16 Jahren schwanger und hatte danach in relativ kurzem Abstand vier Kinder, mit denen sie zum Teil zusammenlebte.

Die o.g. Tante veranlasste das Jugendamt, die drei Schwestern aus dem Haushalt von Roys Mutter herauszunehmen, obwohl sie ihre Schwester sehr liebte. Sie hatte den Verdacht, dass die Mutter psychotisch erkrankt war. Sie hatte bis zu deren Tod seltene Kontakte zu ihr. Den Kontakt zu ihren Eltern hatte Roys Mutter vollständig abgebrochen. Nach der Herausnahme der Kinder durch das damals zuständige Jugendamt verließ die Mutter die Stadt. Die Information über sie und ihre Kinder sowie ihren Zustand hatte das nach Roys Geburt für ihn zuständige Jugendamt nicht.

Roy begegnete mir in vielen Situationen. Immer wieder erstaunte mich seine Erfindungsgabe und Überzeugungskraft, wenn es darum ging, etwas abzustreiten, was er unbedingt getan hatte. Nie übernahm er die Verantwortung für sich und seine Handlungen. Wie auch? Standen sie doch zu häufig im Widerstreit zu den allgemeinen Erwartungen derer, die ihn bei sich aufzogen.
Immer wieder überraschte er mich mit seiner enormen Gewaltbereitschaft. Ein kleiner, drahtiger Junge, den im Zorn nichts aufhielt. Skrupellos trat oder schlug er jemanden zusammen. Ich glaube, er wusste oft nicht, was er tat. Ich traf ihn einmal bei Gericht, als es um eine Körperverletzung ging. Er hatte einem Jungen so schwer in die Hoden getreten, dass eine nachhaltige Verletzung befürchtet wurde. Der Junge hatte ihn angezeigt, war aber zum Gerichtstermin nicht erschienen.
Roy hatte ihn massiv bedroht, so dass der Junge sich nicht in den Gerichtssaal wagte.

Roy verließ seine Pflegefamilie auf deren Wunsch hin im Alter von 12 Jahren. Er kam in eine kleine Heimeinrichtung. Dort zeigte er in kürzester Zeit sein altes Verhalten, zu dem in der Zwischenzeit eine ungeheure Gewaltbereitschaft hinzukam. Die Pflegemutter litt unter der Unterbringung des Jungen sehr. Sie hielt zu ihm Kontakt.

Roys Verhalten änderte sich in der Familie und in späteren Heimen nicht. Er machte in einer Werkstatt für angepasste Arbeit eine Lehre als Anstreicher und Lackierer.

Vor wenigen Tagen stand Roy als 23-jähriger junger Mann in meinem Büro. Nach zweijährigem Haftaufenthalt versucht er ein neues Leben. Er ist auf Bewährung draußen. Weil er Unterlagen für die Behörden benötigte, war er bei mir, in der Hoffnung, dass ich ihm weiterhelfen könnte. Mir fielen seine Augen auf, die sich vom ersten Augenblick unserer gemeinsamen Geschichte an nicht verändert hatten. Er hat große, weit aufgerissene, angstvolle Augen. Zu seiner Pflegefamilie sagt er: „Diese Familie ist die einzige, die ich habe. Wer weiß, wo ich wäre, wenn sie mich nicht genommen hätten. Ich glaube aber, sie waren zu jung für mich. Meine Pflegemutter benutzte mich immer als Sündenbock. Wenn ihr zum Beispiel eine Vase runter fiel und mein Vater fragte, wer das war, so war ich es. Auch dann, wenn ich es nicht gewesen sein konnte. Jetzt versuche ich eine Therapie. Ich hoffe, dass ich dann mehr von dem verstehe, was mir geschehen ist." Roy ist ein großer, kräftiger, junger Mann. Er ist in der Drogenszene und führt ein Leben am Rande der Gesellschaft.

Während des gesamten Fallverlaufes gab es eine sehr enge Betreuung für die Pflegefamilie und Roy. Diese Betreuung erfolgte durch die unterschiedlichsten Professionen. Erzieherinnen, Lehrerinnen, Psychologinnen und Sozialarbeiter haben versucht, ihm auf den Weg zu helfen und dabei die Pflegefamilie zu unterstützen.

Die chaotischen Zustände seines ersten Lebensjahres sowie die späteren Reaktionen seiner Welt auf ihn können für Roy nur Angst machend gewesen sein. Ich denke heute, dass er ein Kind voller unbewusster Angst und Panik war. Ich glaube auch, dass seine Pflegeeltern zum Zeitpunkt seiner Aufnahme bei ihnen noch zu unreif und unerfahren waren, als dass sie ihm hätten helfen können. Ebenso glaube ich, dass zum damaligen Zeitpunkt die Auswirkungen früher Traumatisierungen von Kindern in Fachkreisen nicht ausreichend bekannt waren und damit deren langfristige Wirkung unterschätzt wurden und bis heute oft unterschätzt werden.

Kommentar
Diese Geschichte ist nur ein Beispiel für viele. Fachlich eingrenzen lässt sie sich in folgende Themen:
- frühkindliche Traumatisierung (Angst, Hunger, emotionaler Hunger, Beziehungsabbrüche, Unzuverlässigkeit der Menschen in Reaktionen und Schutz),
- sekundäre Traumatisierung innerhalb seiner Ursprungsfamilie,
- Folgen für die Pflegefamilie,
- Sozialarbeit: Bearbeitung der Problemsituation, Konzept-, Hilfeentwurf,
- Umsetzung.

Diese Themen sind eng miteinander verbunden und bedingen sich gegenseitig. Die frühe Traumatisierung ist im Fallbeispiel deutlich geworden. Durch Einsamkeit, Hunger, Verwahrlosung und körperliche Verletzung wurde sie hergestellt. Der Wechsel der Lebensräume und der Menschen im Umfeld, die Unzuverlässigkeit der Verhaltensmuster sowie der mangelnde Schutz kamen hinzu.

Die Pflegefamilie konnte mit den Folgen der Aufnahme des Kindes für ihr Alltagsleben nicht rechnen und war sicher an vielen Stellen überfordert. Zum damaligen Zeitpunkt glaubte die Fachwelt noch an die Ausheilung durch nette Familien, welche sich nichts zu Schulden kommen ließen.

Sozialarbeit hat in den vergangenen Jahren durch die Entwicklung von Beratungskonzepten und durch veränderte Verfahren zur gemeinsamen Feststellung von Möglichkeiten einer Familie, die ein Pflegekind aufnehmen will, auf Erfahrungen reagiert.
Für die einzelnen Kinder und Pflegefamilien werden durch Beratung Verhaltenskonzepte sowie Modelle zum Verständnis der Situation entwickelt. Gemeinsam mit den betreuenden Familien wird die Hilfe für ein Kind entwickelt.

Wichtig scheint mir aber angesichts meiner Erkenntnisse nach dem Tod von Roys Mutter eine Arbeitsthese, die ich im Laufe der Jahre in anderen Fällen immer wieder bestätigt fand:

Die sekundäre Traumatisierung[14], eine Folge der Übertragung

Ich verstehe unter der sekundären Traumatisierung ein Trauma, das nicht selbst erlebt wird, sondern durch Stimmungslagen und Körpersprache sowie der hergestellten Energie in der Beziehung zwischen dem Traumatisierten und dem Kind als nicht traumatisierten Teil der Beziehung übertragen wird. So wird ein nicht durch das traumatisierende Erlebnis direkt betroffener Teil des Beziehungssystems, nämlich das Kind, geschädigt. Der eigentliche Vorgang der Traumatisierung ist ihm aber nicht selbst widerfahren.

Die emotionale Grundstimmung des Kindes wird nicht ausschließlich durch die Angst auslösenden persönlichen Erfahrungen wie Hunger, allein sein und verlassen werden hergestellt, sondern auch durch die Übertragung[15] seiner geschädigten Eltern.
Diese Eltern, die aus erkennbaren Gründen selber erheblichen Schaden nahmen, transportierten ihr eigenes, diffuses und krankes emotionales Potential auf das Kind bereits während der Schwangerschaft in jede Zelle, in jede Faser des Ungeborenen. Später zeigten sie durch ihr unberechenbares, nicht auf das Kind und seine Signale eingehendes Verhalten ebenso deutlich die eigene seelische Verletzung. Die Umweltbedingungen, die Eltern wie jene von Roy herstellen, sind ein weiterer schädigender Faktor in der Folge von deren eigenen Erfahrungen. Auch diese Umweltbedingungen spiegeln das Trauma wider. Somit schädigen auch diese Bedingungen ein Kind weiter. So wirkt denn die Verletzung der Eltern, hier bekannt als Verletzung der Mutter, in Roy als dem durch sie verletzten Menschen weiter.

*

Kapitel II

Dieses Kapitel beschäftigt sich im Wesentlichen mit Eltern und der Übernahme von Elternschaft in unterschiedlichen Qualitäten und Auswirkungen.
Der Begriff Familie bezeichnet traditionell die Herkunft und soziale Zugehörigkeit eines Menschen. In der Erfahrung mit fremdplatzierten Menschen wird deutlich, wie wichtig hierbei nicht nur die genetische Herkunft, sondern vor allem die emotionalen und sozialen Qualitäten für die individuelle Entfaltung eines Menschen und seine Identifikation mit dem Lebensraum Familie sind. Die Pflicht zur Pflege und Erziehung und das Recht auf Pflege und Erziehung stehen als Begriffe im Grundgesetz, Artikel 6, Abs. 2, nebeneinander. Sie sind qualitativ gleichzeitig zu füllen. Im § 1 des Kinder- und Jugendhilfegesetz wird noch einmal mit den Begriffen „Recht auf Erziehung" und „Elternverantwortung" in der Überschrift auf die besonderen Bedürfnisse des Kindes und der damit verbundenen Verpflichtung der Eltern hingewiesen.
Ausgehend von der Bedürftigkeit des Menschen nach Entwicklung, wird im folgenden Beispiel deutlich, wie stark auch die Wechselwirkung im Familienkontext zwischen den Bedürfnissen des Kindes nach praktizierter Elternschaft und dem der Eltern nach einer Familie ist. Deutlich wird auch das Versagen von Eltern in ihrer Elternschaft und der dadurch entstehende Bedarf an Ersatzbeziehungen, deren Aufgabe es ist, dieses Versagen zu kompensieren.

Agnes

Agnes suchte sich als Kind im Alter von sechs Jahren eine Pflegefamilie. Sie war ein Mädchen mit rotem Haar, voller Lebenslust und großer Intelligenz.
In einem meiner ersten Berufsjahre bekam ich aus einem Kindergarten eine Mitteilung, dass Agnes, ein Kindergartenkind, nicht mehr zu Hause wohnte. Niemand wusste so recht, was zu tun sei. Die Mutter war zu diesem Zeitpunkt gerade in die Psychiatrie eingeliefert worden. Sie hatte eine Psychose, die einem älteren Herrn aufgefallen war, der sich bereits seit geraumer Zeit rührend um die Familie gekümmert hatte. Die Kinder nannten ihn „Opa". Er hatte auch die Krankenhauseinweisung der Mutter veranlasst.
Agnes war zu diesem Zeitpunkt bereits gewohnt, sich und ihre damals

dreijährige Schwester Adele selber zu versorgen, denn die Mutter war ja häufig auf Grund ihrer Erkrankung nicht ansprechbar.
Mit Hilfe der Kollegen des Sozialdienstes kam die kleine Adele in eine hierfür vorgesehene Heimgruppe. Später wurde sie von mir in eine Pflegefamilie in eine nahegelegene Stadt vermittelt, von der sie Jahre später auch adoptiert wurde.

Agnes lebte in einer Familie, die sie sich selber gesucht hatte. Es handelte sich um eine allein erziehende Frau mit ihrer gleichaltrigen Tochter Elke. Die Kinder hatten sich im Kindergarten angefreundet. Agnes und Elke verstanden sich über Jahre hinweg sehr gut.
Ich erinnere mich daran, dass die gesamte Familie für einen kurzen Zeitraum nicht auffindbar war. Die Pflegemutter war mit beiden Mädchen aus der Wohnung ausgezogen und wohnte bei einem Bekannten, den sie später auch heiratete.

Agnes war, wie ich schon sagte, sehr intelligent. Schulnoten von 2 waren eine negative Ausnahme. Sie wurde nach Beendigung der Grundschule auf dem Gymnasium eingeschult. Innerhalb von einem Jahr sackte sie in allen Fächern erheblich ab. Es gab hierzu keine Erklärung. Agnes selber war hierüber sehr unglücklich. Sie glaubte, dass nun die Krankheit ihrer Mutter ausbreche. Ich regte an, den Stoffwechsel von Agnes überprüfen zu lassen. Siehe da, ein Volltreffer: Agnes hatte eine Schilddrüsenfehlfunktion. Sie wurde medikamentös eingestellt. Der Verfall war gestoppt, aber die einstige intellektuelle Leichtigkeit erhielt sie nie zurück.

Agnes ist bis heute eine kluge junge Frau. Jahrelang hatte sie Kontakt zu ihrer Schwester über den „Opa", der es selbstverständlich fand, sich um die beiden zu kümmern. Zu der Mutter wollte sie keinen Kontakt, obwohl ich sie darauf ansprach. Nach dem Tod des Opas war sie allein. Sie hielt den Kontakt zu ihrer Schwester nicht, obwohl sie in deren Familie immer willkommen war. Lange Zeit kümmerte sie sich rührend um ihre ehemalige Pflegemutter und Pflegeschwester.

Tragisch verlief die Entwicklung der Pflegefamilie. Die Pflegemutter bekam mit ihrem Ehemann noch einmal ein Kind. Der Ehemann war jahrelang arbeitslos. Er versorgte die Kinder. Agnes war nie ein Problem. Sie war Helfen gewohnt und packte mit an, wo sie nur konnte. Der Pflegevater und

seine Stieftochter Elke hatten ständig heftigen Streit miteinander. Elke hatte mit 16 Jahren einen festen Freund, wurde schwanger und zog aus. Agnes machte mit 18 Jahren eine Ausbildung und lebte alleine.
Völlig heruntergekommen, ungepflegt, mit stumpfen Augen und Haaren, kam eines Tages die ehemalige Pflegemutter mit Agnes in mein Büro. Sie berichtete mir vom Zerfall ihrer Familie. Der Sohn war noch bei dem Ehemann, dieser hatte das Sorgerecht. Die Pflegemutter wohnte vorübergehend bei Agnes.
Eines der schockierenden Details dieser Geschichte ist, dass der Pflegevater seine bildhübsche Stieftochter Elke jahrelang sexuell missbraucht hatte. Dieses erfuhr die Mutter, nachdem sie sich von ihrem Mann getrennt hatte über Agnes. Die Tochter hatte in der Zeit des Missbrauchs nie darüber gesprochen. Erst als sie schon über 20 Jahre alt war, sprach sie mit ihrer Pflegeschwester darüber.
Die damaligen Warnsignale von Elke: ständiger Streit mit dem Ehemann in ihrer Gegenwart, wurden von der Mutter nicht als Signal, als eine verschlüsselte Botschaft, sondern als zu beseitigende Störung verstanden. Die Tochter wurde dafür bestraft.
Der einzige Halt, welcher der Pflegemutter nach der Trennung von ihrem Mann geblieben war, war Agnes.

Kürzlich war Agnes, mittlerweile bereits 30 Jahre alt, in meinem Büro. Sie hatte ihren kleinen Sohn dabei, er ist neun Monate alt. Sie war traurig und verzweifelt. Die ehemalige Pflegemutter hat noch Kontakt zu ihr, Agnes fühlt sich aber ausgenutzt. Sie ist seit mehreren Monaten verheiratet. Ihr Ehemann hatte sie in der vorhergehenden Woche angegriffen und beinahe erwürgt. Jetzt ist er in psychiatrischer Behandlung.
Von ihrer leiblichen Mutter hatte sie nach deren Tod noch einmal gehört. Jahrelang hatte Agnes den Wunsch nach Kontakt zu ihrer Mutter. Aus Angst, ihre Pflegemutter mit dem Wunsch zu verletzen, äußerte sie ihn nie. Auch mir gegenüber hat sie die Loyalität ihrer Pflegefamilie gegenüber nie verlassen, obwohl ich sie im Laufe der Jahre immer wieder einmal auf mögliche Kontakte zur Mutter hin ansprach.
Wir sprachen lange über ihre Geschichte und die Situation von heute. Sie wollte Informationen, um sich von dem Ehemann zu trennen, über die Möglichkeiten, ihr Kind tagsüber betreuen zu lassen, zur Arbeitssuche, zu der Möglichkeit, mit ihrer jüngeren Schwester Kontakt aufzunehmen.

Kommentar

Neben den massiven Erfahrungen von Gewalt, wie sie bei Roy zu sehen war, scheint die Geschichte von Agnes weniger spektakulär. Ich freue mich für sie, dass sie trotz der widrigen Umstände noch sehr viel Vertrauen und Kraft für sich und für ihre Pflegefamilie entwickeln konnte. Sie gab ebenso zurück, wie sie bekommen hat.

Diese Geschichte zeigt auch, wie unwägbar die Abläufe im Leben von Menschen sind. Die Ursprungsfamilie zerfiel durch die Erkrankung der Mutter, die Pflegefamilie zerfiel nach dem Auszug von Agnes. Der einzige Halt, welcher der Pflegemutter blieb, war Agnes. Diese gab ihr das zurück, was sie selber von ihrer Pflegemutter bekommen hatte.

Agnes suchte sich als Kind eine Familie, in diesem Fall eine stellvertretende Mutter und eine Schwester, selber. Es war ihr großer Wunsch, Geborgenheit zu finden. Die vielleicht in vielen Bereichen schwache Pflegemutter gab ihr diese Geborgenheit, soweit ihr das möglich war. Agnes zeigt uns, wie andere Kinder auch, dass die Suche nach **Eltern** und der Wunsch nach der Übernahme von **Elternschaft** mit all ihren Eigenschaften, die unter dem Begriff Geborgenheit zusammenzufassen sind, ein zentrales Lebensthema ist, wenn es nicht auf die natürliche Weise erfüllt wird.

Agnes bleibt ihrer Pflegemutter als Kind der Familie treu, auch zu einer Zeit, in der es dieser nicht gut geht. Ihre Pflegemutter ist zu ihrer Mutter geworden. Sie hat Elternschaft in wichtigen Teilen mit ihr gelebt. Sie hat Agnes damit eine Zugehörigkeit gegeben, eine Familie und damit eine Identität als gewollter und geliebter Mensch.

Neben der emotionalen Qualität zwischen Pflegemutter, Pflegeschwester und Agnes zeigt uns diese Familie aber auch, dass die Auflösung und der Zerfall sowie die innere Zerrüttung nur sehr schwer aufzuhalten sind, wenn sie denn einmal in Gang kommen. Es ist manchmal schwierig festzustellen, wo denn die Menschen stehen, mit denen wir arbeiten.

Agnes erlebt heute den Verlust ihrer leiblichen Mutter als besonders schmerzhaft. Sie hat sie nach der Trennung nie wieder gesehen. Es fehlt ihr ein Stück der eigenen **Identität**. In unserem Gespräch war es ihr wichtig, noch einmal zu hören, wie es zu der psychischen Erkrankung der Mutter gekommen war. Es war ihr wichtig, zu wissen, dass sie nicht verletzt oder verlassen wurde, sondern dass eine nicht zu beeinflussende Erkrankung die Ursache für die Trennung der Familie war. So bleibt die Mutter ein Mensch, der sie geliebt hat und mit dem sie sich auch heute noch verbunden fühlen kann. Als sie ein

Kind war, traute sie sich nicht, den Wunsch, die Mutter sehen zu wollen, auszusprechen. Vielleicht wollte sie die Pflegemutter nicht verletzen, vielleicht war er auch nicht so drängend und wurde von dem Alltag immer wieder verdrängt. Die Pflegemutter nahm diesen Wunsch nicht wahr. Agnes weitere Biographie ist eine Biographie des Helfens, des sich Kümmerns. Auch jetzt weiß sie noch nicht, wie es weitergehen soll.
Wie sie es schafft, ihre **Identitätssuche** weiterzuverfolgen, weiß ich noch nicht. Ich habe ihr jedoch hierbei meine Unterstützung zugesagt.

Eltern

Wenn ich von Eltern spreche, so spreche ich von unseren Ansprechpartnern in den Pflegeverhältnissen. Seit 1978 habe ich laufend mit Eltern gearbeitet. Sie hatten unterschiedliche Rollen.
Es waren Mütter und Väter, die Kinder in ihren Familien aufnahmen und solche, die ihre Kinder in Pflegefamilien abgaben. Manche dieser Kinder wurden später in ihren neuen Familien adoptiert. Einige verließen die Pflegefamilien, um in ihrer Ursprungsfamilie zu leben; viele leben zum Teil bis heute als Pflegekinder in der Ersatzfamilie.
Natürlich ist die jeweilige Rolle eine andere. Allerdings bleibt es dabei, dass von beiden Seiten gesehen mit einem Kind umgegangen wird, das in seiner Entwicklung nachhaltig gestört wurde. Kaum jemandem sind die Auswirkungen dieser Störungen in Familien bewusst zu machen. Die wenigsten Menschen glauben, dass der Umgang mit einem in seiner Entwicklung geschädigten Kind für die betreuende Familie wie für sein soziales Umfeld zu einer kaum zu bewältigenden Aufgabe werden kann.

Pflegeeltern sind nicht nur durch die aufgenommenen Kinder, sondern auch durch die immer wieder stattfindende Begegnung mit der Herkunftsfamilie dieser Kinder sehr belastet. Hierbei übernehmen sie manchmal Aufgaben, die sie nicht bewältigen können.
Es ist nicht zu erklären, dass neben der Betreuung des Kindes Pflegeeltern häufig auch die Aufgabe bekommen, den defizitär entwickelten Eltern den Kontakt zu ihrem Pflegekind zu ermöglichen. Dem Kind sollen sie immer wieder klar machen, dass, entgegen seiner persönlichen Erfahrung, diese Eltern doch liebevolle, ganze und helfende Persönlichkeiten sind, die sich in Zukunft nun in besonders fürsorglicher Weise um sie kümmern werden. Sie sollen ihnen die Angst vor der Begegnung mit ihnen nehmen.

Diese positive Sicht soll nun ein Kind glauben, das von seinen Eltern in unverantwortlicher Weise gequält, missbraucht, auf die unterschiedlichste Weise vernachlässigt und oft aufs extremste bedroht wurde. Ich denke, dass Pflegeltern ihren Pflegekindern aber auch den eigenen Kindern gegenüber unglaubwürdig werden, wenn sie dieses in solchen Situationen tun.

In diesen Situationen ist es nach meiner Auffassung ein Teil ihrer Elternschaft, die erforderliche Geborgenheit der Familie dadurch zu sichern, dass sie die Grenzen ihrer Familien erkennbar gestalten. Sie sind nicht für die zukünftige Gestaltung der Beziehung der Pflegekinder zu ihren Eltern zuständig. Ihre Zuständigkeit bezieht sich auf die augenblickliche Sicherheit und den Entwurf eines Lebens im Alltag, der frei von Angst und Bedrohung ist. Hierzu gehören klare Grenzen, auch gegenüber der Ursprungsfamilie.

Es ist Aufgabe der Sozialarbeit, für diese Kinder und mit ihnen und den Eltern deren Beziehung neu zu gestalten und sei es unter sehr einschränkenden Bedingungen.

Bis heute hat mich meine Fassungslosigkeit nicht verlassen, die mich immer dann berührt, wenn ich erlebe, mit welcher Ignoranz über die Tatsache des persönlichen Erlebens eines Kindes hinweggegangen wird. Dieses geschieht nicht nur von unwissenden, selber in der Entwicklung verletzten Eltern, sondern insbesondere von Kollegen oder anderen sogenannten Helfern.

Ich habe Kinder gesehen, die von ihren Eltern so grausam im ersten Lebensjahr verletzt wurden, dass sie nur noch Angst und Schrecken in sich haben und niemanden mehr emotional an sich heran lassen. Ich kenne Kinder, die auch Jahre nach der Verletzung bei körperlicher Zuwendung vor lauter Angst so massiv reagieren, dass sie die Menschen, die ihnen bei dem Versuch, ihnen Zuwendung geben zu wollen und ihnen zu nahe zu kommen, zu verletzen drohen und sie auch verletzen.

Ich kenne Kinder, die in eine Innerlichkeit gegangen sind, die sie fast vollständig von der Außenwelt abschirmt. Sie nehmen keinen Kontakt mehr mit anderen Menschen auf. Ich kenne Kinder, die ohne eigene Grenzen auf Menschen zugehen, so dass sie deren Intimsphäre laufend verletzen, so, wie sie sich selber laufend verletzbar machen.

Jedes dieser Kinder zeigt uns, was mit ihm im Namen der Elternschaft gemacht wurde. Jedes dieser Kinder zeigt uns auch den Entwicklungsstand dieser Eltern, die es in diesen Zustand versetzt haben.

Jedes dieser Kinder zeigt uns, wovor wir es behüten müssen.

Jedes dieser Kinder fordert von uns allen die Chance, noch einmal den Versuch machen zu dürfen, in dieser Gemeinschaft der Menschen Fuß fassen zu dürfen, die bislang in seinem Leben versagt hat. Repräsentanten dieses Versagens waren in der Regel die Eltern.

Vom Standpunkt der Energie aus betrachtet denke ich, dass die Eltern dieser Kinder so eindeutig festgelegt sind, dass sie eigentlich nicht anders können, als das Kind zu verletzen. Sie wurden selber einfach zu früh verbraucht. Sie konnten ihr Kraftpotential nicht entwickeln, welches liebevolles, warmherziges, aufmerksames Verhalten hervorbringt.
Diesen Menschen ist es schlicht nicht möglich, eine Veränderung für sich zu wünschen, da sie von ihrem Standpunkt aus in Ordnung sind. Sie leiden ja in der Regel nicht daran, dass sie etwas nicht ändern können. Sie wünschen keine Hilfe darin, sich zu verändern bzw. sich als Mensch zu ihrem möglichen Menschsein hin zu entwickeln.
In der Regel leiden sie daran, dass sie nicht bekommen, was sie gerne hätten. Sie ertragen Einschränkungen durch Kinder nicht gut. Sie ertragen es auch nicht gut, wenn sie feststellen, dass ihre Elternschaft aufgebraucht und nicht ausreichend ist, einem Kind sein Leben zu ermöglichen.
Sie ertragen es nicht, wenn das Kind in einem neuen Lebensraum mit anderen Menschen lebt. Sie ertragen es nicht, wenn es ihrem Kind gut geht.

Natürlich sehe ich den Zusammenhang der Geschichte eines Kindes mit derjenigen seiner Eltern. Ich wünsche, ich könnte den Eltern ihre ihnen genommenen Rechte und Fähigkeiten zurückgeben. Ich weiß, dass es letztlich die innere Kälte und der große innere Schmerz der Menschen ist, die sie dahin bringen, ihre Kinder zu verletzen. Wenn ich auch das alles weiß und den Schmerz des Menschen achte, so halte ich es doch immer noch mit den Worten einer Heroin-abhängigen Mutter, deren drei Söhne ich im Laufe der Jahre untergebracht habe.
Sie rief mich, als der älteste Junge bereits 10 Jahre alt war, aus dem Krankenhaus an, um mir mitzuteilen, dass sie nun sterbe. Sie sagte mir: „Wie gut, dass es Sie gab, Sie alle haben meinen Kindern ein zu Hause gegeben." Sie meinte damit die Pflegeeltern, den Vormund, das Jugendamt, das Gericht und alle, die für ihre Kinder da waren.
Es handelte sich um eine zu ihren Lebzeiten schöne und intelligente Frau aus gutem Hause. Wir hatten umfassende und tiefe Gespräche miteinander. Viele Dinge sah sie ein, trotzdem konnte sie ihren damals gerade sechs Monate alten

Sohn nicht vor den entstellenden Brandnarben schützen, die bis heute schmerzhaft seinen Oberkörper und seinen Hals bedecken. Sie stammen von einer Tasse heißer Suppe. Sein Vater wollte sie ihm morgens um fünf Uhr 'voll auf Droge' einflößen. Die Suppe ergoss sich auf seinen Oberkörper, als er sie nicht aufnehmen konnte, weil sie so heiß war. Die Pflegemutter seines älteren Bruders, die sich bis dahin sorgenvoll um die Mutter und den Jungen kümmerte, entdeckte die lebensgefährliche Verletzung, brachte ihn ins Krankenhaus, verständigte das Jugendamt und tröstete die Mutter. Erst jetzt, nach dieser massiven Verletzung sahen die Verantwortlichen ein, dass hier das Sorgerecht entzogen werden musste, um den Jungen zu schützen. Auf Antrag des Jugendamtes entzog das Vormundschaftsgericht der Mutter alle Rechte für ihren Jungen. Sie war niemals bereit, öffentlich die Verantwortung für die Verletzung des Kindes zu übernehmen. Sie leugnete in der Gerichtsverhandlung, dass der Junge in ihrem Haushalt verletzt wurde.
Der Hergang der Tat wurde von ihr in meinem Büro vor der Verhandlung geschildert. Als ich sie aber im Gerichtssaal an diese Schilderungen erinnerte, schwieg sie. Sie konnte ihr Kind nicht frei geben oder schützen. Sie war hilflos.
Vielleicht macht dieses Beispiel deutlich, wie sehr Sozialarbeit Schutz für die Kinder ist. Es macht auch deutlich, was unsere Klienten zur Wahrung ihres Gesichtes, zum Schutz des Partners oder aus Loyalität diesem gegenüber, im Widerstand zum Staat usw. ihren Kindern zuzumuten bereit sind.

Eine andere Mutter, Alkoholikerin, mit einem äußerst gewalttätigen Mann befreundet, bat mich, einen Sorgerechtsentzug für ihr Kind zu beantragen. Ihr Freund wollte sie zwingen, den Jungen aus seiner Pflegefamilie herauszunehmen. Sie schilderte die furchtbaren Misshandlungen, die er gegen sie, ihre Tochter und den damals noch im Mutterleib befindlichen Jungen begangen hatte. Sie erklärte mir, dass sie diese Worte niemals öffentlich wiederholen werde, aus Angst davor, ihr Partner werde es erfahren. Auch sie erschien beim Gericht zum Sorgerechtstermin. Sie sagte kein Wort, bestätigte oder verneinte durch Kopfschütteln oder Nicken meine Worte oder die Fragen der Vormundschaftsrichterin. Das Sorgerecht wurde vollständig entzogen.
Der Partner versuchte trotzdem, das Kind zu holen, nachdem er es ausfindig gemacht hatte. Er wurde allerdings vorher von einem Komplizen nach einem Einbruch erstochen.

In der Schilderung **der Eltern** von mir betreuter Pflegekinder könnte ich endlos fortfahren. Immer erstaunt mich die fehlende Boshaftigkeit in den Abläufen innerhalb der Familien. Ich kenne keine Frauen und Männer, die mit wirklicher Überlegung ihre Kinder verletzt hätten. Es scheint so, als ob sie, einer inneren Dynamik folgend, ihre Kinder verletzen müssten. Sie kennen eben kein anderes Verhalten. Oder sie haben selber so eingefahrene Verhaltensmuster, dass sie nicht entscheiden können, etwas anderes als diese Verletzung zu tun. Viele dieser Menschen haben ähnliche Erfahrungen gemacht. Selten sind es Menschen, die aus vorübergehenden Stresssituationen heraus diese erheblichen Schäden verursachen.

Es ist einfach so, dass die Kompetenzen im Leben, die nicht erworben wurden, nicht von selber entstehen. Wir sind hoch entwickelte Lebewesen und Kulturwesen. Unsere angeborenen Instinkte reichen nicht aus, das Leben zu meistern. Sie reichen nicht aus, Partnerschaften zu führen oder ein Kind großzuziehen. Die Kompetenz zum Umgang miteinander wird erworben. Sie muss über Bindungen gelernt werden. Wer als Kind nicht die Erlaubnis hatte, Bindungen zu leben oder wer diese Bindungen als unzuverlässig und/oder verletzend erlebt hat, der wird nicht so ohne weiteres ein liebevoller, zugewandter, hilfsbereiter, zuverlässiger und aufmerksamer Mensch sein.

Ich arbeite zur Zeit mit einer jungen Mutter, die ihren Sohn im ersten Lebensjahr fortlaufend so misshandelte, dass er sein Wachstum einstellte. Er hatte im Alter von acht Monaten noch sein Geburtsgewicht, quengelte ohne Unterbrechung und war immer wieder aufs Neue gefährdet, von seiner Mutter verletzt zu werden.

Die Mutter schien das nicht wahrzunehmen. Erst als eine Freundin sie dazu aufforderte, brachte sie den Jungen in ein Krankenhaus. Die Aufregung der Sozialbehörde, der Mediziner sowie des Gerichtes konnte sie überhaupt nicht verstehen. Für sie war alles in Ordnung. Lediglich an ihren kurzen Erzählungen zwischendurch wurde mir deutlich, wie regelmäßig sie dieses Kind gequält hat. Sie sperrte ihn alleine im Dunkeln ein, kniff ihm in die Bauchdecke und schlug ihn regelmäßig für Kleinigkeiten. Zuletzt verletzte sie ihren Sohn am Knie, so dass dieses geschwollen war und der Junge kaum noch krabbeln konnte. Sie verletzte ihn immer dann, wenn er sie überforderte, und das war ständig der Fall. Sie ist unfähig, mit einem Kind zu leben.

Zur Zeit ist sie schwanger. Dem Freund, von dem sie sich soeben getrennt hat, erzählte sie nebenbei, dass dem Kind ja auch etwas passieren könnte, dann müsste er sich keine Sorgen mehr machen.

Von einer anderen Mutter, ich nenne sie Frau Meier, habe ich fünf Kinder vermittelt. Den ältesten Sohn und damit das erste ihrer von mir vermittelten Kinder, bekam ich als misshandelten Jungen im Alter von fünf Jahren. Wegen der Grausamkeit ihrer Taten wurde sie strafrechtlich verurteilt. Das ist in diesem besonderen Gewaltverhältnis zwischen Eltern und Kindern selten und wird von den Jugendämtern nicht gerne angestrebt. Es wird sicher eher ein Jugendlicher wegen einer zufälligen Schlägerei angeklagt als regelmäßig ihre Kinder misshandelnde Eltern.

Frau Meier

schilderte mir ihr Leben. Sie war ein Scheidungskind. Die Mutter hatte nach der Scheidung von ihrem Mann einen neuen Partner, der sie seit ihrem fünften Lebensjahr regelmäßig missbrauchte. Sie kam von der Mutter aus mit sieben Jahren in ein Kinderheim. Von dort aus erfolgte die Übersiedlung zum Vater. Bei den regelmäßigen Besuchskontakten zur Mutter wurde sie immer wieder durch deren Partner missbraucht. Es folgte eine Odyssee durch unterschiedliche Heime. Mit 15 Jahren wurde sie vergewaltigt. Mit 18 Jahren ging sie eine Scheinehe mit einem Inder ein, die nur der Ehemann anders, nämlich als Ehe gesehen hatte. Aus dieser Verbindung kam dieser Junge.
Sie löste ihre Ehe auf und lernte einen anderen Mann kennen, mit dem sie zusammenlebte. Dieser Mann und seine Freunde hielten sich häufig betrunken in der Wohnung auf.
Zunächst bot er seine Freundin den Kumpanen zum Vergnügen an, später bezogen sie den Jungen ein und zu guter Letzt drehten sie pornographische Filme mit allen Beteiligten. Irgendwann wurde es ihr zu viel und sie trennte sich von dem Mann. Sie hatte gemerkt, dass das alles nicht so richtig war. Und die gedrehten Gewaltszenen gefielen ihr doch nicht so recht. Außerdem hatte sie Mitleid mit dem Jungen, der bei den Übergriffen immer weinte.

Auch hier habe ich gesehen, dass Eltern nicht unbedingt aus böser Absicht handeln. Diese Mutter hatte eine sehr hohe Toleranz zum Thema Gewalt und Sexualität mit Kindern und war unfähig, ihr Verhalten zu ändern. Wie sollte das auch geschehen?
Wie schwierig ist es für einen Raucher, das Rauchen einzustellen? – und hierbei geht es um seine eigene Gesundheit. Wie sollte sie da von ihren Neigungen lassen, die sie so lange schon erlernt hat und bestätigt bekam?

Interessant fand ich ein Fachgespräch mit Kolleginnen, die noch einmal eine familienorientierte Hilfe mit dem dritten und vierten Kind einsetzen wollten. Ich bat sie, doch die Geschichte der Mutter zur Kenntnis zu nehmen und dann mit ihr über die Umsetzung der Hilfe, die erforderlichen Rahmenbedingungen und die Prognose der Hilfe zu sprechen. Die Kolleginnen lehnten das ab. Sie wollten alle noch einmal von vorne beginnen. Nach einem ½ Jahr war die Hilfe beendet, die beiden im Haushalt lebenden Kinder nach massiven Misshandlungen ebenfalls in Pflegefamilien. Zur Ehrenrettung der Kolleginnen muss gesagt werden, dass die Mutter niemals eine Chance hatte, mit Kindern zu leben. Heute bekommt sie keine Kinder mehr, und es ist gut so.

Zu früherer Zeit stand ich dem Thema 'sexueller Missbrauch' an Kindern skeptisch gegenüber. Ich konnte es mir einfach nicht vorstellen, dass es das gibt. Die folgende Geschichte eines sechsjährigen Jungen berührte mich sehr und veränderte meine Einstellung grundlegend.

Grenzen der Arbeit

zeigte mir dieses sechsjährige Kind. Es wurde von mir aus einer Kinderschutzgruppe[16] des städtischen Kinderheimes in eine Pflegefamilie vermittelt. Während seines Aufenthaltes in der Schutzgruppe wirkte der Junge über ein ¾ Jahr zwar verwahrlost, man sah sein heruntergekommenes, ungepflegtes Äußeres und erkannte, dass er kein übliches ästhetisches Körpergefühl hatte. Das Kind hatte einen erheblich sexualisierten Sprachschatz, verhielt sich aber unauffällig und angepasst. Die dort durchgeführte psychologische Untersuchung ergab keine weiteren Auffälligkeiten und keinen Hinweis auf Missbrauch.

Nach seiner Aufnahme in der Pflegefamilie begann der Junge zunächst deren eigene Kinder, zwei Jungen im Alter von neun und elf Jahren, sexuell zu attackieren. Später dehnte sich dieses Verhalten auch auf die Pflegemutter aus, so dass diese befürchtete, selber mit ihm sexuell aktiv zu werden. An diesem Punkt brach sie das Pflegeverhältnis ab. Sein Aufenthalt in dieser Pflegefamilie dauerte drei Monate.

In dieser kurzen Betreuungszeit brachte die Pflegemutter durch Gespräche mit dem Jungen Folgendes in Erfahrung:
Dieser Junge wurde von seiner Mutter immer wieder missbraucht. Er kannte

die härtesten pornographischen Filme, jede erregbare Körperstelle einer Frau und wusste, wie man die Fliegenmaden von leeren Tellern fraß. Er suchte sich in der Wohnung, die er mit seiner Mutter bewohnte, eine Stelle zum Schlafen, die am wenigsten verdreckt war. Am Morgen zog er sich braune Käfer aus der Haut. Er war oft tagelang alleine, wenn seine Mutter unterwegs war.
Er wusste, wenn die Mutter auf bestimmte Weise die Wohnung verließ, kamen 'die Männer' nach kurzer Zeit. Diese Männer jagten und vergewaltigten ihn. Danach kam die Mutter wieder, mit Essen aus dem Schnellimbiss und der gleichen Lust wie die Männer. Er befriedigte sie alle.

Um diese Information von der Pflegemutter zu erhalten, bedurfte es intensiver Anstrengungen in der Begleitung. Die Schilderung dieser Erfahrungen gab das Kind der Pflegemutter immer nur in kurzen Sequenzen. Diese waren für die Pflegemutter so belastend, dass sie viele Äußerungen des Jungen ihr gegenüber, sofort nachdem er sie getan hatte, wieder "vergaß".
Mit dem Vormund erarbeitete ich in vielen Gesprächen, zusammen mit der Pflegemutter, die Rekonstruktion[17] der obigen Geschichte. Immer wieder mussten Begriffe nachgefragt werden und Situationen analysiert werden, bis die einzelnen Mosaikbausteine zusammenpassten.

Die Pflegemutter berichtete, wie sie den Jungen selber so provozierte, dass seine Erfahrung erkennbar wurde. Sie hatte früh den Missbrauchsverdacht. Spätestens als sie erlebte, wie der Junge einem alten Mann auf dem Spielplatz in die Hose griff oder andere Kinder obszön aufforderte, ihn zu vögeln, erkannte sie das Problem. Sie schilderte umfassend, wie der kleine Junge in übergreifender Weise mit ihr umging. Sie trug nur noch hoch geschlossene Kleidung, Körpernähe wurde sofort sexualisiert, in den Arm nehmen ging nicht, ohne dass die Situation umkippte. Es war der vollendete Stress, die Balance in ihrer Rolle zwischen Helfer und Täter verwischte, die Welt der Pflegefamilie wurde bizarr und unwirklich. Der Junge sexualisierte seine Beziehung zu den eigenen Kindern der Pflegefamilie ebenso wie zu der Pflegemutter. Die Beziehungen wurden massiv von dem Trauma des Kindes bestimmt. Er wurde zum 'Täter'. Die Abgabe des Kindes war die einzige Rettung für die Pflegemutter vor dem Sog in die gleichen Verhaltensmuster, die der Junge erlernt hatte. Die Pflegemutter entschloss sich zu diesem Schritt, nachdem der Junge sie obszön mit folgendem Satz ansprach (Zitat Pflegemutter): "Komm zeig mir deine Titten, du willst ja auch nur mit mir ficken". Man denke daran, dass es sich um einen sechsjährigen Jungen handelte.

So bizarr und unwirklich wie das Verhalten des Jungen für die Pflegemutter und auch für mich war, so bizarr war auch der Ort der Pflegefamilie für diesen Jungen. Oft fand er den Heimweg nicht, auch wenn er nur wenige Meter von der Haustüre entfernt war und fragte Passanten um Hilfe. Zu Hause, in der Wohnung steckte er sein Gesicht in das Katzenklo[18]. Es schien, als ob er sich vergewissern wollte, dass er nicht verrückt war und seine Vergangenheit kein Traum. Er holte sich dort den Geruch und damit das Gefühl, das er von zu Hause gewohnt war. Für ihn hatte das für uns ekelerregende Verhalten einen Sinn. Er wusste, er war nicht verrückt. Der Geruch war wirklich, seine Erinnerung wurde in der sexualisierten Begegnung mit dem alten Mann auf dem Spielplatz und der Pflegemutter wirklich. Er wusste, dass er lebte. Seine alten Erfahrungen waren kein Traum.

Wenn dieser Junge und seine Mitmenschen Glück haben, dann ist er heute als Strichjunge tätig. Und wenn nicht, dann wird er sich das eine oder andere Kind greifen und genau die gleichen Dinge tun, die man mit ihm getan hat. Irgendwann wird er aus der Angst vor Entdeckung vielleicht eines seiner Opfer umbringen. Auf jeden Fall hat er gute Voraussetzungen für einen langfristigen Aufenthalt in der Psychiatrie oder dem Gefängnis.

Dieses Kind ist heute nicht mehr in einer Familie. Es ist in einer Heimgruppe mit Anschluss an eine Kinder- und Jugendpsychiatrische Einrichtung. Eine Familie hat ihn nicht aus ausgehalten.

Das später zuständige Jugendamt hatte zwischendurch die Idee, ihn zu seiner Mutter zurückzugeben. Sie kommt aus bestem Hause, einer angesehenen Juristenfamilie. Sie besuchte nur die besten Schulen, leider war sie Heroinabhängig, konnte das aber gut verbergen.

In der Nachbereitung mit den Pflegeeltern erfuhr ich, dass die Pflegemutter und der Pflegevater durch den Jungen an längst vergessene und verdrängte eigene kindliche Erfahrungen sexueller Übergriffe durch erwachsene Menschen erinnert wurden. Beide bearbeiteten später therapeutisch diese Themen. Ein Pflegekind nahmen sie nicht wieder auf.

Helferkrisen

Der vorher genannte Fall ist ein gutes Beispiel für Krisen der Helfer.
Ich habe erlebt, dass im Vorfeld der Unterbringung in die Pflegefamilie eine gute, einfache Kommunikation aller Helfer untereinander möglich war. Nach

der Rückkehr des Jungen in seine ehemalige Einrichtung kam es zu erheblichem Stress.
Die Pflegemutter brachte ihn nach Absprache mit mir dorthin. Sie entlud ihre Belastung in erheblichen Vorwürfen gegenüber der ihr erbrachten Beratungsleistung und signalisierte, sie sei dem Jungen hilflos ausgeliefert gewesen.
Die mit ihr jetzt sprechenden Therapeuten wahrten nicht die erforderliche kritische Distanz. Sie hatten erlebt, dass sie bereits im Vorfeld der neuerlichen Unterbringung einbezogen waren. Sie waren gut informiert. Leider fand eine Auswertung der Situation nicht mehr statt.
Eine beteiligte Beratungsstelle für Gewalt erfahrene Menschen schloss sich umgehend der Auffassung an, dass hier eine schlampige Arbeit des Jugendamtes vorliege und leistete damit der Problemverdrängung Vorschub.
Es ging in der folgenden Auseinandersetzung nicht mehr um das schwer traumatisierte Kind, sondern darum, zu klären, wer denn nun der 'bessere' Helfer war und um Schuldvorwürfe gegenüber dem begleitenden Fachberater, also gegen mich. Die Pflegemutter begab sich in einen langfristigen Therapieprozess, der Junge bekam einen fachkundigen Begleiter.
Diagnostisch standen alle am Nullpunkt, da der Junge sich nun nicht mehr äußerte und die bisherigen Arbeitsergebnisse des Jugendamtes nicht mehr ernst genommen wurden. Innerhalb der Heimgruppe war er ja wieder „normal".
Erschreckend war für mich, dass sich diese Ignoranz auch bei dem nach dem Umzug der Mutter zuständigen Jugendamt fortsetzte. Wie bereits beschrieben, planten die dortigen Kolleginnen die Rückgabe des Jungen zu seiner Mutter.

Kommentar
Was ist das eigentlich, mit dem wir da leben? Was ist das für eine Weltgeschichte, die diese Familien und Menschen hervorbringt? Welche Dinge geschehen, ohne dass wir sie kritisch betrachten? Wie können wir uns erlauben, diesen Kindern solche Zustände zuzumuten?
Unser gesunder Menschenverstand müsste uns schon sagen, dass, wenn wir eine leistungsfähige Zukunftsgeneration von Menschen wollen, wir diese schützen und pflegen müssen. Statt dessen sehen wir oft lange zu. So lange, bis ein Kind so schwer geschädigt ist, dass eine Aussicht auf Gesundung nicht mehr besteht.

Wenn ich berücksichtige, dass die Erkenntnisse in dem Fall des sechsjährigen Jungen tatsächlich sehr belastend sind, so ist es nur logisch, dass diese

Belastung auch in Helferkreisen Entladung benötigt. Dieses kann in heftigen, emotional geführten Diskussionen geschehen. Ebenso kann ich mir vorstellen, dass diese Belastung bei Helfern, ähnlich wie bei der Pflegemutter zu Hilflosigkeit und später zur Verdrängung[19] führt. Es ist bedauerlich, wenn durch diese menschlich verstehbaren Reaktionen eine sinnvolle Zukunftsplanung für Kinder nicht mehr geschieht.

Viel Energie wird damit verschwendet, Vorurteile und Urteile aufrechtzuerhalten, weit mehr als zu versuchen, sie durch Erkenntnis zu beseitigen. Dies stimmt mich auch heute noch traurig, zumal es kaum ein Verhalten gibt, mit dem ich hierauf Einfluss nehmen kann. Auf der anderen Seite zeigt dieses Gesamtbeispiel aber auch, wie wichtig fachliche Kompetenz im Umgang mit Problemlagen dieser Art ist.

Die Pflegefamilie war von Beginn der Unterbringung an in ständigem Kontakt mit mir und dem Vormund. Wir hatten tiefe, oft sehr anstrengende und belastende Gespräche, die ausschließlich auf die Orientierung der Familie ausgerichtet waren.

Ständig musste die Pflegemutter die Wirklichkeit des Jungen wieder entdecken. Sie durfte nicht vergessen oder verdrängen, was sie mit ihm erlebt hatte. Das fiel ihr sehr schwer.

Wir durften nicht auf Nebenschauplätzen bleiben, sondern waren gezwungen, uns ständig mit einem mir selber eher unangenehmen Thema auseinander zu setzen. Wir mussten andere Helfer gewinnen, die durch ihren üblichen Alltag bereits überlastet waren. Es war für alle Beteiligten sehr anstrengend, hat uns aber auch geschult.

Die Beispiele dieses Kapitels zeigen an sich die große Not von Familien, deren Kinder letztendlich nicht bei ihnen leben dürfen, weil sie dort seelisch und körperlich schwer verletzt werden. Sie zeigen die Rolle von Eltern, wie sie eben nicht gedacht ist. Sie zeigen die Ausübung des Elternrechts, wie es nicht gedacht ist. Sie zeigen das Versagen der Eltern in ihrer Pflicht den Kindern gegenüber. Gleichzeitig zeigen sie uns das große Bedürfnis der Kinder nach Eltern und gelebter Elternschaft.

*

Kapitel III

Der Energiehaushalt von Gruppen und Personen

Bei aller intellektueller Betrachtung und Theoriebildung sind die Entwicklungen der Einzelfälle nur sehr schwer vorhersagbar. Wir können Prognosen stellen und die Wahrscheinlichkeit einer solchen Prognose anhand der bisherigen Erfahrungen vermuten. Es bleibt aber die Frage: Was ist es, was uns so sicher macht? Was ist es, das uns sagen lässt: so wird es voraussichtlich sein, und dann ist es so?

Jeder Organismus hat ein Potential an persönlicher Energie, die ihm zur Verfügung steht, um seine persönliche Situation sowohl innerpsychisch als auch im Kontext mit anderen Organismen - sozial - zu bewältigen. Auf dieser Grundlage existieren auch soziale Organismen wie: Gruppen, Familien, Völker, Rudel im Tierreich sowie Zellkolonien u. a. Diese Grundannahme ist nicht neu. Auch innerhalb meiner beruflichen Tätigkeit bin ich immer wieder auf dieses Thema gestoßen.

Ich kenne kein Kind, das sich nicht gemäß der ihm vorgegebenen Bedingungen so gut wie möglich entwickelte. Ich kenne keine Familie oder Gruppe, bei der es nicht ähnlich war. Sie entwickeln sich gemäß den vorgegebenen Bedingungen ihren Möglichkeiten entsprechend optimal.
Die eingesetzten Qualitäten sind: Körper, Intelligenz, Lebenserfahrung und gelerntes emotionales und soziales Potential. Hinzu kommt, dass die Individuen bei ähnlichen Bedingungen individuelle Spielräume zur Entscheidung besitzen, welche die Tendenzen der Gruppe oder Familie noch verändern. Gesichert ist, dass, solange die Überlebensfähigkeit der Gruppe besteht, diese daran interessiert ist, den Mitgliedern bestmögliche Überlebenschancen gemäß ihrer jeweiligen Hierarchieposition zu gewährleisten.
Verändern sich nun die Bedingungen außerhalb, so verändert sich auch der Organismus oder das soziale Feld, die Gruppe, der Mensch, das Kind, die Familie usw. gemäß ihrem / seinem energetischen Potential.

Die Energie des Einzelnen erlaubt ihm, veränderte Bedingungen zugunsten seines Überlebens zu interpretieren. Hierbei berücksichtigt jeder räumliche

und zeitliche Bedingungen, sofern ihm dieses seitens seiner Fähigkeiten möglich ist. Sollten spontane Bedürfnisse dieser Anpassungsleistung entgegenstehen, so besteht die Möglichkeit, diese in die Überlegungen mit einzubeziehen, sie zu vernachlässigen oder aber auch alle Überlegungen zu vergessen und dem jeweiligen spontanen Bedürfnis zu folgen.
Das Kind hat nur die Möglichkeit der Anpassung und eventuell der minimalen Manipulation durch die Äußerung seiner Bedürfnisse. Bei Verletzungen gegen es selbst wird es die Anpassung seiner Umwelt an seine Bedürfnisse nicht mehr oder reduziert erwarten. Es reduziert oder verändert seine Signale; im extremen Fall, nämlich dann, wenn es keine Bestätigung seiner Person erhält, stirbt es.
Wenn die eigene Energie zu früh zur Lebenserhaltung verbraucht wird, so steht sie nicht mehr für die eigentliche Entwicklung, die aus biologischer und psychologischer Sicht noch erforderlich wäre, zur Verfügung.
Das Kind verliert an Kraft und an der Fähigkeit, sich anhand seiner Möglichkeit zu entwickeln. Es bleibt gegenüber Kindern gleichen Alters zurück. Es gibt Kinder, die aufgrund massiver Vernachlässigung oder Gewalteinwirkung so weit an Lebenskraft verloren haben, dass sie selbst ihr Wachstum einstellen.
Im umgekehrten Fall stellen wir fest, dass Kinder sich bei guter Versorgung und Ansprache sehr gut entwickeln und hierzu ihre gesamte Energie einsetzen. Sie werden stärker und nehmen an Potential ständig zu. Ihre Energie wächst mit ihnen.

Wir haben die Tendenz, jede Erfahrung, die wir gemacht haben, auch zu speichern.
Zu glauben, der menschliche Geist vergesse etwas, hieße zu glauben, die Natur werfe etwas weg.
Spätestens seit der Zeit der Körpertherapie weiß derjenige, der sich damit beschäftigt hat, von der Speicherung aller Erfahrungen im Körper. Der Körper, die Energie des Menschen, vergisst nicht. In den Schultern, den Beinen, den Armen, der Muskulatur, den Knochen, der Stimme, den Augen, dem Gesicht, der Art zu hören, sich zu bewegen und so weiter, sind unsere Erfahrungen gespeichert. Dieser Speicher ist in der Regel positiv, auf das Überleben und den Nutzen der Erfahrungen ausgerichtet.
Bei traumatisierten Menschen ist dieser Erfahrungsspeicher häufig eine Form der Blockierung[20] oder der Abspaltung[21] von Erfahrungen. Es kommt nicht zu der Nutzung der Erfahrung. Es besteht der Bedarf einer Ableitung und

Verarbeitung dieser Blockierungen, die ebenfalls im Körper und in der Seele gespeichert sind.

Für die Arbeit mit Pflegekindern sind mehrere Aspekte von Bedeutung. Diese sind: Familie, Ursprungsfamilie, soziales Umfeld, verstärkte Öffentlichkeit und das eigene defizitär ausgerichtete Selbstwertgefühl sowie die nur unvollkommen entwickelten eigenen Fähigkeiten, in einem komplizierten sozialen Netzwerk zu leben.

Ein Kind, das in seiner Entwicklung gestört wurde, hat sein persönliches Gleichgewicht, seinen Energiehaushalt ganz zu Gunsten seines Überlebens ausgerichtet. Ursprünglich auf Wachstum und Entwicklung angelegt, sind diese Strategien weitgehend zerstört oder lahmgelegt. Seine bisherige Welt hatte ein Gleichgewicht, in dem der Maßstab 'Entwicklung' keinen Platz für dieses Kind hatte.

In der nachfolgenden Welt seiner neuen Familie wird nun ein solches Kind mit Anforderungen vertraut, die seiner ursprünglichen Anlage entsprechen. Dieses Bedürfnis nach Selbstentwicklung wird sofort wieder geweckt, zunächst sehr zögerlich, später mit der ganzen Energie, die noch zur Verfügung steht. Mehr oder weniger intensiv hat das Kind die Möglichkeit, sich zu entwickeln. Sein persönliches Potential ist gefragt.

Die Familie als energetischer Raum, in dem diese Entwicklung stattfinden soll, dient als Katalysator für dieses Kind. Ein guter Katalysator verändert unter diesen Bedingungen seine Eigenschaften und Fähigkeiten nicht. Hierzu ist allerdings innerhalb von Familien eine neue Entwicklung zu einem neuen Verständnis der eigenen Situation erforderlich. Die Familie wird auf vielfältige Weise in ihren Fähigkeiten geprüft und auf bestehende Defizite gestoßen.

Zum Erhalt des energetischen Gleichgewichtes der Pflegefamilien und Erziehungsstellen ist es erforderlich, diese systematisch zu begleiten. Nur so kann sichergestellt werden, dass die aus der Ursprungsfamilie des Kindes stammende Energie mit all ihren Stimmungen und Verhaltensmustern die neue Familie nicht in Richtung der Ursprungsfamilie verändert. Es wird verhindert, dass ein Kind in seiner neuen Welt ähnliche oder auch gleiche Erfahrungen macht, wie in seiner alten. Die Pflegefamilie oder Erziehungsstelle bedarf ebenso wie das Kind, des Schutzes nach außen sowie der Unterstützung innerer Abläufe. Dieser Schutz ist für den Prozess der Veränderung und der Wiederherstellung der ursprünglichen Kraft des Kindes nötig.

Ebenso ist er erforderlich, damit die Pflegefamilie oder Erziehungsstelle nicht verletzt oder gar zerstört wird.

Ein weiterer, wichtiger Aspekt ist die Einbettung der Familie in ein soziales Netzwerk.
Wenn ein Kind vermittelt wird, so hat die Familie zu Beginn des Pflegeverhältnisses noch das Mitleid der Umwelt sowie deren Toleranz auf seiner Seite. Die Abwehr gegenüber Pflegekindern und deren neuen Familien entsteht dann, wenn das Pflegekind seine ursprünglichen Schädigungsmuster nicht verliert und im Umfeld auffällig bleibt. Die Toleranz der Umgebung schmilzt dahin, die Pflegefamilie wird als eine schädigende Familie definiert, sofern sie nicht sehr stark im Umfeld aktiv ist. Die Pflegefamilie hat auch hier einen wesentlich höheren Verbrauch an Energie, sichtbar an Zeit und Orten, an denen sich die Besänftigung und das Suchen nach Verstehen abspielt.
Trotz aller Bemühungen bleibt aber die Aufnahme eines fremden, geschädigten Kindes in den Haushalt der Erziehungsstelle oder der Pflegefamilie ein zum Teil misstrauisch durch die Umwelt begleitetes Unterfangen. Familien, die ein fremdes Kind aufnehmen, hören häufig: Das könnte ich nie, ich würde mir das nie antun.
Das sind keine Botschaften, die Verstehen oder Verständnis ausdrücken, ebenso wenig Akzeptanz. Es sind Botschaften, welche die Normalität des Pflegekindes in seiner Familie untergraben und seine Destabilisierung im Umfeld rechtfertigen.
Die Pflegefamilie wird ein hohes Maß an Energie benötigen, um das Kind seiner Umgebung gegenüber abzuschotten und es seiner Pflegefamilie gegenüber treu sein zu lassen.
Ein ungebundenes Kind unterläuft ständig die Einbindung in die Familie durch den Versuch, sich Zuwendung, egal wo und von wem auch immer, zu holen. Dieses Verhalten des Kindes wird von seiner Umwelt als defizitäre Situation im Haushalt der Pflegefamilie / Erziehungsstelle interpretiert. Es wird nicht die unersättliche Gier des Kindes gesehen, Zuwendung, egal wie, zu erhalten. Diese Gier ist aus dem Defizit an Zuwendung in seiner Ursprungsfamilie geboren.
Das Kind ist nicht in der Lage zu entscheiden, wo und wie dauerhafte, verlässliche Bindungen entstehen, die für es selber sichere Überlebenspfeiler sind. Es wird immer unterstellen, dass seine jetzt reale Situation unzuverlässig ist, weil es in seinem Leben immer so war und es wird vorsorgend versuchen, für den Zeitpunkt, zu dem vielleicht diese Familie sich als ebenso untragbar

herausstellt wie seine vorherige, schon einmal Personen für weitere Fürsorge zu stimulieren. Ich nenne dieses um Zuwendung bettelnde Verhalten das „arme Kind Syndrom". Pflegeeltern, die dieses erleben, wissen genau, was ich meine.
Die Pflegefamilie wird aber durch dieses Verhalten des Kindes von der Umwelt als defizitär definiert und kritisch gesehen. Das Kind demontiert hiermit seine sichere Position. Es motiviert die Umwelt, seine neue Familie kritisch zu sehen, ohne es zu wissen. Infolgedessen werden der Familie von seiner Umwelt negative Motive für die Aufnahme des Kindes unterstellt. Es beginnt die Demontage der guten Absicht der Pflegefamilie durch die Umwelt.
Dieser Mechanismus erfordert ungeheure Toleranz. Diese Toleranz immer und immer wieder aufzubringen, zehrt erheblich an den Energiereserven der Pflegefamilie oder der Erziehungsstelle.

An all diesen Stellen im alltäglichen Leben verbraucht eine Familie zu viel an Energie und bekommt oft über einen langen Zeitraum nichts Stärkendes zurück. Auch hier sind wir als Fachberater gefragt, Techniken zu vermitteln, die diesen hochgradigen Energieverbrauch zu kompensieren helfen. Zumindest aber können wir als Ohr für die Sorgen der Familie und als Übersetzer der Botschaft des Kindes für die Familie und zum Teil auch die Umwelt, seien es Lehrer, Nachbarn oder die Eltern der Pflegefamilien, da sein. Wenn auch hierdurch der Familie die verbrauchte Kraft nicht zurückgegeben wird, so wird aber zumindest Verständnis für die Situation hergestellt und Akzeptanz gegenüber der Gefühlswelt der Beteiligten geöffnet. Das alleine hilft schon, den Toleranzbereich zu erweitern und die kräftezehrenden Empfindungen wie Wut, Zorn, Hilflosigkeit, Enttäuschung usw. zu mindern.

Nur dann, wenn die Erziehungsstelle oder Pflegefamilie sich ihrer emotionalen Grundlagen sicher bleibt und sie ihre eigenen Fähigkeiten auf die Aufgabe konzentrieren kann, wird ein positives Einwirken auf die bereits verletzten Kinder möglich. Die eigene Kraft zur positiven Aufnahme und zur positiven Begleitung eines Kindes, das keine Reserven hat, muss erhalten bleiben.
Das bedeutet auch, dass belastende Erfahrungen mit dem Pflegekind vermieden oder so weit wie irgend möglich reduziert werden sollten.

Die Konfrontation des Opfers mit dem Täter

Ein traumatisierter Mensch, der bereits in seiner frühesten Kindheit immer wieder die Botschaft erhielt, dass er gefährdet ist, dass die Berührungen mit einem Menschen Schmerz auslösen, dass Schreien nach Nahrung Schläge bedeutet usw., was soll der als Erfahrung speichern? Wie soll er Freude empfinden, wenn sich das Gesicht seines Peinigers nähert? Wird er sich irgendwann an dem Schmerz erfreuen, weil das Gegenteil ständige Angst und Panik bedeutet? Wird er sich irgendwann freuen, wenn der, der ihm die Arme und Rippen brach, sich seinem Bett nähert und vielleicht doch Nahrung bringt?
Ein Kind, das gesehen hat, wie die Eltern ein Geschwisterkind ertränken, das gequält wurde und dem man zeigte, wie hilflos es ist, wenn seine Geschwister gequält werden, wird es sich freuen, wenn es dem Peiniger begegnet?
Meine Erfahrung sagt nein. Noch nie habe ich erlebt, dass ein Kind den Menschen, der es nicht schützte, der es quälen ließ oder der es quälte, gerne wiedergesehen hätte. Seine Energie, sein Körper sind mit Panik, die durch diese Menschen bei erneuter Begegnung wieder ausgelöst wird, gefüllt. Nichts kann ihm diese Panik nehmen.

Immer wieder habe ich in meiner Tätigkeit gesehen, dass sich Kinder die größten Sorgen machten, wenn sie wussten, dass ein Geschwisterkind noch zu Hause bei den Tätern, oft den Eltern war. Auch habe ich immer wieder erlebt, dass die Geschichte von dem Einzeltäter, in der Regel der Ehemann oder Partner, nicht stimmte. Es zeigt sich bei genauem Hinsehen, dass beide Eltern Täter sind oder waren. Ich unterstelle, durch meine Erfahrung abgesichert, dass es niemanden gibt, der Misshandlung in seiner Nähe duldet, wenn er nicht selber auf die eine oder andere Weise davon profitiert.
In der Fachwelt gibt es häufig noch das Vorurteil, Misshandler oder Missbraucher seien Männer. Ich habe beruflich ebenso erlebt, dass härteste Misshandlungen durch Frauen durchgeführt wurden.

In einem Fall handelte es sich um eine damals ca. 30-jährige Frau, die tagelang ihre Freundin quälte und sexuell missbrauchte, bis sich diese befreien konnte und aus der Wohnung floh.
Diese Frau hat eine damals bereits eineinhalbjährige Tochter, die bereits in einer Pflegefamilie lebte. Dieses Mädchen hat ein ½ Jahr mit der Mutter gelebt. Es wurde wegen massiver Verwahrlosung, die den Nachbarn nicht

entgangen war, aus dem Haushalt der Mutter herausgenommen. Als nachtaktive Frau hatte sie die Fenster tagsüber geschlossen. Das Mädchen lebte praktisch nur im Dunkeln, ohne Tageslicht.
Als ich das Mädchen unterbrachte, konnte es bei Tag nicht sehen. Wir brauchten lange, um das festzustellen. Das Problem wurde auch beim Augenarzt nicht erkannt. Die Pflegeeltern glaubten, das Mädchen benötige eine Brille, um besser sehen zu können. Das war falsch. Das Mädchen brauchte eigentlich eine Sonnenbrille, um zu sehen.
Bei den in der Wohnung der Pflegeeltern stattfindenden Besuchskontakten trat die Mutter so provokativ sexualisierend auf, dass die Pflegemutter das Kind nicht bei sich behalten wollte. Es wurde noch einmal in eine weitere Familie vermittelt.
Was in dem ½ Jahr geschehen ist, in dem die Mutter mit ihrer Tochter zusammenlebte, wissen wir nicht. Dieses Mädchen ist heute bereits 13 Jahre alt, und ich sehe sie häufig. Sie wohnt in meiner Nähe. Sie ist ein zutiefst verunsicherter Mensch, der nie hat lernen können, wie befriedigende Beziehungen gestaltet werden.
Ich denke heute, dass ihr Potential an Energie so weit verbraucht und verändert war, dass sie nicht mehr die Möglichkeit hatte, sich vertrauensvoll auf diese Welt einzulassen. Hinzu kamen sicher auch die noch lange Zeit nach der Aufnahme in einer Pflegefamilie erfolgten Besuchkontakte der Mutter, die das Kind lange Zeit emotional im Gestern hielten und ihm nicht die Möglichkeit ließen, sich auf sein neues, sein anderes Leben einzulassen.
Ihre Mutter hat zwei weitere Kinder zur Welt gebracht, die von einer Kollegin in Erziehungsstellen vermittelt wurden. Beide Kinder waren mehr als zwei Jahre in ihrem Haushalt und sind hochgradig sexualisiert.
Auch die Situation mit diesen beiden Kindern sexualisiert die Mutter während der Besuchskontakte. Zum Schutz der beiden Familien werden diese Kontakte heute nicht mehr in deren Haushalt, sondern im Jugendamt durchgeführt. Zur Zeit hat die Kollegin keine Möglichkeit, diese Kontakte zu unterbinden. Ich bin mir angesichts des Verhaltens der Mutter aber sicher, dass sie die Kinder in Abhängigkeit von sich behält und diese sich nicht ganz auf ihren neuen Lebensraum und die Menschen einlassen können, die für sie da sind.
Ihr Kontakt zu der Mutter muss gesteuert sein und in einem schützenden Rahmen stattfinden. Ein Besuch zuhause in der Pflegefamilie der Kinder ist nicht sinnvoll. Die Kinder würden diese Mutter als Eindringling erleben und sich dort ihr und ihren Machtmechanismen unterwerfen. Die Pflegeeltern hätten keine Chance, dem entgegenzuwirken.

Die Grenzüberschreitung würde zu einem erheblichen Vertrauensverlust der Kinder zu den Pflegeeltern führen.

Dieses trifft auf viele Pflegekinder zu. Insbesondere nach schweren körperlichen und seelischen Verletzungen kann der Kontakt der Kinder zu ihren Eltern, wenn die Schädigung durch sie entstand, nur unter abgrenzenden Bedingungen stattfinden, oder er muss ausgesetzt werden. Erst dann, wenn dieses einzelne Kind wieder leben gelernt hat, kann ich danach schauen, ob es genügend Energie hat, sich seinen ehemaligen Familienangehörigen zuzuwenden und gleichzeitig in seiner jetzigen Welt sicher zu leben. In unserer Arbeit müssen wir darauf achten, dass das Pflegekind nicht durch die Ansprüche seiner Eltern, Großeltern oder andere Menschen seiner Vergangenheit in eine Verfassung gebracht wird, die es ihm unmöglich macht, sich auf seinen neuen Lebensraum und seine neue Familie einzulassen.
Ein Kind, das sich ständig durch Eltern animiert, emotional im Gestern bewegt, kann sich nicht entwickeln.
Das Kind hat nicht unbegrenzte Ressourcen, die Bedürfnisse seiner Umwelt und seiner Vergangenheit zu befriedigen. Das Kind hat ein Recht auf sein eigenes Leben.

Die Pflicht, zu helfen

Es gibt die Pflicht zu helfen und darin die Pflicht, die Verzweiflung eines Kindes ernst zu nehmen.
Es ist sicher eine wichtige Aufgabe, Eltern zu helfen, neue Formen der Kommunikation und Emotionen zu wählen. In Bezug auf die Veränderungen von Eltern bin ich in meinen Erwartungshaltungen zurückhaltend geworden. Ich kenne wenige Eltern, die sich in therapeutischen Prozessen tatsächlich veränderten und das Verhalten zu ihren Kindern dauerhaft so modifizierten, dass diesen kein Schaden mehr entstand.
Die Eltern sind häufig über Drogen, Alkohol, eigene Missbrauchs-, Gewalt- und Vernachlässigungserfahrungen so weit geschädigt, dass eine Veränderung ihrer Möglichkeiten nur sehr schwer zu erreichen ist. Ich glaube nicht, dass Menschen in kurzer Zeit in der Lage sind, neue emotionale-, verhaltens- und kommunikative Muster zu entwickeln. Oft werden Eltern in ihrer Entwicklung von ihren Kindern in den Pflegefamilien überholt.

Es ist nicht erreichbar, dass bereits geschädigte Kinder gefahrlos bei diesen Eltern leben könnten. Die Gefahr einer Wiederholung der Verletzung ist zu groß. Diese Tatsache zu ignorieren bedeutet, dass diese Menschen in ihr neues Unglück gestürzt werden. Es gibt Situationen, in denen die Trennung der einzige Schutz für die Menschen voreinander ist. Bei allen hier beschriebenen Kindern handelt es sich um solche, deren Trennung für sie dringend erforderlich war, um sie vor noch gravierenderen Schäden als denen, die bereits bekannt waren, zu schützen. Dieser Schutz war aber nicht nur für die Kinder erforderlich.

Auch die Eltern können an vielen Stellen von Glück für sich selber reden, denn, wäre die Situation in deren Haushalt eskaliert und das ein oder andere Kind schwer verletzt oder gar getötet worden, was wäre denn dann?

Heute bin ich der Auffassung, dass nach Bekanntwerden schwerer Misshandlungen, Vernachlässigungen oder Missbrauchserfahrungen bei Kindern zunächst deren Schutz gewährleistet sein muss. Dem folgt die Klärung der Situation um das Kind. Anschließend kann das Bedürfnis nach Hilfe für das Kind festgestellt werden. Es sollte eine Prognose und die Beschreibung der Bedingungen erfolgen, auf deren Hintergrund die Hilfe geleistet werden kann. Erst dann kann die Umsetzung helfender, therapeutischer Ansätze erfolgen. Die Richtigkeit einer Theorie zeigt das Leben und ich denke nicht, dass dieses Leben wartet, bis wir mit unserer Theorie folgen. Das Leben geschieht! Das zu erkennen und entsprechend zu handeln ist Aufgabe jedes Menschen.

Ein weiteres wichtiges Thema ist in diesem Zusammenhang der Kontakt des Pflegekindes zu seinen Geschwistern. Es ist so, dass Pflegekinder sich häufig um die zu Hause gebliebenen Kinder sorgen. Wissen sie aber, dass auch die Geschwister in Sicherheit sind, so reicht ihnen dieses Wissen aus. In einigen Fällen habe ich es erlebt, dass ein Geschwisterkind an Kontakten zu Bruder oder Schwester interessiert war, das andere aber nicht.

Grundsätzlich denke ich, dass Kontakte zwischen den Kindern sinnvoll sind. Ich habe bislang niemanden getroffen, der dieses nicht ebenso begrüßte. Allerdings steht mein Familienideal nicht in Konkurrenz mit den Bedürfnissen der Kinder. Wenn sie nicht so weit sind, Kontakte zur Ursprungsfamilie, und dazu gehören auch die Geschwister, zu wollen, so kann und darf niemand sie dazu zwingen.

Kommentar

Menschen, die sich darauf einlassen, ein solches verletztes menschliches Wesen aufzunehmen und den Versuch unternehmen, ihm erneut einen Weg in diese Welt zu weisen, benötigen den besonderen Schutz dieser Gesellschaft und die besondere Aufmerksamkeit der Sozialarbeit. Es gibt kaum einen Menschen, der nicht auch schwierige Erfahrungen gemacht hat. Es ist mein Wunsch, dass diesen Menschen geholfen wird, mit Hilfe ihrer eigenen Erfahrung das Kind und seine Welt zu verstehen. So kann ein Ansatz dafür gefunden werden, diese Erfahrungen so zu nutzen. Sie sollen dem Kind helfen, seinen Weg in dieser Welt auf eine Weise zu gehen, die sich an den ethischen Grundsätzen orientiert. Wenn das geschieht, wird auch dieses Kind ihnen helfen, sich selber zu erkennen und die eigene Orientierung wiederzufinden.

Hier besteht nicht mehr der Anspruch, ein ganzes, ein heiles Leben zu ermöglichen. Es besteht der Versuch, diesem Kind ein Leben zu ermöglichen, das möglichst ohne Gewalt, Hass oder Todesangst gelebt werden kann. Für Kinder ist es erforderlich, dass sie durch und über das Stillen ihrer eigenen Bedürfnisse leben und erfahren, dass sie geliebte Wesen sind. Erst so werden sie fähig, sich, orientiert an denen, die ihnen gegenüber großzügig und in erster Linie großmütig, liebevoll und aufmerksam sind, zu entwickeln.

So wird ihre Kraft aufgebaut. So lernen sie, ein Teil einer Familie, Gruppe oder eines Volkes zu sein, für das es sich lohnt zu leben. So wird die Energie dieses Menschen positiv und stark. So wird seine Persönlichkeit eine Seiende und nicht eine Besitzende. Diese Haltung ist es, die einen freien, offenen, lebendigen und liebenden Menschen werden lässt. Die Energie eines solchen Menschen wird ungetrübt sein und für andere eine Freude.

Wenn dagegen die Anpassung und Unterdrückung das Maß der Dinge wird, so kann es ja sein, dass irgendwann einmal das Konzept der Misshandlung ein allgemein akzeptiertes wird.

Natürlich ist es so, dass in jeder Gesellschaft diese sehr unterschiedlichen Konzepte mitmenschlichen Zusammenlebens nebeneinander zu finden sind und sich gegenseitig ergänzen.

Leben ist jetzt!
Zukunft ist jetzt!
Wenn ich Leben,
Zukunft, nicht erlaube,
gibt es das Jetzt nicht,
so wenig, wie es Leben
und Zukunft gibt.

*

Kapitel IV

An dem folgenden Beispiel wird noch einmal deutlich, wie wichtig der Schutz der Kinder als Grundlage dieser Arbeit ist. Ohne dass diese Aufgabe klar juristisch und mit stabilen Menschen abgesichert wird, ist sie nicht zu bewältigen. Die Jugendämter nehmen ihr Wächteramt[22] wahr. Der Schutz für die Kinder kann aber nur durch Einsicht der Eltern oder aber durch juristische Maßnahmen beim Familiengericht oder Vormundschaftsgericht erfolgen.

Anna

Anna ist vier Jahre alt. Sie stammt von einer Mutter, die selber ein ehemaliges Pflegekind ist. Heute ist diese Mutter mit einem Mann verheiratet, der zu äußerster Brutalität neigt.
Annas Vater hatte sich von der Mutter, Anna und ihrem um zwei Jahre älteren Bruder getrennt, nachdem die Mutter sich mit einem Freund der Familie, ihrem späteren Ehemann, zusammengetan hatte. Mit diesem neuen Ehemann hatte die Mutter ein weiteres Kind, einen Jungen.

Alle Kinder wurden von dem neuen Partner der Mutter schwer misshandelt, der ältere Bruder starb. Das Familiengericht reagierte zögerlich. Die Kinder wurden zunächst in Obhut genommen, später aber zur Mutter zurückgeführt. Es war nicht eindeutig nachweisbar, dass der Bruder an einer aktuellen Misshandlung oder aber in Folge der vorangegangenen schweren Misshandlungen, die auf seinem Körper Spuren jeden Alters hinterließen, starb. Als Todesursache stellte man letztlich Herzversagen fest. Die Tötung des Jungen konnte dem Stiefvater und der Mutter nicht mit 100%iger Sicherheit bewiesen werden. Beide Eltern wurden rechtmäßig wegen der Misshandlungen verurteilt, ein Sorgerechtsentzug für die beiden anderen Kinder erfolgte zunächst nicht.
Erst als die Kinder völlig verwahrlosten, sah die Familienrichterin Handlungsbedarf und entzog das Aufenthaltsbestimmungsrecht[23]. Es folgte die erneute Unterbringung in Schutzfamilien[24] und später in Erziehungsstellen. In der vorhergehenden psychologischen Diagnostik wurde seitens der Psychologin eine besonders herzliche und tiefe Beziehung zwischen der Mutter und Anna festgestellt.

Seit der Vermittlung in eine Erziehungsstelle zeigt uns Anna eine panische Angst davor, von ihrer Mutter entdeckt und zu dem „Mann" (Stiefvater) zurückgebracht zu werden oder aber von beiden in ein fremdes Land verschleppt und dort verkauft zu werden. Das Kind berichtet auch über den Tod seines Bruders, denn es scheint die Tötung gesehen zu haben.
Ausgelöst durch eine harmlose Badesituation: - Ein Kind der Erziehungsstelle fällt, während es in einem Planschbecken badet, hin und befindet sich kurz unter Wasser. Die Mutter holt es selbstverständlich sofort heraus. Anna schreit in Panik und braucht lange, um sich beruhigen zu lassen. Dann berichtet sie: Der 'Mann' hält das Kind unter Wasser, dann ist es tot. -
Es ist gut vorstellbar, dass der Bruder beim Baden im brutalen „ich töte dich" Spiel des Vaters oder auch beider Eltern starb. Ich weiß nicht, ob man ein Kind mit noch größerer Grausamkeit in Angst und Schrecken versetzen kann.
Es ist nicht so, dass Menschen, die ein Kind verletzen, uns dieses auch sagen. Natürlich wird dieser Mann immer sagen: "Das Jugendamt hat meine Kinder gestohlen." Es wird niemals bewiesen werden können, dass dieser Ablauf tatsächlich so war, wie das Kind ihn beschreibt.

Und natürlich wird auch die leibliche Mutter, die immer alles abstreitet, niemals die Erklärung für den Tod und die massiven Misshandlungsspuren bei den Kindern geben. Ich glaube, sie wird es nicht tun, weil sie an dem Spiel der Grausamkeit aktiv oder passiv Gefallen hat.
Angesichts solcher massiver Grausamkeiten kann ich den Zufall nicht als Erklärung akzeptieren. Es ist für mich auch nicht vorstellbar, dass irgendjemand dieses im Zusammenleben nicht sieht. Angesichts der bestehenden Solidarität der beiden erwachsenen Personen glaube ich heute an eine Mittäterschaft der Mutter.
Nur: Heute weiß ich noch nicht, wie Anna und ihrem kleinen Bruder noch zu helfen ist. Wenn sie geprägt bleiben von dem Verbot der Eltern an sie, sich zu freuen, zu leben und sie selber zu sein, so gibt es vielleicht kein Mittel, diesen Kindern wirklich zu helfen. Wir werden alles versuchen, einen therapeutischen Prozess für Anna einzuleiten. Denkbar wäre es, sie verarbeitet diese Dinge. Wir können, selbst wenn es nicht gelingt, ihnen über ihr Trauma hinwegzuhelfen, für sie sorgen und verhindern, dass diese Eltern weiter schädigend auf sie einwirken.

Der größte Wunsch dieser Kinder ist es, ihre Mutter und der Stiefvater würden sich verändern und mit ihnen ein von Freundlichkeit und liebevoller

Zuwendung geprägtes Leben führen. Die größte Chance auf Ausheilung bestände in einer solchen Veränderung. Sie könnten sich von diesen Eltern als Wesen akzeptiert und geliebt fühlen und würden nicht zu Tode bedroht.
Aber, wie können diese Eltern lernen, aus ihrer eigenen tiefen feindlichen inneren Welt heraus zu lieben?

Übrigens: Makabres Schicksal – die Mutter arbeitet bei Gericht, der Stiefvater bedroht neuerdings die Richterin beim Amtsgericht, beide haben kürzlich den Zugang zu Anna mit fingierten Papieren des Amtsgerichtes gesucht. Der Präsenz der Erziehungsstellenmutter ist es zu verdanken, dass Anna nicht von diesen beiden Menschen zu Tode erschreckt oder gar, wie sie es befürchtete, abgeholt (entführt) wurde.
Die Angst vor der Übermächtigkeit der beiden Eltern ist so groß, dass Anna kürzlich unterstellte, „der Vater von Herbert (ihrem Bruder)" habe im Garten einen großen Walnussbaum ausgerissen (dieser Baum ist nachweislich über Nacht von einem Sturm umgerissen worden).

Die bittere Seite

Verletzungen von Kindern habe ich nicht nur in den Ursprungsfamilien gesehen. Auch Pflegeeltern haben nicht nur altruistische Motive zur Aufnahme eines Kindes.

Helga, die als kleines Kind von meiner Kollegin in eine Pflegefamilie vermittelt wurde, erlebte dort sexuelle Übergriffe. Sie verließ die Familie, lebte zwei Jahre in einer therapeutischen Gruppe und wurde von dort aus erneut in eine Vollpflegefamilie vermittelt.
Helga ist soeben auf ihren eigenen Wunsch hin in eine Heimeinrichtung gegangen. Ihrer Pflegemutter hat sie als Entscheidungsgrund unter anderem gesagt, dass der Pflegevater Nacktfotos von ihr gemacht habe.
Bei meinem letzten Hausbesuch war die Wohnung der Pflegefamilie eine Baustelle, obwohl sie schon seit zwei Jahren bezogen ist. Diese Pflegefamilie scheint zu verwahrlosen. Die Familienmitglieder sind nicht mehr durch das von ihnen gebildete System geschützt. Für Helga wird der Schutz jetzt wieder durch das Jugendamt erfolgen. Helgas Vorteil ist es: Sie kennt mich gut, hat keine Angst vor der Behörde und immer noch Kontakt zu ihrer Großmutter, an der sie sehr hängt.

Nachdem Helga von der Pflegefamilie fort lief, berichtete sie über seit längerem anhaltende Bedrohung durch den Pflegevater. Dieser setzte sie schulisch und auch in ihrem sozialen Umfeld massiv unter Druck. Das Mädchen wurde nach außen hin isoliert. Ihre sozialen Kontakte zu Großmutter und Freunden wurden behindert. Helga berichtete mir von stark demütigenden und verletzenden Verhaltensweisen der Eltern ihr gegenüber. Sie wurde wegen Nichtigkeiten angeschrien, vom Vater wegen Kleinigkeiten geschlagen und musste des Nachts bis spät Schulaufgaben machen.

Der Pflegevater sexualisierte die Situation ihr gegenüber. Wie weit das ging, steht noch nicht fest.

Helga berichtet: Sie hat ihren Pflegevater onanierend sowohl am PC, auf dem eindeutige sexuelle Situationen abgebildet waren, als auch auf dem Balkon angetroffen. Er verharmloste die Situation ihr gegenüber und zeigte ihr einen Gummipenis als Aufklärungsmodell.

Fest steht, dass der Pflegevater von ihr pornographische Fotografien anfertigte. Kopien der Fotos wurden von dem Fotolabor der Polizei übermittelt. Als Helga ihre Pflegemutter auf das Tun des Pflegevaters ansprach und ihr die Fotos zeigte, die sie im Fotolabor abgeholt hatte, behauptete diese, dass die besagten Fotos von ihr selber gemacht worden seien und beschimpfte Helga als Lügnerin. Sie verweigerte dem ihr anvertrauten Kind den erforderlichen Schutz.

Der Pflegevater wurde inhaftiert. Kurze Zeit später wurde er wieder entlassen. Anklage wurde bis heute, ein ¾ Jahr später, nicht erhoben. Ein Anruf bei der zuständigen Staatsanwältin ergab für mich, dass der Vorgang dort als Bagatellsache angesehen und nicht weiter verfolgt werden sollte.

Die letzten Äußerungen des Kindes zu mir während eines Hilfeplantermins waren:
"Sie haben meine Eltern (gemeint sind die Pflegeeltern), ja nie gemocht. Die Fotos hat mein Vater von mir gemacht, weil ich das so wollte."

In der Zwischenzeit war Helga in einer Schutzeinrichtung für missbrauchte und misshandelte Mädchen untergebracht. Dort verwahrloste sie zunehmend. Sie hatte verdeckte Kontakte mit den ehemaligen Pflegeeltern. Sie lief mehrmals aus der Einrichtung fort und war zeitweilig nicht auffindbar. Den Kontakt mit ihrer Therapeutin, die sie über Jahre liebevoll begleitete, brach sie ab, ebenso den Kontakt mit allen anderen Helfern.

Als sie weglief, hielt sie sich zumindest einmal für mehrere Tage bei den ehemaligen Pflegeeltern auf. Den Pflegeeltern ist die Aufnahme untersagt worden. Helga hat ihre ersten Erfahrungen mit dem Strich gemacht und wurde soeben 14 Jahre alt. Die Jugendhilfe scheint keinen Einfluss zu haben. Mit dem Vormund und der jetzt neu zuständigen Sozialarbeiterin besteht Einigkeit, indem wir glauben, dass ihr nur noch eine geschlossene Unterbringung weiterhelfen kann.

Helgas Identifikation mit dem Täter und mit seiner Frau - ihren Pflegeeltern - ist so groß, dass sie beginnt, alle Menschen um sich herum als Feinde zu betrachten. Sie sucht einen Ausweg aus ihrer Misere. Ihre Mutter ist krank, dort kann sie nicht leben. Ihr Versuch, die Pflegemutter für sich zu gewinnen, ist gescheitert, diese bleibt bei ihrem Mann und verteidigt ihn. Was soll sie tun? Sie erklärt, dass sie alles ja gewollt hat, denn nur so kann es ihr gelingen, die Verantwortung für die Situation zu Hause auf sich zu lenken und damit den Pflegevater zu entlasten. Wenn es gelänge, wäre sie dann nicht wieder Kind in der Pflegefamilie? Könnte sie dann nicht zurück und das weiter leben, was bisher war? Wäre das nicht schön, sie wäre dann nicht mehr alleine.
Die Not und Verzweiflung des Kindes lässt sich gut verstehen. Die bisherige Pflegemutter hatte im Übrigen eine Teilnahme an der weiteren Hilfeplanung verweigert. Ebenso verweigerte sie jetzt die Planung ihrer eigenen Kontakte zu dem Kind.

<u>Kommentar</u>
Für mich ist diese Erfahrung bitter.
Nach jahrelanger Betreuung einer Familie unter Einsatz aller erdenklicher Mittel und Hilfen leben diese Pflegeeltern etwas, was ich nicht verstehe. Trotz umfangreicher Erfahrungen mit Kindern aus solchen Familien erschüttert mich der große Vertrauensmissbrauch sowie die Übergriffe der Erwachsenen in solchen Situationen sehr. Auch die Tatsache, dass hier nicht nur ein Erwachsener beteiligt ist, sondern auch die Pflegemutter das Kind nicht schützt und ihm nicht hilft, macht mich sehr betroffen. Ich verstehe darin, dass sie selber beteiligt ist. Ich verstehe, dass sie selber dem Kind sagt, dass es lügt. Ich verstehe das alles mit meinen Ohren und mit meinem Verstand, aber nicht mit meinem Gefühl.

Bitter ist diese Situation auch für die Mutter des Kindes. Diese ist alkoholkrank und nicht mehr in der Lage, mit einem Kind zu leben. Sie hat der Arbeit des Jugendamtes vertraut und erlebt nun, dass ihr Vertrauen nicht gerechtfertigt und ihr ehemaliges Misstrauen gegenüber der Pflegefamilie

gerechtfertigt war. Sie ist eine Mutter, die massiv durch die Pflegeeltern abgelehnt wurde. Sie wurde angegriffen, ihre Kontakte mit der Tochter boykottiert. Das Kind wurde von der Pflegemutter unter Druck gesetzt, wenn es seine Mutter oder seine Großmutter sehen wollte. Ein Einvernehmen war nur sehr schwer zu erreichen.
Heute lebt Helga bei der Großmutter. Das hatte sie sich gewünscht, nachdem ein weiterer Aufenthalt in der Schutzeinrichtung nicht mehr möglich war. Den beiden steht jetzt eine ambulante Betreuerin zur Seite.

An den bisherigen Beschreibungen wird deutlich, dass die Unterbringung von Pflegekindern in Pflegefamilien mit aller Sorgfalt gestaltet werden muss.
Die Arbeit selber ist von einem hohen Maß an Verantwortung geprägt. Sie erfordert eine vertrauensvolle Zusammenarbeit zwischen allen Beteiligten.

*

Kapitel V

Arbeitsabläufe zur Vermittlung eines Pflegekindes

Die oben beschriebene Verantwortung findet ihren Ausdruck in den einzelnen Abläufen und der Methodik dieser Arbeit.
Es sind drei Zielgruppen, die im Wesentlichen von dieser Arbeit betroffen sind[25]:
- die Pflegefamilien,
- die Pflegekinder,
- die Ursprungsfamilie.

Die Vorbereitung von Pflegefamilien

Wenn wir die Aufgabe sehen, fragen wir uns: "Wer kann diese denn übernehmen?"
"Welcher Mensch, der seine fünf Sinne zusammen hat, tut es sich denn an, mit diesen Kindern und deren oft geschädigten Eltern zu leben und sich mit ihnen auseinander zu setzen?" "Muss nicht eine Familie, die das versucht, schon ein Defizit an sich haben?" Weiter fragen wir uns: "Wie finde ich denn heraus, ob die Personen, die sich bei mir bewerben, überhaupt in der Lage sind, eine solche Aufgabe zu erfüllen?" "Welche Faktoren spielen wirklich eine Rolle, wenn wir Bewerber als Pflegeeltern akzeptieren?"

Ich glaube, dass bei der mangelhaften Entwicklung unserer eigenen Wahrnehmungs- und Beurteilungsfähigkeit trotz allem bestimmte Faktoren eine Rolle spielen, die uns sicherer in der Auswahl von geeigneten Personen machen.
Die äußeren Faktoren wie z. B. Einkommen, Wohnung, Bildung, sind Sicherheit signalisierende Standards bei der Auswahl von Pflegepersonen.
In besonderen Pflegestellen, z. B. Erziehungsstellen, stellt man auf pädagogische Qualifikationen ab, obwohl diese zu der menschlichen Eignung nichts aussagen. Trotz allem ist das pädagogische Potential eines Menschen durchaus ein Maßstab für die Übernahme einer solchen Aufgabe.
Wenn wir das Potential benennen, gehen wir auf ein gewagtes Gebiet. Potential ist in der Regel nicht differenzierbar. Es ist die Basis, auf der ein Mensch sich in ein bestimmtes Thema hinein sowie sich durch dieses Thema

entwickelt.

Diese Basis erwirbt er sich aufgrund seiner bisherigen Lebenserfahrung und der Art und Weise, wie er diese erworben und für sich umgesetzt, interpretiert und internalisiert hat.

Mit welchen Gedankenmustern betrachtet er/sie die einzelnen Entwicklungsschritte heute, und welche Schlussfolgerungen in Bezug auf andere, gewesene, jetzige oder zukünftige Ereignisse zieht er/sie?

Im Laufe der Jahre wurden von den unterschiedlichsten Kollegen in diesem Bereich immer wieder neue methodische Ansätze in die Klärungsprozesse um Bewerber eingeführt. Im Folgenden gebe ich eine Beschreibung meiner eigenen Methodik.

Der Bewerbungsprozess von Pflegeeltern / Erziehungsstellen

Ich vertraue bei Bewerbern nicht auf deren Altruismus, wohl wissend, dass die Grundvoraussetzung hierzu, die Absichtslosigkeit, nicht vorhanden sein kann. Bewerber sollen und dürfen eigene Interessen mit der Aufnahme eines Pflegekindes verbinden. Eine persönliche Differenzierung der eigenen Motive zur Aufnahme eines Pflegekindes soll erfolgen.

Zunächst stellen sich Bewerber schriftlich oder persönlich vor. Erwartet wird eine ausführliche Biographie und erkennbares Engagement für Pflegekinder. Das Führungszeugnis muss ohne Eintrag sein. Die Bewerber müssen geistig und körperlich gesund sein. Die Wohnung muss zur Aufnahme eines Pflegekindes geeignet sein.

Die Fachberatung informiert umfassend über Problemlagen und Leistungsanforderung an die Pflegefamilie oder Erziehungsstelle.

Erst nachdem sich die Familie entschlossen hat, sich weiter mit dem Thema auseinander zu setzen, setzt ein umfassendes Verfahren zur Erfassung der Möglichkeiten der Familien sowie zur Vorbereitung auf den künftigen Beratungsprozess ein.

Die Methode, mit der die Möglichkeiten der Familien erfasst werden sollen, wird eingeführt. Kern dieser Methodik ist die Arbeit mit der Familiengrafik und der Zeitschiene. Durch diese Arbeit wird der Lebensverlauf der Bewerber, die Zusammensetzung seiner/ihrer Ursprungsfamilien, oft die Herkunft der Großeltern, deren berufliche und soziale Positionen, die Ideenwelt der Familie und das moralische, religiöse Weltbild bekannt. Die erhaltenen Informationen dienen in der Zukunft auch als Basisinformationen zur Bearbeitung schwieriger emotionaler Fragen in dem dann bestehenden Pflegeverhältnis.

Ich habe im Laufe der Jahre viele Biographien von Menschen kennen gelernt, mit denen ich gearbeitet habe. Die ehrlichste Beschreibung seines Lebens habe ich von dem Vater zweier zu vermittelnder Kindern bekommen, der 'ganz unten' auf der gesellschaftlichen Erfolgsleiter angekommen war. Drogen, Obdachlosigkeit, regelmäßige Nahrungsaufnahme bei der Armenspeisung. Er war daran interessiert, für sich zu sortieren und seine biographischen Erinnerungen zu verstehen. Er hatte keine Angst vor sich selber, er war nicht krank an der Seele. Er wollte mir keinen Film vormachen, um etwas zu erreichen. Für mich war es wichtig, das Umfeld seiner Kinder und deren Entwicklung kennen zu lernen. Er war hierzu meine einzige zur Verfügung stehende Quelle. Wir hatten also ein gegenseitiges Interesse. Diese Unabhängigkeit, die dieser Mann mir gegenüber hatte, haben viele Bewerber nicht.

Ich lasse mir viel Zeit mit dieser Arbeit und sehe doch: Ich sehe den Menschen nur vor den Kopf. Ich bin auf die Ehrlichkeit und Offenheit der Bewerber angewiesen.
Kollegen arbeiten gerne mit Fragebögen, die den Bewerber motivieren sollen, ihre Biographie näher anzusehen, ihre Motive zu eruieren sowie festzustellen, dass nicht jeder geeignet ist, ein Pflegekind aufzunehmen. Diese Methode liegt mir nicht. Ich ziehe die persönliche Begegnung vor. In meiner Arbeit herrscht ein Gleichheitsprinzip: Jeder meiner Bewerber hat die Möglichkeit, mir die gleiche Frage zu stellen, die ich ihm stelle.

Die im Kontakt mit Bewerbern aufgebaute Nähe und Konzentration ermöglicht eine sehr nahe Betrachtung und eine weitgehend offene Begegnung zwischen den Bewerbern und dem Fachberater.
So kann zum Beispiel das spielerische Öffnen der Hand eines Partners durch die Partnerin eine Beziehungserfahrung von unterschiedlichster Qualität wie Zärtlichkeit, Hilflosigkeit, Toleranz, Aufmerksamkeit, Nähe, Distanz, Härte, Wut und vieles mehr sein.
Diese Kontakte sensibilisieren sowohl für die eigenen Möglichkeiten als auch für die Möglichkeiten und Stimmungsbilder des jeweils anderen. Diese Formen der Kommunikation zeigen die emotionale und auch soziale Kompetenz der Betroffenen. Die Interpretation dieser gezeigten Muster kann,

unter Berücksichtigung der Arbeitsergebnisse der zu leistenden Biographiearbeit und der Motivationsaussagen, vorgenommen werden.
Sie sagt aber noch nicht viel über die Möglichkeit zur Erweiterung dieser vorhandenen Kompetenzen aus. Die Aussage kann nur sein: Dieses ist eine Grundlage, welche die Vermittlung eines Kindes möglich, weil positiv bewertet oder unmöglich, weil negativ bewertet, erscheinen lässt.

Die Auswertung dieses Verfahrens sollte nicht der Fachberater alleine, sondern die Beteiligten gemeinsam vornehmen. Es ist auch denkbar, dass dieses Verfahren nicht mit einem Fachberater, sondern mit zwei Beratern durchgeführt wird.
Wenn die Einschätzung zu den gezeigten Mustern klar ist, so besteht die Möglichkeit, in weiteren Schritten mit anderen methodischen Ansätzen zu dem Thema Kinderwunsch zu arbeiten.
Ich bin sicher, dass es einige Kollegen/innen gibt, die sehr ähnliche Bausteine für die Arbeit verwenden, wie ich es tue.

Ich arbeite heute mit *Familiengrafiken* über mehrere Generationen zurück, erstelle *Biographien* mit Hilfe des *Zeitstrahles* und lasse mir *Traumreisen* zu inneren Orten einfallen, damit die Begegnung mit dem Kind stattfindet, das vielleicht erwartet wird oder z. B. die Frage geklärt wird: „Kann ich mit ehemals misshandelnden Eltern arbeiten?"

Die Arbeit mit der Familiengrafik und dem Zeitstrahl

Bei der Arbeit mit der Familiengrafik wird besondere Aufmerksamkeit auf die Familienzusammensetzung, die persönlichen Beziehungen der Mitglieder untereinander, deren Qualität sowie dem persönlichen Entwicklungsprozess im Laufe der Jahre gerichtet.
Diese Arbeit ist darauf angelegt, die emotionalen Grundmuster der Familie zu finden. Auf der Grundlage dieser allgemeinen Muster reagiert die Familie und jedes einzelne Mitglied. Situationen werden hiermit eingeschätzt und bewertet. Es werden moralische[26] und ethische[27] Wertvorstellungen deutlich, familiengeschichtlich tradierte Lebenstechniken und Themen, welche die Familie zum Teil generationenübergreifend bestimmen, werden bewusst betrachtet.
Diese Form der Betrachtung hilft uns zu verstehen, welche Techniken, Haltungen und Ansichten eine Familie und darin der einzelne Mensch für sein

Leben und seine Überlebensfähigkeit entwickelt hat. Die Art, wie heute Beziehungen gelebt werden, wie Krisen gemeistert wurden, welche Großzügigkeit oder Engstirnigkeit entwickelt wurde, wird in dieser Arbeit deutlich.
Ich erlebe, dass es Menschen großen Spaß macht, sich ihre Entwicklung noch einmal anzusehen, ohne in therapeutischen Sitzungen ihren Seelenschmerz aufzuwühlen.

Die Geschichte eines Menschen, anhand eines Zeitstrahles dargestellt, zeigt die Veränderungen, den persönlichen Lebensweg. Auch die schicksalhaften Verwicklungen wie Trennungen, Umzüge, Scheidung, Krankheit und Tod werden dargestellt. Die persönliche Lebenserfahrung der Betroffenen wird deutlich.
In der Arbeit mit dem Zeitstrahl arbeite ich vom Zeitpunkt der Geburt und den allgemeinen Erinnerungen zu dieser Zeit an. Es interessiert mich, wie Erfahrungen von Trauer und Verlust oder auch großer Freude beschrieben und wiedererkannt werden. Welche Rollen wurden im Laufe der Lebenszeit besetzt. Gab es Interessen oder Schwerpunkte von Interessen, die gelebt wurden? Wurden Freundschaften gepflegt und wenn ja, wie?
Wie wurden belastende Familienerfahrungen erlebt, wie Arbeitslosigkeit der Eltern oder Traumatisierungen und die Spätfolgen nach dem Krieg? Wie sind diese Erfahrungen partnerschaftlich verzahnt? Gibt es eigene Traumatisierungen durch Verletzungen und Übergriffe und wenn ja, wie wurden diese Verletzungen bearbeitet?
Mit welcher gemeinsamen Lebenshaltung leben die Partner oder die derzeitige Familie? Welche soziale Kompetenz hat sich entwickelt?
Mit welchen Möglichkeiten ist die Familie ausgestattet, einem Pflegekind ein zu Hause zu geben?

Viele Menschen erleben unsichere, nicht konstante Entwicklungen. Zum Beispiel durch den Tod naher Verwandter, durch Menschen, die erkrankten und große Solidarität oder das Verlassenwerden erlebten, durch eigene Erkrankungen oder Verletzungen.
Andere haben erlebt, wie ihre Eltern sich trennten und erfahren, welche Schmerzen sich geliebte Menschen gegenseitig zufügen. Wieder andere erleben problemlose, einfache Lebensbedingungen, die sie als Menschen nie forderten.

Die Arbeit mit dem Familienbild und dem Zeitstrahl verläuft parallel und wird laufend in Form von Wandzeitungen protokolliert. Es entstehen Diagramme oder Zeichnungen, aber auch Schriftprotokolle. Die Betroffenen erhalten von jeder Sitzung eine Abschrift dieses Protokolls.
Im Folgenden gebe ich ein Beispiel aus meiner alltäglichen Arbeit. Diese Arbeit ist nicht aus einer Bewerbungssituation, sondern im Beratungsverlauf entstanden. Sie zeigt aber die wesentlichen Elemente und lässt so auch erkennbar werden, dass diese Technik vielfältig genutzt werden kann.

Beispiel: Frau Y
Fr. Y ist mir aus der Arbeit mit ihrem Pflegekind bekannt. Nachdem ich mit diesem Kind über einen mittelfristigen Zeitraum gearbeitet habe, bittet sie mich, mit ihr ihre eigene Geschichte zu durchlaufen. Sie möchte für sich einiges klären, was ihr in ihrer Kindheit begegnete. Sie will sich nicht verändern oder eine Therapie durchlaufen. Sie möchte nur zu einzelnen Fragen mit jemandem sprechen, zu dem sie Vertrauen hat und der nicht zu ihrem sozialen Umfeld gehört. Sie möchte sich besser verstehen. Mit der teilweisen Darstellung der gemeinsamen Arbeit in diesem Skript ist sie einverstanden.

Die einleitende Situation (1. Termin):
Im Gespräch zu ihrem Verhalten in Bezug auf ihr noch in ihrem Haushalt lebendes Pflegekind entsteht das folgende **Diagramm**:

Abbildung 2: Diagramm Termin 1 Frau Y

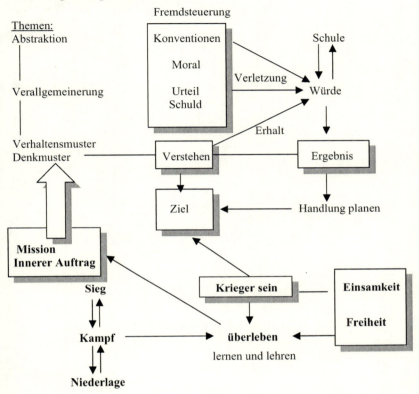

Das Diagramm zeigt uns die Einstiegssituation, die Entstehung des Wunsches, mit mir zu arbeiten.
Das Diagramm hat zwei Ebenen.

Obere Ebene
Frau Y war wegen der schulischen Probleme ihres Pflegekindes bei mir.
Im Gespräch fällt auf, dass sie sehr stark abstrahiert (Themen: Abstraktion) und verallgemeinert.
Sie ist moralisierend, hat Angst davor, verurteilt und beschuldigt zu werden (Fremdsteuerung). Sie fühlt sich in ihrer Würde verletzt und nicht respektiert.

Sie versucht, mit den ihr gewohnten Verhaltens- und Denkmustern die Situation zu verstehen und ihre Würde zu erhalten. Sie sucht ein Ergebnis im Gespräch, um ein Ziel verfolgen zu können. Ihr Ziel ist es, ihr Pflegekind nicht entwerten zu lassen und ihm eine gute Schulbildung zu vermitteln.

Untere Ebene
Frau Y hat einen inneren Auftrag (Mission), sie ist es gewohnt zu kämpfen (Krieger sein), sie kennt Siege und Niederlagen. Sie fühlt sich einsam, aber auch frei (niemand hilft ihr, sie regelt alles alleine).
Sie erkennt, dass die untere Ebene und die obere Ebene eng miteinander verbunden sind. Frau Y möchte den Zusammenhang verstehen.

Frau Y formulierte für sich den Wunsch: Abbildung 3: Liegestuhl

Ich möchte:
Ausspannen, alleine auf dem Liegestuhl.

Sie formulierte die Fragen:
Wer war für mich da? War ich für mich da?
Sie stellte fest:
Ich fühle mich benutzt!

Sie ist eine sehr konsequente und nach außen hin harte Frau.
Sie neigt zu laufenden moralischen Urteilen.
Sie ist ständig angespannt.
Sie ist sehr bemüht, für ihre Familie das Beste zu tun.
Sie abstrahiert auf einer moralischen Ebene.
Sie fühlt sich für alles alleine verantwortlich und möchte alles richtig machen.

Aus ihrer jetzigen Situation weiß ich:
Sie hat drei Kinder, einen Sohn, und zwei Töchter.
Die Kinder sind um 30 Jahre alt.
Eine Tochter wuchs weitgehend bei der Großmutter väterlicherseits auf.
Die Ehe des Sohnes ist geschieden.
Die Töchter leben in stabilen Gemeinschaften, in denen immer wieder Partnerfragen entstehen.
Die Familie bewohnt ein Eigenheim in einer Arbeitersiedlung.
Der Ehemann ist 62 Jahre alt und Rentner.

Frau Y war lange Jahre berufstätig.
Sie ist eine unabhängige Frau.
Fr. Y ist religiös eingestellt und ehrlich bemüht, ihre Überzeugungen und ihren Alltag in Einklang zu bringen.

Frau Y bleibt an dem Thema, sich selber kennen zu lernen, interessiert. Sie will verstehen, wie es in ihrem Leben dazu gekommen ist, dass sie sich so verhält, wie sie es tut. Hinzu kommt, dass sie scheinbar endlich jemanden gefunden hat, mit dem sie über ihre persönlichen Erfahrungen sprechen kann, ohne dass sie sich verteidigen muss oder das Gefühl hat, beurteilt zu werden. Sie ist interessiert, mit der folgenden Methodik weiterzuarbeiten. Es entsteht eine Familiengrafik neben einer Zeitschiene.

Abbildung 4: Familiengrafik (1.-5. Lebensjahr), Zeitschiene bis zum 8. Lebensjahr (2. Termin)

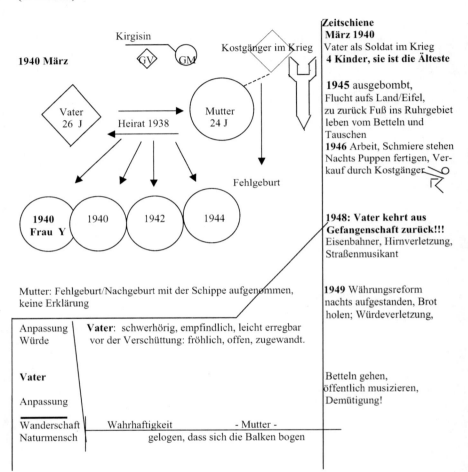

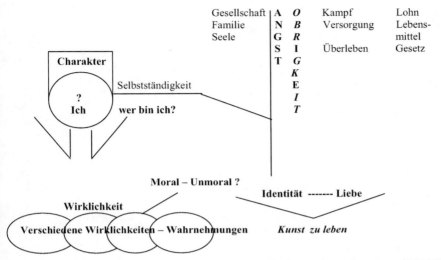

Die obige Darstellung unseres zweiten Gespräches zeigt sehr unterschiedliche Familienthemen:

Familiengröße
Die Ursprungsfamilie der Frau bestand aus sechs Personen, vier Kindern und zwei Erwachsenen.

Kriegserlebnisse
Der Vater wurde im Krieg verschüttet und erlitt einen Hirnschaden. Er war nie mehr der spritzige junge Mann von früher.
Die Familie wurde während des Krieges ausgebombt und floh aus dem Ruhrgebiet in die Eifel.

Verantwortung
Die Mutter brachte die Familie nach dem Krieg alleine durch.
Frau Y übernahm als erst fünfjähriges Mädchen bereits sehr viel Verantwortung für die Geschwister.

Moral
Es gibt den Verdacht einer Schwangerschaft der Mutter, die gewollt oder ungewollt zu einem Abbruch führte, den Fr. Y als Kind zum Teil miterlebte (Entsorgung der Nachgeburt).

Not und Überleben
Die Familie wurde ausgebombt, die Mitglieder bettelten. Die Familie lebte von Kleinhandel selbstgemachter Puppen, die von Kostgängern[28] am Bahnhof verkauft wurden.

Auswertung
Wir sprechen ausführlich über das Thema **Moral**:
Sexualität, Ehrlichkeit, Diebstahl, betteln in Krisenzeiten.
Ebenso wird das Thema **Würde** und die Verletzung der Würde erörtert.
Ein weiteres Thema ist die **Wirklichkeit**. Unterschiedliche Situationen und Menschen führen zu unterschiedlichen Wirklichkeiten und deren Präsenz im sozialen Kontext, auf der Lebensbühne. Jeder hat seine eigene Erfahrung und damit eine ureigene Sicht der Dinge, seine eigene, individuelle Realität.

Frau Y hat als Kind der Mutter beim Verkauf von Süßigkeiten oder von handgefertigten Puppen geholfen und ging mit dem Vater auf Hinterhöfen zum Singen (Betteln). Dem Vater machte das nichts aus. Er war bereits als Handwerksbursche auf der Walz und gewohnt, zu ungewöhnlichen Mitteln zu greifen, um zu überleben. Das Kind aber schämte sich und erlebte für sich einen Verlust an Würde.
(Themen: Würde, Demütigung, Überlebenskampf, Verantwortung)

Erkennbar ist, dass bei Fr. Y ein ungeheurer Leistungswille und ein starker Drang zur Unabhängigkeit entstanden ist.
Die frühen, nicht verarbeiteten Erfahrungen zum Sexualverhalten ihrer Mutter sowie des Würdeverlustes ihres Vaters haben dazu geführt, dass sie sich stark urteilend und verurteilend verhält.

Die Arbeit mit Frau Y ist noch nicht zu Ende. Wir befinden uns mitten im Prozess. Wir werden alleine zur Bearbeitung der Zeitabläufe noch ca. zwei Sitzungen benötigen. Wenn dann die wichtigsten Themen miteinander besprochen sind, werden wir vieles aus der Erfahrung von Fr. Y als heute anders verstehbares Element in ihrem Leben kennen. Was sie damit, macht ist ihre ureigenste Angelegenheit.
Frau Y wird aber sicher im Umgang mit ihren derzeitigen Mitmenschen Haltungen und Reaktionen überdenken können. Vielleicht gelingt es ihr, an bestimmten Stellen ihres Lebens weicher zu werden und ihre eigene Lebensqualität zu verbessern.
In diesem Falle ist nicht mehr zu betrachten, welche Fähigkeiten zur Aufnahme eines Kindes vorhanden sind. Fr. Y hat ein Kind bei sich und versorgt es sehr gut. Der 12-jährige Junge durchläuft eine sehr positive Entwicklung. Sie benötigt aber Beratung zur Bewältigung der Alltagsfragen mit dem Kind. Immer wieder geht sie zu eigenen Erfahrungen zurück und

korrigiert insbesondere strenge und unnachgiebige Haltungen.
Frau Y hat aufgrund eigener schwieriger Entwicklungsbedingungen gelernt, die Schwierigkeiten ihres Pflegekindes zu verstehen und mit Hilfe auch zu bearbeiten.

Die Bedeutung für das Bewerbungsverfahren

Das Beispiel zeigt, dass es möglich ist, Abläufe im Leben eines Menschen bewusst zu machen und mit diesem zu sortieren. Wichtig ist mir im Rahmen des Bewerbungsverfahrens von Erziehungsstellen und Pflegefamilien, dass hier nicht nur ein Verfahren zur Bekanntmachung der Vergangenheit besteht.
Die Art und Weise, wie Menschen mit ihren Erfahrungen umgehen, wie stark sie heute noch emotional belastet sind und mit welcher Methode sie gelernt haben, Dinge für sich zu klären, erlaubt Rückschlüsse auf solche Fähigkeiten für künftige Situationen.
In künftigen schwierigen Situationen kann auf das bestehende Wissen und die von mir angewandte Methodik zurückgegriffen werden. Die Betroffenen fühlen sich im Beratungskontext sicher aufgehoben. Gemeinsam sind wir in der Lage, in der eigenen Geschichte Parallelen zu aktuellen Ereignissen zu suchen. Finden wir diese, so können die Betroffenen gewonnene Stärken einsetzen lernen oder unbrauchbare Reaktionen erkennen und eventuell verlassen. Alternativen werden möglich.

Die unterschiedlichsten Biographien prägen unterschiedlichste Menschen.
Jeder Einzelne entwickelt Potentiale und Möglichkeiten, die es einzusetzen gilt.
Wie auch immer das Leben von Menschen verläuft, wichtig ist, wie es gelebt wird, wie die einzelnen Erfahrungen gewertet und gewichtet werden, welche Strategien zu leben entwickelt wurden.

Traumbilder

Ich habe sehr gute Erfahrungen mit sogenannten Traumreisen mit meinen Bewerbern gemacht.
Auf einer bildhaften Reise begegnen die möglichen Pflegeeltern ihrem „Wunschkind".

Wenn das Bild beendet ist, haben sie oft eine völlig andere Erfahrung gemacht, als das, was ihnen vorher vorschwebte.
Die Vorstellungskraft des Intellektes verändert oft den emotionalen Wunsch.

Ich habe Bewerber erlebt, die nach einer solchen Reise nie mehr Kontakt mit mir hatten. Ihre persönlichen Vorstellungen waren weit ab von der Realität von Kindern.
So traf ein Mann einmal während einer solchen Traumreise einen älteren Berber (Nichtsesshafter) an einer Mülltonne, an welcher dieser sich soeben versorgte. Seine Frau traf eine Barbiepuppe in einem Sessel ihres Wohnzimmers. Beide Bilder passten nicht in meine Erwartungshaltungen an Pflegeeltern. Beide bemerkten anhand ihrer Schilderungen, dass sie sehr weit von dem Thema „Pflegekinder" entfernt waren.

Ich habe auch erlebt, dass Menschen sehr nahe gemeinsame Bilder hatten.
Einmal wünschte sich ein Paar ein fünf- bis sechsjähriges Mädchen, möglichst blond. Das war das Ergebnis der bisherigen Gespräche.
Sie begegneten beide einem ca. dreijährigen Jungen von unbestimmter Haar- und Hautfarbe während ihrer inneren Phantasiereise. Später nahmen sie tatsächlich einen dunkelhaarigen Jungen mit krausen Haaren und braunen Augen auf.

Diese Methodik ist hochgradig emotional. Sie erlaubt ein gegenseitiges Kennen lernen, das oft bei Freunden nach Jahren noch nicht der Fall ist. Dieses Kennen lernen geschieht in relativ kurzer Zeit. Die Personen, die sich öffnen, sind in diesen Momenten auf den besonderen Schutz durch die Situation sowie den Berater angewiesen. Sie zeigen sich und dem/der Partner vielleicht etwas von sich, dem sie möglicherweise selber noch nicht bewusst begegnet sind. In jedem Fall ist eine solide Auswertung dieser Form der inneren Begegnung im Gespräch mit beiden Betroffenen erforderlich. Auf diese Weise entsteht für beide eine gute Kenntnis der eigenen Wünsche sowie derjenigen des/der Partner(s)in.
Dem Fachberater wird auch durch diese Bilder mehr Sicherheit bezüglich des Wunsches der Betroffenen gegeben. Es wird erlebt, wie weit sich Menschen überhaupt auf ihre eigenen Beweggründe und inneren Wünsche einlassen können.

Die Methode wird auch für die Zukunft installiert, da sie nun ein für alle Male bekannt ist. Es ist klar, dass in diesem Feld nicht mit der pauschalen „wir sind ja so nett" Akzeptanz gearbeitet wird, sondern dass die Erwachsenen auch in der Zukunft, im Interesse aller Beteiligten, eine sehr anstrengende emotionale Leistung erbringen müssen, wenn sie ihre Familie gesunderhalten wollen.
Der Fachberater wird als Fachmann im Umgang mit persönlichen Fragen bekannt. Es entsteht eine Vertrauensbasis, die für die Zukunft wichtig ist.
Eine solche Vertrauensbasis ist auch für den Umgang mit kritischen Themen wichtig.

Der Umgang mit kritischen Themen

Ich gehe grundsätzlich davon aus, dass z. B. eine geringe Gewaltbereitschaft eine Eigenschaft ist, die gegenüber einer hohen Gewaltbereitschaft vorzuziehen ist.
Aber, woher weiß ich, was eine geringe Gewaltbereitschaft ist?
Wir wissen, dass Menschen, die selber sehr viel Gewalt erfahren haben, ein höheres Maß an Gewalt in ihrer Umgebung akzeptieren. Sie haben u. U. auch ein anderes und toleranteres Maß gegenüber der Gewalt an Kindern.
Aber es könnte auch sein, dass ein Gewalt-erfahrener Mensch eine Gewaltaktion gegenüber einem seiner Familienangehörigen, z. B. einem Kind, nicht toleriert, sondern es eher schützt als ein Mensch ohne Gewalterfahrung?

Aggression ist z. B. ein wichtiges Thema, dem wir mit erheblichem Misstrauen gegenüberstehen. In unseren einfachen Denkschemata differenzieren wir diesen Begriff in der Regel nicht von dem Gewaltbegriff oder dem Begriff Schutzbereitschaft.
Im Gegenbild müssten wir uns mit dem depressiven, eher zurückhaltenden, immer verständnisvollen, vielleicht dauerhaft frustrierten, vom Leben enttäuschten, immer freundlichen Menschen auseinandersetzen, der unter der Oberfläche hochgradig aggressiv ist.
Ebenso gilt es festzustellen, ob wir unter Umständen jemanden vor uns haben, der latent pädophil oder sadistisch ist.
Ich glaube, dass uns die Geschichte eines Menschen Aufschluss darüber geben kann, diese Fragen zu bemerken und auch zu erörtern. Dieser Glaube vermittelt uns ein Gefühl der Sicherheit für unser Tun. Aber, ist er berechtigt?
Wenn das Thema Gewalt gegen Kinder in der Bewerberfamilie eine hohe Toleranz hatte, ist dieses Thema nicht ohne Hilfe zu bearbeiten. Auch lassen

sich die Themen sexueller Missbrauch oder Verwahrlosung nicht ohne Hilfe verändern.
Werden also solche Themen erkennbar und haben sie Toleranz in der Familie, so schließt diese Toleranz eine Vermittlung aus. Aber, das ist die Ausnahme.
Am Ende des Gesamtverfahrens gilt es einzuschätzen, welche Möglichkeiten diese Familie, dieses Paar, tatsächlich hat und ob die Situation, in der die Bewerber leben, geeignet erscheint, ein Kind zu vermitteln.

Ein Kind passt nicht in jede Familie

Natürlich ist es so, dass in Fällen von Fremdplatzierung die Beziehungen miteinander erst gelernt werden. Es gibt jedoch grundlegende Voraussetzungen, die sowohl auf der Seite der Pflegeeltern als auch auf der Seite der Kinder und Herkunftssituation erfüllt sein müssen, damit es nicht zu unnötigen Frustrationen innerhalb der sensiblen, neu entstehenden Beziehungen kommen muss. Im Vorfeld sind Fragen allgemeiner Art zu klären, wie:
Welche Einstellungen habe ich grundsätzlich zu einem fremden Kind? Will ich eigentlich adoptieren? Will ich ein Kind nur vorübergehend aufnehmen und denke, eigentlich gehört es "nach Hause", zu seinen "richtigen Eltern" ? Ich denke, dass von diesen Fragen in jedem etwas ist. Für den einzelnen Bewerber ist es wichtig, seine Haltung zu kennen, die zu einem aufzunehmenden Kind und seiner Ursprungsfamilie besteht. Bei dieser Fragestellung entscheidet sich bereits die Richtung, in welche die einzelne Familie geht. Wird der Schwerpunkt der Überlegungen als "Schutzfamilie", als "Vollpflegefamilie", als "quasi Adoption" gesehen?
Hinzu kommen weitere Fragen zur Gesundheit, zur sozialen Herkunft oder auch zur Form und Tiefe der Schädigung des Kindes. Es könnten Vorbehalte zu Lebensformen der Eltern geben und damit unbewusste Zuschreibungen gegenüber dem Kind. Bei einer Mutter aus dem Drogenmilieu, die sich prostituiert, könnte bei Pflegeeltern die Vorstellung bestehen, dass Drogenkonsum und Prostitution sich vererben. Sie könnten somit dieses Thema unbewusst auf ein zu vermittelndes Kind übertragen und es damit in die Lebensform seiner Mutter hinein stigmatisieren. Das würde die Vermittlung in eine solche Pflegefamilie nicht als wünschenswert erscheinen lassen.
Es könnte auch sein, dass Bewerber Vorbehalte gegenüber körperlichen, geistigen oder auch Lernbehinderungen haben. Auch das würde eine

Vermittlung eines erkennbar in diese Richtung vorbelasteten Kindes nicht sinnvoll erscheinen lassen.

Weitere Fragen beziehen sich auf den direkten Kontakt zwischen Pflegeeltern und Kind:
Wie ist es mit der Befriedigung unserer Sinnesorgane?
Kann ich dieses Kind gut riechen?
Ist es mir rein äußerlich sympathisch?
Wie ist sein Bewegungsablauf? Kann ich gut auf dieses Kind reagieren ohne innere Sperre?
Ist da etwas in mir, das sich gegen dieses Kind wehrt?
Solche Fragen müssen in der Vorbereitung von Pflegeeltern bekannt gemacht werden, so dass sie beantwortet werden können, wenn der Kontakt mit einem Kind aufgebaut wird.

Aus all diesen Fragestellungen heraus ergibt sich am Ende des Bewerbungsverfahrens ein Leistungsprofil mit den Merkmalen:
- Emotionale Kompetenz,
- Soziale Kompetenz,
- Familienthemen,
- Normen und Werte,
- Belastungserfahrungen und Verarbeitung,
- Eigener Auftrag,
- Selbsteinschätzung,
- Wünsche und Vorstellungen,
- Fähigkeit im Umgang mit ungewöhnlichen Lebensthemen.

Bei der Beantwortung dieser Fragen wird bewusst, wie sehr die Eigenverantwortlichkeit der Familie im Vordergrund steht. Wir sind als Fachberater gehalten, diesen Familien kompetent Hinweise zu dem Vermittlungsprozess zu geben und eine mögliche Fehlvermittlung zu vermeiden. Es ist aber so, dass ein Prozess entsteht, der letztlich die Entscheidung zur Aufnahme eines Kindes ermöglicht und endlich zu der Vermittlung eines Kindes führt. Bevor es so weit ist, werden die gewonnen Erkenntnisse zur gemeinsamen Arbeit miteinander besprochen und gewichtet.

Kommentar
Die Eignungsfeststellung bleibt zu einem hohen Anteil ein intellektueller Akt. Es ist eine Begegnung auf der abstrakten Ebene, die, angereichert durch emotionale Situationen, den persönlichen Kontakt hervorbringt. Wenn dieser persönliche Kontakt zwischen dem Fachberater und den Bewerbern entsteht, ist es erst möglich, die methodischen Schritte einzubauen, die den Kontakt zu der emotionalen Situation von Bewerbern, zu deren Motiven und den inneren Bildern erlauben.
Neben den persönlichen Möglichkeiten der Erwachsenen sind auch die anderen im Haushalt lebenden Mitglieder zu berücksichtigen.
Die Interessenlagen der eigenen Kinder verhindern unter Umständen die Vermittlung eines Kindes durch uns, obwohl die Eltern selber eine solche Vermittlung wünschen. Es ist daher sinnvoll, die Familie auch zu der jetzigen Lebenssituation mit Hilfe einer Familiengrafik zu betrachten. Gemeinsam ist zu entscheiden, ob die Vermittlung und wenn ja, welchen Kindes, möglich ist. Auch hierbei spielen wieder die Faktoren: Alter, Geschlecht, Grad der Schädigung des Kindes eine Rolle.
Die Kinder der Familien selbst werden der vorgegebenen Entscheidung der Erwachsenen in der Regel folgen.

Die oben beschriebene Vorgehensweise hat einen besonderen Vorteil:
Die Familie, mit der wir zusammen arbeiten, ist in die Methodik der Systembetrachtung eingeführt. Es ist bereits eine Gewöhnung darin vorhanden, auftretende Fragen nicht ausschließlich individuell, sondern auch prozesshaft und im Kontext zu sehen.
Auch hierin entsteht eine Selbstständigkeit der Familie. Sie wird in die Lage versetzt, einen als kompetent erkannten Fachberater in Krisen zu rufen und um Unterstützung zu bitten. Die Schmach des Versagens entfällt, hat doch der Partner sowie die Fachberatung die vermeintlichen Schwächen bereits als mögliche Problemfelder mit gesehen oder vermutet.
Die Situationen werden insbesondere in der Betrachtung der Fähigkeiten der Pflegeeltern nach der Vermittlung leichter durchschaubar und die vorhandenen Möglichkeiten der erwachsenen Beteiligten leichter erkennbar. Das verschafft in der Beratung einen unschätzbaren Vorteil: Das Kind oder der Erwachsene wird nicht auf der moralischen Ebene im Sinne von Schuld oder Unschuld gesehen.

Die Fragen
- Was ist geschehen?
- Warum ist es geschehen?
- Wie ist es zu verstehen?
- Was können wir gemeinsam tun?
- Welches Ziel wollen wir erreichen?

stehen im Vordergrund. Damit verschwindet auch die übliche Hilflosigkeit und das Gefühl, zu versagen. Es besteht die Möglichkeit, mit allen Beteiligten daran zu arbeiten. Die ablaufenden Situationen werden verstehbar. Verstandene Situationen sind schneller zu bereinigen. Es entsteht Verantwortung für die bestehende Situation.
Wenn das geschieht, wird der Weg zu einer sinnvollen, weil augenblicks- und zukunftsorientierten, helfenden Handlungsstrategie frei.

Ein weiterer Vorteil besteht darin, dass möglicherweise durch die Betrachtung analoger Erlebnisse im eigenen Lebensablauf die Situationen und Empfindungen eines Pflegekindes den Pflegeeltern schneller vertraut werden und eventuell auch schneller die Fähigkeit entsteht, einem Kind in seiner Not, einen angemessenen Ausdruck für sein Leben in seiner Gemeinschaft zu finden, helfen zu können.

Wenn es so weit ist, dass es zu einer Vermittlung eines Kindes in eine Pflegefamilie kommt, so geschieht das heute aus einer möglichst klaren Situation heraus.

Die Vermittlung

Es gibt zur vorherigen Klärung der Vermittlung eines Kindes in eine Pflegefamilie in unserer Stadt ein System von Helfern und ein Verfahren, das sich an dem **KJHG, dort § 36, Hilfeplanung,** orientiert. Die wirtschaftlichen Fragen spielen hierbei natürlich ebenfalls eine Rolle, diese sollte allerdings nicht überbewertet werden.

Die Vermittlung eines Kindes erfolgt erst nach weitgehend sicherer Klärung vieler Fragen. Die Fragen nach den Ursachen und dem Ziel der Unterbringung eines Kindes in einer fremden Familie sowie die Frage danach, in welcher Zeit dieses Ziel erreicht werden soll, stehen im Vordergrund. Die Vermittlung eines Kindes muss Sinn machen. Dieser Sinn entsteht durch die klaren

Formulierungen der Absichten der beteiligten Personen und der Möglichkeit, diese mit dem Entwicklungsbedarf des Kindes zu harmonisieren.
Bleibt die Frage der Dauer der Unterbringung offen, so bringt das für die nahe und mittlere Zukunft der Pflegefamilien sowie für das aufgenommene Kind sehr große Unsicherheit. Insbesondere Kinder mit stark traumatisierenden Erfahrungen bedürfen besonderer Klarheit und eindeutiger Zukunftsperspektive, um sich vertrauensvoll auf eine neue Lebenssituation einzulassen. Nur dann lässt sich ein gemeinsames Grundkonzept für die zukünftige Zusammenarbeit zwischen Fachberatung, Pflegefamilie oder Erziehungsstelle und Ursprungsfamilie entwickeln. Wenn ein solches Grundkonzept entwickelt wird, können Prognosen für die Zukunft des Kindes in Bezug auf die zu erwartende Wirkung der Maßnahme erstellt werden.

Die Unterbringung eines Kindes außerhalb seiner Familie erfolgt zunächst oft in einer Notsituation oder Krise der Ursprungsfamilie. Diese Situation erfordert schnelles Handeln zum Schutze der Beteiligten, insbesondere aber des betroffenen Kindes oder der Kinder. In solchen Situationen wird möglichst in eine Schutzfamilie oder -gruppe vermittelt.
Oftmals sind den betroffenen Familien bereits Hilfen im Vorfeld dieser Krise gegeben und damit ein Hilfeplanverfahren in Gang gesetzt worden. An diesem Verfahren sind die Personensorgeberechtigten und falls die Eltern es nicht selber sind, der Vormund, alle Helfer und so weit es möglich ist, das Kind beteiligt. Das Verfahren soll den Einsatz der sinnvollsten Hilfe für die Familie und, wenn es erforderlich wird davon getrennt, für das Kind, gewährleisten.

Erst wenn die Entscheidung zugunsten der Hilfen außerhalb des Elternhauses gefallen ist, wird zwischen der Pflegefamilie, der Erziehungsstelle oder der Heimunterbringung mit unterschiedlichem Anforderungsprofil unterschieden. Die Anforderung an die Familien und Heime soll sich an den Bedürfnissen des Kindes orientieren.
Nach dieser Entscheidung kann die Suche nach einer geeigneten Familie und Vermittlung in eine solche erfolgen. Im Idealfall gibt es bereits interessierte Familien, die für das Kind in Frage kommen. Das ist jedoch in meinem Arbeitsumfeld nicht häufig der Fall. Die Suche erstreckt sich nicht nur auf unser Stadtgebiet, sondern in der Regel auf einen Umkreis von bis zu 100 Kilometern. Hierzu wird Kontakt mit den bekannten Vermittlungsstellen und Jugendämtern aufgenommen.[29]
Wenn eine Familie gefunden ist, so erfolgt eine umfassende Kontakt- und

Beziehungsanbahnung, bis das Kind in diese Familie übersiedelt. Diese Anbahnung kann unter Umständen mehrere Monate andauern. Maßstab sollte hierbei die emotionale Geschwindigkeit des Kindes sein, das sich auf seinen neuen Lebensraum und neue Menschen einlassen muss.

Ich habe soeben

einen Jungen von 3½ Jahren, nennen wir ihn **Gustav**, in eine Erziehungsstelle vermittelt. Die Kontaktanbahnung dauerte drei Monate und wurde sehr vorsichtig und behutsam durchgeführt. **Gustavs** Mutter ist psychotisch erkrankt und Alkoholikerin. Sie hat während der Schwangerschaft sehr getrunken und Medikamente genommen, von denen man weiß, dass sie den Fötus schädigen. Aufgrund ihrer Erkrankung hielt sie sich in dieser Zeit mehrere Monate lang in der Psychiatrie, zum Teil in der geschlossenen Abteilung, auf. Den Rat der Ärzte, die Schwangerschaft abzubrechen, lehnte sie ab. Sie wollte dieses Kind.
Zu Hause wurde sie von dem Partner, der ebenfalls trank, schwer misshandelt. Sie berichtet von Schlägen und Tritten in den Bauch. Der Junge überlebte.
Nach der Geburt ging es so weiter. Alkohol, Medikamente, Misshandlungen. Gustav war immer dabei. Er bekam regelmäßig seine Flasche, trank auch und nahm zu. Körperlich entwickelte er sich langsam, aber unauffällig. Er wurde versorgt, die Wohnung war sauber und gepflegt. Der Vater, gebürtig in Süditalien, verlangte von seiner Partnerin, dass sie ihre Rolle als Hausfrau und Mutter erfüllte. Selber trank er und unterhielt nebenher mehrere Partnerschaften zu anderen Frauen. Die Familie wurde vom Sozialdienst betreut.
Kurze Zeit nach der Geburt von Gustav wurde deutlich, dass die Mutter mit dieser Situation völlig überfordert war. Eine sozialpädagogische Familienhilfe wurde eingesetzt. Wenige Wochen nach der Geburt wurde sie erneut in der Psychiatrie aufgenommen. Dort besuchte sie der Partner mit dem Kind täglich und verlangte massiv von ihr die Übernahme ihrer Mutterrolle.
Dieser Rolle konnte sie nach der Entlassung nur mit Mühe gerecht werden. Häufig trank sie und war in diesem Zustand vollkommen überfordert. Auch ohne Alkohol war die Situation mit dem Kind für sie kaum zu meistern. Der Partner versuchte, das Problem mit psychischem Druck und Schlägen zu lösen.
Nach ca. einem ½ Jahr kamen Ernährungsstörungen bei dem Kind hinzu. Es erbrach feste Nahrung sofort, das erhöhte den Stress der Mutter und die

Gewaltbereitschaft des Vaters. Diese Situation eskalierte, als ein erneuter Krankheitsschub der Mutter zu einem längeren Aufenthalt in der Psychiatrie führte. Es war ein Kreislauf von Versagen, Druck und ausweichen entstanden, den die Eltern nicht mehr lösen konnten.

Gustav war in seiner Versorgung und Gesundheit gefährdet. Das Jugendamt schritt ein. Es erfolgte die Unterbringung in einer Schutzfamilie mit dem Einverständnis der Mutter. Der Vater verschwand. Der Junge war mittlerweile sieben Monate alt. Der Schutz wurde neben der allgemeinen Versorgungsprobleme auch aufgrund der erheblichen Konfliktpotentiale in der Partnerschaft seiner Eltern erforderlich. Er erfolgte zu einem Zeitpunkt, als die beteiligten Erwachsenen völlig hilflos im Umgang mit ihm wurden.

Für Gustav bedeutete diese Schutzmaßnahme den Verlust seines ihm bekannten Lebensraumes und der Menschen, die mit ihm bislang, gleich wie, zusammengelebt hatten. Neue Beziehungsanforderungen wurden gestellt. Die neuen Menschen um ihn herum versuchten, ihn zu erziehen und regelgerecht zu ernähren. Er war bei unterschiedlichen Ärzten, psychologische Diagnosen erfolgten und die Prognosen für die Zukunft wurden, unterstützt von Fachleuten aus Medizin, Psychologie, Sozialarbeit und im Sorgerechtsverfahren auch Juristen, gestellt. Die Empfehlung war, ihn in eine Vollpflegefamilie auf Dauer zu vermitteln. Zwischenzeitlich war Gustav bereits fast ein Jahr lang in der Schutzfamilie.

Die Vermittlung erfolgte. Die Pflegeeltern waren ein Paar ohne Kinder, mit der Aussicht, auch ein Kind adoptieren zu können, wenn die Situation sich so entwickeln würde. Gustav erfüllte die Erwartungshaltung seiner Pflegefamilie nicht. Als Kind mit Angst vor Menschen und vielleicht großen Schuldgefühlen, nahm er das gutgemeinte Beziehungsangebot seiner Pflegefamilie nicht an. Hinzu kam, dass er bei jeder Gelegenheit erbrach. Ein Jahr nach der Vermittlung scheiterte das Pflegeverhältnis, der Junge kam erneut in eine Schutzfamilie. Die Probleme des Kindes blieben die gleichen.

Es dauerte weitere 10 Monate, bis erneut eine Familie gefunden wurde, die Gustav aufnehmen wollte. Es handelt sich um die von mir betreute Erziehungsstelle, in die wir ihn jetzt vermittelt haben.

Gustavs Erscheinungsbild ist nicht sehr verändert. Erwachsenen gegenüber ist er misstrauisch. Er erbricht bei Tisch oder auch im Spiel, sobald ihm bewusst ist, dass eine Situation mit Nahrungsaufnahme zu tun hat. Bestimmte Begriffe führen zum Erbrechen, aber auch fast jede Nahrung.

Gustav ist aufgrund seines Gesundheitszustands und seiner Probleme mit der Nahrungsaufnahme in laufendem Kontakt mit dem Kinderarzt. Geplant ist kinderpsychotherapeutische Behandlung.

Wir hatten den ersten Besuchskontakt mit der Mutter. Dieser fand unmittelbar vor seinem Geburtstag in unserem Familienraum im Jugendamt statt. Die Mutter beschenkte ihn fürstlich. Gustav nahm keinen Körper- oder Augenkontakt auf. Er spielte mit den von der Mutter mitgebrachten Geschenken. Er war sehr in sich gekehrt. Die Mutter war gesundheitlich in guter Verfassung und konnte an einem Gespräch teilnehmen und diesem auch inhaltlich folgen.
Mit ihr wurde vereinbart, ein Gespräch ohne Gustav zu führen, um seine und ihre Lebensumstände besser verstehen zu können und vor allem auch herauszufinden, wie die Situation seiner Unterbringung aus ihrer Sicht entstanden ist und wie der Junge sich dabei gefühlt haben mag. Auch war ich daran interessiert zu erfahren, welche guten Emotionen Gustav in diese Welt hinein begleitet haben und welche Wünsche die Mutter jetzt für ihn hat. Ebenso wollte ich wissen, welche Lebensthemen das Kind als Kind seiner Ursprungsfamilie begleiten.

Das Gespräch mit Gustavs Mutter fand statt. Sie war in Begleitung ihrer Sozialarbeiterin, die als Pflegerin für die Gesundheitsfürsorge und Vermögenssorge eingesetzt ist.
Es war ein offenes, vorurteilsfreies Gespräch, in dem die Mutter die Lebensbedingungen ihrer kleinen Familie, die oben bereits beschrieben sind, anhören und auch berichten konnte. Sie ist selber ein ehemaliges Pflegekind, hat bereits zwei Schwangerschaftsabbrüche hinter sich und hat dieses Kind liebevoll erwartet. Auch nach der Schwangerschaft wollte sie Gustav, war ihm liebevoll zugewandt, wie der Vater auch. Die schrecklichen Dinge wie Gewalt, Alkoholexzesse und das Erkennen der eigenen Unfähigkeit, lasten auf ihr. Sie würde sie gerne ungeschehen machen.
Gustavs Situation zur Zeit der ersten Inobhutnahme war die eines Kindes, das die Nahrung verweigert, schreit, sich abwendet. Er versagt gegenüber den Erwartungen seines ihm zugewandten Vaters und erfüllt dessen Wünsche nach einem "funktionierenden Kind" nicht. Ebenso versagte er als Kind seiner Mutter, die unter dem Druck der väterlichen Erwartungen als Mutter versagte und, ausgelöst durch Alkoholismus und einen Krankheitsschub, die Familie verließ.

Die Mutter wünscht Gustav Gesundheit, eine Familie, eine schöne Zukunft mit Freunden und Menschen, die ihn lieb haben. Nach diesem Termin war die Pflegemutter sehr erleichtert. Sie hat einen Ansatz gefunden, mit Gustav und seiner Mutter zu leben. Gustav äußerte am Tag nach dem Termin, von dem er nichts wusste, dass er gerne essen will, es fällt ihm aber schwer. Ich glaube, wir werden zusammen mit seiner Mutter eine Möglichkeit finden, ihm das Leben zu erleichtern.

Gustav kannte diese Wünsche seiner Mutter für ihn noch nicht von ihr persönlich. Wir haben aber eine Gelegenheit gefunden, bei der seine Mutter sehr offen mit ihm darüber gesprochen hat.

Angelina

ist ebenfalls vor drei Monaten von mir nach einer Kontaktphase von zusätzlich zwei Monaten aus einer Schutzfamilie in die Erziehungsstelle vermittelt worden.
Bei der Arbeit mit dem Zeitstrahl und der Familiengrafik für sie wurde ihre große Vereinsamung deutlich.
Die Kindesmutter, Frau Klöse, hatte Angelina im europäischen Ausland geboren. Frau Klöse kam wegen erheblicher Auffälligkeiten in die Psychiatrie und wurde von dort aus nach Deutschland überstellt. Angelina wurde unmittelbar nach der Geburt von der Mutter getrennt. Sie kam zunächst in ein Säuglingsheim und von dort aus in eine Schutzfamilie in Deutschland.
Frau Klöse nahm Angelina, mit der sie bis dahin nicht zusammen gelebt hatte und die sie nur kurz zuvor kennen lernte, im Altern von einem ½ Jahr zu sich. Gutachter aus Psychiatrie und Medizin bescheinigten, dass keine Gefahr für das körperliche und geistige Wohl des Kindes besteht. Auf der Basis dieser Begutachtungen wurde ein Antrag des Jugendamtes auf Entzug des Rechtes der elterlichen Sorge für das Kind durch das zuständige Amtsgericht abgelehnt. Frau Klöse hatte soeben einen schweren psychotischen Schub durchlebt.
Die Kindesmutter lehnte jede Hilfe im Haushalt ab. Das Jugendamt betreute die Kleinfamilie weitläufig. Scheinbar war nach außen alles in Ordnung. Die Großmutter des Kindes kümmerte sich sporadisch um die beiden. Sie half bei finanziellen Engpässen aus und betreute Angelina hin und wieder.
Frau Klöse schien schon sehr lange erkrankt zu sein. Ein besonderes Merkmal ihrer eigenen Entwicklung war eine starke Vereinsamung und emotionale

Kälte. Sie selber war bereits ab ihrem siebenten Lebensjahr von den Eltern abgegeben und in den "besten Internaten" beschult worden. Mit vierzehn Jahren hatte sie ihre ersten psychotischen Schübe. Jetzt ist sie bereits 30 Jahre alt.
Angelina entstand aus einer Zufallsbekanntschaft, den Vater kann Frau Klöse nicht benennen. Mit Angelina sprach Frau Klöse in der Zeit, in der sie das Kind selber versorgte, selten. Sie erteilte kurze Anordnungen oder schwieg. Zwischen den beiden gab es keinen Augenkontakt. Als Angelina mit 2½ Jahren in den Kindergarten kam, fehlten ihr im wahrsten Sinne des Wortes die "Worte". Die Mutter hatte die wenigen Dinge, die sie mit ihr sprach, in einem Gemisch aus französischer, englischer und deutscher Sprache mitgeteilt, die dem Kind keine Chance gelassen haben, logische Zusammenhänge mit der übrigen verbalen Kommunikation in ihrer Umwelt herzustellen. Angelina hatte kein Verständnis für Sprachmelodie, Körpersprache oder verbale Inhalte. Sie reagierte auf den Kindergarten aber so lebhaft, dass die Kindesmutter hierdurch sehr verunsichert wurde. Frau Klöse nahm Angelina nach kurzer Zeit aus dem Kindergarten heraus. Anlass war für sie eine verbale Auseinandersetzung mit einer Erzieherin, in deren Verlauf sie diese ohrfeigte.
Wenige Tage später kam es aufgrund einer Anzeige gegen Angelinas Mutter bei der Polizei zur Inobhutnahme des Kindes. Frau Klöse hatte versucht, einem fremden Kind auf dem Spielplatz Tabletten zu geben. Die Mutter dieses Kindes verständigte daraufhin die Polizei. Es folgte die Einweisung der Mutter in die Psychiatrie und die Inobhutnahme Angelinas in einer Schutzfamilie. Die Kollegin des Sozialdienstes leitete erneut ein Sorgerechtsverfahren ein, das nun auch Erfolg hatte. Es erfolgte der Entzug des Personensorgerechts und des Aufenthaltsbestimmungsrechts der Kindesmutter für Angelina und die Bestallung eines Amtsvormundes.
Bis zum Abschluss des Verfahrens und zur jetzigen Unterbringung in einer Erziehungsstelle verging ein weiteres Jahr, in dieser Zeit erfolgte eine umfassende Diagnostik des Kindes sowohl medizinisch als auch psychologisch. Es wurde eine massive Deprivation festgestellt, die eine Vermittlung in eine "normale Pflegefamilie" nicht mehr zuließ.
Angelina blieb so lange in der Schutzfamilie, bis die Mutter zumindest verbal die Einwilligung zu einer langfristig orientierten Vermittlung der Tochter in eine Erziehungsstelle gab. In dieser Zeit hatte Frau Klöse wöchentlich Besuchskontakte mit Angelina. In den Kontakten entstand keine herzliche Körpernähe oder Blickkontakt zwischen Mutter und Kind. Angelina sprach nicht, sie verhielt sich distanziert und äußerte keinerlei eigene Bedürfnisse.

In der Kontaktanbahnungszeit stellte sie schnell einen vertrauensvollen Kontakt zu der Erziehungsstelle her. Das machte es auch der Schutzfamilie leicht, Angelina, die sie zwischenzeitlich sehr in der Familie angenommen hatten, dorthin gehen zu lassen.

Acht Wochen nach der Vermittlung zu der Erziehungsstelle kam es zum ersten Kontakt der Mutter mit der neuen Pflegemutter und Angelina.
Dieser Kontakt verlief ebenso distanziert, wie er bereits aus der Schutzmaßnahme bekannt war. Angelina nahm keinen Blickkontakt auf, spielte für sich, setzte sich vorübergehend auf den Schoß von Frau Klöse, nachdem diese sie dazu aufgefordert hatte. Sie wirkte extrem in sich gekehrt, schien aber jede Äußerung der Mutter genau zu verfolgen und sich danach zu verhalten. Die Mutter konnte sich nicht auf das Bedürfnis des Kindes einlassen. Sie fragte zunächst nach Angelinas Fähigkeit, die Zähne zu putzen. Auf die Idee, zu spielen oder ein Buch mit Angelina anzuschauen, kam sie nicht. Auch als sie hierzu aufgefordert wurde, verstand sie scheinbar nicht, was gemeint war. Der Kontakt zog sich mühsam dahin und endete nach ungefähr einer Stunde. Neue Kontakte sind in monatlichem Abstand vereinbart.
An sich ein völlig normaler Vorgang, wenn nicht Angelina wäre. Auf dem Weg nach Hause war sie auffällig still. Sie saß auf dem Rücksitz im Auto und wirkte völlig abwesend. In der Erziehungsstelle angekommen, blieb sie dicht bei der Erziehungsstellenmutter. Sie ließ sie den ganzen Tag über nicht aus den Augen und sprach kein Wort, obwohl sie dieses in der Erziehungsstelle im normalen Alltag mit Begeisterung versucht.
Am Abend stolperte Angelina und fiel hin. Sie schrie hilflos und verzweifelt, konnte dieses Schreien nicht mehr beenden. Ihr blieb die Luft weg, sie lief zunächst blau an, die Haut wurde später blassgrau. Die älteste Tochter der Familie rief den Notarzt, während die Pflegemutter das Kind beatmete. Mit dem Notarzt fuhren sie in das Krankenhaus, wo Pflegemutter und Angelina einen Tag verbrachten.

Diese Situation um Angelina hat uns alle sehr betroffen gemacht. Sie ist ein sehr ansprechendes Kind, dessen große Not in dieser Situation nach dem Besuchskontakt deutlich erkennbar wird. Neben der allgemeinen Desorientierung, die mit ihr zu bearbeiten ist, gibt es offensichtlich ein nicht sprachlich fassbares emotionales Belastungsmoment, das mit diesem Kontakt zur Mutter reaktiviert wurde. Mit der Kindesmutter werden wir dieses Thema

bei dem nächsten Kontakt zwischen ihr und Angelina besprechen.
Es kann sein, dass es bei dem Kind eine körperliche Disposition zu Krämpfen gibt, das wird aber bislang medizinisch ausgeschlossen. Es kann sein, dass die vielen Wechsel und die mangelnde Überschaubarkeit und damit mangelnde Sicherheit in ihrem Leben das Kernproblem darstellen und so diese heftige Reaktion ausgelöst wird. Es kann auch sein, dass die Stimmungslage des Kontaktes, die von der Mutter transportiert wird, dem Kind solche Not macht, dass es vor Verzweiflung zu sterben bereit ist und nur durch intensive fremde Hilfe lebt.
Ob und wie weit es von Angelina therapeutischen Bedarf gibt, werden wir gemeinsam mit der Erziehungsstelle in der näheren Zukunft feststellen. In jedem Fall ist es aber notwendig, diese Situation mit der Mutter zu erörtern und sie zu bitten, dem Kind ein Signal von Verlässlichkeit zu geben. Sie muss dem Kind Angst nehmen, indem sie signalisiert, dass Angelina in der Familie leben darf, ja leben soll. Damit könnte sie Angelina entlasten und ihr neue Erlebnisräume für ihre Entwicklung eröffnen.

Die Erlaubnis

Die Beziehungsgestaltung des Pflegekindes, seine Mechanismen zu überleben, seine Bereitschaft, sich auf den neuen Lebensraum einzulassen, hängen davon ab, ob es glaubt, dass dieser neue Ort ein Ort ist, an dem es leben darf und ob diese neuen Menschen solche sind, mit denen es leben darf. Diese Erlaubnis wird ihm durch seine Eltern und durch die Begleiter gegeben. Begleiter sind alle am Prozess beteiligten Menschen, insbesondere Sozialarbeiter, Richter, Anwälte, Diagnostiker und Therapeuten.
Gerade diese Erlaubnis, sich wirklich auf eine neue Lebenssituation einzulassen, wird vielen Pflegekindern aber verweigert.
Sie müssen in ihrem Leben erst durch sehr viele Enttäuschungen, Versagenssituationen der Eltern und Hilflosigkeit der Pflegeeltern gehen, haben zeitlich nicht einschätzbare Sorgerechtsverfahren durchzustehen, mit zum Teil immer wiederkehrenden Begutachtungen, bevor sie wissen, dass dieser Ort, an dem sie leben, tatsächlich ihr Ort ist und dass die Menschen, die dort sind, solche sind, die zu ihm gehören. Sie werden in der Regel nicht als Subjekt mit einem eigenen Bedürfnis und Lebensrecht ausgestattet gesehen, sondern sie sind Objekte der Besitzergreifung, des Rechtsstreites, der Bedürfnisse von Ursprungsfamilie usw..
Ein Pflegekind lebt oft über lange Zeiträume in einer Situation von

Unsicherheit und Angst, die es nur selten vergisst. Zeiten, in denen es diese Angst vergisst, sind selbstvergessene Zeiten.
Diese selbstvergessenen Zeiten sind Zeiten von Freude und Glück, Leistungsfähigkeit und Gleichwertigkeit im Vergleich zu anderen Kindern.

Kinder, denen ständig signalisiert wird, "Ich weiß nicht, ob du bleibst", werden sich nicht auf ihre neue Welt einlassen. Dieses Einlassen ist aber zur Regeneration ihrer Lebenskraft erforderlich. Ebenso ist das "sich Einlassen können" notwendig, um die Neue Welt als beständige Realität zu akzeptieren. Die bisherige Erfahrung muss zugunsten seiner Jetzt - Zeit und seiner Zukunft - Zeit zurücktreten.
Dies ist notwendig im wahrsten Sinne des Wortes: zur Wendung einer inneren Not, die durch die Hilflosigkeit, durch das Versagen der Eltern als Eltern hergestellt wurde.
Für Gustav begann, nachdem die Mutter ihm die Erlaubnis gegeben hatte, sich in der Erziehungsstelle wohl zu fühlen, ein intensiver und für alle Beteiligten extrem anstrengender Entwicklungsprozess. Die weitere Fallstudie hierzu würde den Rahmen dieses Buches sprengen.

Ideologie

Es wird in unserer Gesellschaft unterstellt, dass die 'eigene Familie' der beste Ort für das Aufwachsen der Kinder ist.
Natürlich stimme ich dem im Grundsatz zu. Ich stimme im Grundsatz auch zu, wenn gesagt wird, dass ein Kind auch in der Pflegefamilie vor Schaden nicht sicher ist. Ich stimme aber nicht zu, wenn aus den Beispielen von Versagen von Familien, wie sie oben beschrieben sind, alle Familien als solche Schädiger identifiziert werden sowie ich nicht zustimme, wenn gesagt wird, alle Pflegefamilien missbrauchten ihre Pflegekinder.
Ebenso wenig glaube ich, dass alle Menschen Mörder, Vergewaltiger und Kinderschänder sind. Es ist nur so, dass Menschen in sozialen Berufen im Übermaß mit diesen Menschen und Themen konfrontiert sind. Um so sicherer müssen wir, weil wir die oben gesagten Dinge wissen, für eine sichere, überschaubare Basis der Kinder sorgen, für deren zukünftiges Wohlergehen wir die Verantwortung übernommen haben, unter Umständen so lange, bis sie erwachsen sind.

Die Regeneration der Kräfte traumatisierter Kinder ist zeitlich und im Verlauf zwar untereinander vergleichbar, aber nicht gleich. Hinzu kommt, dass ein Kind, das in seiner Ursprungsfamilie schwer verletzt wurde, möglicherweise nie wieder in dieser Familie leben möchte und leben darf. Ich denke, dass diesem Wunsch und Bedarf der Kinder auch gefolgt werden muss, wenn nicht die Absicht besteht, den Erfolg der Regeneration seiner Kräfte zunichte zu machen.

Die Vorgabe der Rückkehr eines verletzten Kindes nach Hause zu den traumatisierenden Eltern ist eine ideologische. Sie ist nicht an dem Wohl der Kinder orientiert, sondern an herrschenden Rechtsauffassungen oder an dem 'Wiedergutmachungskomplex'. Wobei ich nicht die bestehende Gesetzesgrundlagen, sondern deren zuweilen eigenwillige Interpretationen durch Fachleute meine.

Gleichzeitig denke ich einen bösen Gedanken: Könnte es möglich sein, dass ein Teil dieser Gesellschaft angesichts der Verknappung von gemeinsamen Ressourcen insgeheim froh ist, wenn weniger Leute um die Futternäpfe streiten? Verbessert nicht die Zerstörung der Kinder anderer Leute die Chancen der eigenen? Welch ein Gedanke!

Natürlich ist mir bewusst, dass keine endgültigen zeitlichen und qualitativen Aussagen im Leben eines Kindes mit traumatisierenden Erfahrungen zu seiner Entwicklung gemacht werden können. Die Erfahrung zeigt, dass sich diese Kinder Zeit ihres Lebens mit ihrer Eigenart auseinandersetzen. Wir sehen in dieser Auseinandersetzung die große innere Not der Kinder, die nicht in der Lage sind, sich altersgerecht zu entwickeln und die nicht in der Lage sind, ihre Beziehungen mit der gleichen Vertrautheit und dem gleichen Vertrauen zu leben, wie Kinder, die solche Erfahrungen nicht haben und die in liebevoller, fürsorglicher Atmosphäre durch ihre Eltern versorgt, geschützt und angeleitet, aufwachsen.

*

Kapitel VI

Pflegekinder sind Kinder mit gemeinsamen Erfahrungen

Wir wissen heute, dass sich Pflegekinder gegenüber Kindern, die neben ihren 'normalen neurotischen' Erfahrungen keine Langzeitschäden entwickeln, erheblich unterscheiden.
Ein Pflegekind ist oft schon vor seiner Geburt ein ungeliebtes Wesen. Jede seiner Körperzellen und die darin aufgenommene Stimmungslage entspricht der Grundstimmung der Mutter und ihrer Umwelt dem Kind gegenüber. Dieses Kind wird häufig bereits menschlich emotional unbeachtet oder abgelehnt geboren. Diese Vorerfahrung führt dazu, dass sich dieses Kind nicht als geliebtes und erwünschtes Individuum erlebt. Sie besteht auch darin, dass viele Pflegekinder von Geburt an schlecht versorgt werden. Hinzu kommt, dass die meisten mir bekannten Pflegekinder auf schlimme Weise misshandelt oder missbraucht wurden.
Die Eltern, die Vertrauen durch Zuwendung und Aufmerksamkeit für die Bedürfnisse ihres Kindes herstellen sollten, tun dieses nicht. Wenn Essen verweigert wird, wenn das Schreien des Säuglings bestraft wird, dann ist dieser mit seinen Bedürfnissen nicht angenommen und geliebt. Der Säugling wird sich selbst als nicht liebenswertes Wesen definieren. Seine Bedürfnisse sind nicht erlaubt, sein Leben und sein Wunsch nach Überleben sind von seiner höchsten Autorität her nicht gewollt. Diese Autorität ist seine Mutter und, falls vorhanden, sein Vater. Hinzu kommt, dass viele Pflegekinder der Bedürfnisbefriedigung der sie umgebenden erwachsenen Personen dienen.
Wenn sich ein Martyrium von Gewalterfahrung mit dieser Grundhaltung dem Kind gegenüber über Monate und vielleicht sogar Jahre hinzieht, so wird das Kind diese Grundstimmung des nicht geliebten und gewünschten Kindes ohne Erlaubnis auf ein an seinen Bedürfnissen orientiertes Leben auch erhalten und behalten. Es wird die Ursachen der Misshandlungen in sich suchen. Es wird ein Kind, das von sich glauben wird, es sei o.k., wenn man es schlägt, misshandelt. Diese Grundstimmung wird es begleiten, es wird diese Stimmung ausstrahlen.

Beispiel:
Vor Jahren brachte ich zwei Brüder, Willi, drei Jahre alt und Peter, zwei Jahre alt, in unterschiedlichen Pflegefamilien unter. Willi ist jetzt 15 und Peter 14 Jahre alt.
Die Beziehung der Eltern untereinander war geprägt von gegenseitiger Gewalt, ihr Verhältnis zu den Kindern ebenso. Beide Kinder waren bei ihrer Aufnahme in einer Kinderschutzgruppe vor 13 Jahren völlig unterversorgt, motorisch unruhig, konnten keinen Körperkontakt ertragen. Auf Annäherung mit Berührungen reagierten sie mit panischer Angst. Sie koteten über Jahre hinweg ein und sind bis heute Bettnässer. Willi ist seit vier Jahren in einer 1:1 Betreuung. Er hat bis dahin zwei Pflegefamilien und diverse Therapeuten verbraucht. Die Kinder haben heute keinen Kontakt mehr zueinander. Peter wurde in eine Pflegefamilie vermittelt, in der er heute noch lebt.
Das eigentlich bemerkenswerte an beiden Kindern ist, dass sie spontan Gewalt auf sich ziehen, wohin sie auch gehen. Willi hat seit der Unterbringung darunter gelitten, dass andere Kinder hinter ihm herlaufen, ihn beschimpfen und so weit reizen, bis er sich handfest wehrt und natürlich so brutal, dass er ernsthaft droht, jemanden schwer zu verletzen. Das Gleiche gilt für Peter. Peter strahlt etwas aus, das nicht zu beschreiben ist. Erkennbar wird es an folgender Situation: Bei seiner Vermittlung in den Haushalt der Pflegefamilie wurde er beim ersten Betreten des Grundstücks von dem Hund der Familie angefallen und ins Gesicht gebissen. Dieser einjährige Hund war nie zuvor aggressiv und hat später nie mehr jemanden gebissen. Jedes Mal, wenn Peter an seinem Zwinger vorbei läuft, bellt er wütend und fletscht die Zähne.
Willi nimmt keine Beziehungen zu anderen Kindern auf, er kann nichts mit ihnen anfangen. Sie sind für ihn eine Provokation. Er kann ihnen nur kurzfristig begegnen. Wenn der Kontakt über eine längere Zeit andauert, kommt es unweigerlich zu gewalttätigen Aktionen. Willi hat zu niemandem eine Bindung aufgebaut.
Peter lebt in seiner Pflegefamilie, die ihn nimmt, wie er eben ist. Kürzlich wurde Peter in eine Sonderschule für geistig behinderte Kinder umgeschult. Er fühlt sich dort sehr wohl. Die anderen Kinder habe ebenso Defizite wie er. Er scheint ihnen intellektuell überlegen und kompensiert so andere Mängel. Er hat großes Glück, denn bei ihm kommt es nicht zu spontanen Ausbrüchen von Aggression gegen andere Menschen. Wäre das so, so wäre auch er in einer Heimeinrichtung mit einem dichten Betreuungsschlüssel.
Beide Kinder wurden seit ihrer Aufnahme in den Pflegefamilien laufend therapeutisch begleitet. Das Thema 'Opferausstrahlung' konnte nicht verändert

werden. Bislang ist mir noch nicht bekannt, welche therapeutische Intervention einem solchen Menschen endgültig aus dieser Stimmung hinaushilft.

Neben der *Traumatisierung durch Gewalt und Ablehnung* haben Pflegekinder ein weiteres Merkmal, das sie von andern Kindern fundamental unterscheidet. Sie leben nicht in ihrer Ursprungsfamilie, sondern in einem zusätzlichen Lebensraum Familie, der, wenn er nicht stabil ist, eventuell auch wechselt. Pflegekinder haben also nicht nur die Verarbeitung traumatisierender Erlebnisse als Lebensthema, sondern auch noch die *Verarbeitung 'biographischer Brüche*[30] zu leisten. Diese biographischen Brüche sind oft Ursache für eine mühselige und manchmal auch schmerzliche Identitätssuche, die häufig von der Umwelt nicht verstanden wird. Der Versuch der Kinder, die eigene Biographie zu rekonstruieren und damit ihre Identität auch in der Erfahrung der Geschichte wiederzufinden, lässt sie oft in erneut schmerzliche Situationen gehen, vor denen wir sie nicht schützen können. Ihr Wunsch nach Anerkennung durch die ehemaligen Schädiger und nach Rehabilitation durch diese ist so stark, dass sie oft ihre derzeitigen Betreuer diffamieren und ihre bestehende Situation zerstören.

Deutung und Fehldeutung von Signalen

Es ist für Fachleute oft schwer, Reaktionen von Kindern als Folgen von Misshandlungen und Vernachlässigungen oder als Suche nach der eigenen Identität zu erkennen. Es kommt zu Fehldeutungen. Das Kind gibt oft nur schwer zu definierende Signale. So wird die Suche der Kinder nach Identität und damit verbunden auch der Wunsch nach Rehabilitation[31] durch seine Eltern oft als Bindung oder Beziehung missverstanden.
Ein Kind, das sich vergewissern will, wer seine Eltern oder Geschwister sind, will nicht unbedingt bei ihnen leben. Ein Kind, das von seinen Eltern schwer verletzt wurde, will nicht unbedingt mit ihnen leben, wenn es möchte, dass die Verantwortung für die schweren Verletzungen, die ihm zugefügt wurden, von den Eltern übernommen wird.

Karla

Karla wurde mit erheblichen sexuellen Problemen im Alter von fünf Jahren in die Pflegefamilie vermittelt.
Der Stiefvater hatte sie missbraucht. Als sie auf der Straße erzählte, ihr

Stiefvater schlafe mit ihr, wurde sie von ihm zur Rede gestellt und öffentlich als Lügnerin gedemütigt. Ihre Mutter glaubte ihr nicht, sondern schob die ganze Geschichte auf den ersten Ehemann und Vater des Mädchens, der bereits drei Jahre vorher verstorben war.
Karla war nach ihrer Vermittlung in die Pflegefamilie sehr verschlossen. Der Missbrauch wurde nicht strafrechtlich verfolgt und damit nicht offiziell aufgedeckt.
Karla hatte immer große Sehnsucht nach ihrer Mutter und Angst um den jüngeren Bruder, der noch im Haushalt der Mutter und deren Partner lebte. Schulisch war sie eher schwach. Zusammenhänge verstand sie nur schwer. Der Kontakt zur Mutter und deren Familie brach im Alter von sieben Jahren völlig ab.

Mit 14 Jahren nahm das Mädchen den Kontakt zu ihrer Mutter telefonisch und schriftlich wieder auf, der auch in den ersten beiden Jahren nach der Aufnahme in der Pflegefamilie bestanden hatte. Sie wollte mit der Mutter zusammen sein und schrieb ihr dieses auch. Deren Mann hatte sie völlig ausgeblendet.
Um aus der Pflegefamilie wegzugehen, benötigte sie einen Grund. Sie beschuldigte einen Sohn der Familie einer sexuellen Straftat an ihr. Karla behauptete damals, der 17-jährige Pflegebruder habe versucht, sie zu vergewaltigen.
Nach eingehender Beratung der Pflegeeltern mit mir und mehreren Kontakten Karlas zu ihrer Mutter, verließ Karla die Familie und kehrte in den Haushalt der Mutter zurück. Sie wollte auf keinen Fall in der Pflegefamilie bleiben. Karla war nun bereits 15 Jahre alt und besuchte die Sonderschule für lernbehinderte Kinder. Ich hatte damals die Befürchtung, dass Karla ihre Beschuldigungen auf die anderen männlichen Familienmitglieder ausdehnen könnte. Die Entlassung diente auch dem Schutz der Pflegefamilie.

Karla kam auf Wunsch der Mutter in eine psychologische Behandlung, nachdem sie dieser von dem scheinbaren Übergriff in der Pflegefamilie berichtet hatte. Nach der neuerlichen Schilderung war aber nicht mehr der Sohn, sondern der Pflegevater der Täter.
Meine Befürchtung bewahrheitete sich.
Karla berichtete nun während der Therapie laufend von Missbrauchssituationen. Sie schilderte diese so, als ob sie in der Pflegefamilie stattgefunden hätten.

Es dauerte zwei Jahre, bis sie dem Therapeuten erklärte, dass es sich bei den Schilderungen um Situationen handelte, die sie mit dem Stiefvater im Haushalt der Mutter seit ihrer Rückkehr laufend erlebte.
Karla hat ihren Wunsch, von der Mutter geliebt zu werden, teuer bezahlt. Sie bekam keine Wiedergutmachung, sondern eine Wiederholung ihrer kindlichen Erlebnisse als Jugendliche. Sie musste auch noch diese neuerliche Situation aushalten. Die Mutter glaubt ihr bis heute nicht, so, wie sie der damals fünf Jahre alten Karla nicht glaubte. Das Kind ist für sie eine Lügnerin.

Karla kam in eine weit entfernte Heimeinrichtung. Als sie 20 Jahre alt war, stand sie eines Tages in meinem Büro. Sie wollte mir ihren Lebenspartner, einen netten jungen Mann, vorstellen. Sie berichtete mir von ihrer damaligen Not und davon, dass sie eigentlich nicht nach Hause wollte, sondern mit ihrer Mutter einen guten Kontakt. Aber ihre Mutter, die selber nicht in der Lage war, für sich zu sorgen, verstand das Kind nicht. Sie glaubte, es sei nun ja alles in Ordnung. Das Kind wollte zu ihr zurückkehren.
In begleitenden Therapien konnte Karla für sich den Täter klar identifizieren. Es war ihr Stiefvater und nicht, wie lange Zeit projiziert, ihr Pflegevater oder dessen Sohn. Mit diesen konnte sie die Situation danach klären.

Dieses Beispiel zeigt deutlich, wie schwierig es ist, den eigentlichen Inhalt der Botschaft von Karla zu klären. Sie hatte den großen Wunsch, von ihrer Mutter geliebt zu werden. Sie wollte unbedingt Wiedergutmachung oder Entlastung, selbst dann, wenn ihr das bewusst nicht klar war. Sie musste noch einmal ihrer Situation als Kind im Haushalt der Mutter begegnen, mit all den Konsequenzen, die sie zu tragen hat.
Vielleicht wäre es möglich gewesen, diese Situation behutsamer und für Karla schützender zu gestalten, wenn bereits zu Beginn der erneuten Kontaktaufnahme mit der Mutter diese Botschaft hätte übersetzt werden können. Verstanden wurde der Wunsch von Karlas Pflegeeltern und mir schon, mit ihrer Mutter Kontakt zu haben. Wir konnten aber nicht schützend für Karla reagieren, ohne die Pflegefamilie zu gefährden. Alle nicht in den Fall näher eingebundenen Fachleute hatten zu den verdeckten Botschaften keinen Zugang, sondern nur Zugang auf der Inhaltsebene. Das führte zur Solidarisierung, Schuldzuweisung und gedanklicher Verurteilung, zur Rückkehr in den Haushalt der Mutter, aber nicht zu einem Schutz der Jugendlichen vor erneutem Missbrauch durch den Stiefvater.
Karla hat den Kontakt zu ihrer Pflegefamilie in der Zwischenzeit wieder

gefunden. Sie verbringt Ferien und Weihnachtstage dort. Mittlerweile lebt sie alleine mit ihrem Partner. Sie ist soeben Mutter geworden und lud die ehemaligen Pflegeeltern und mich zu der anstehenden Taufe ein. Für sie ist die Pflegefamilie und der Fachberater des Jugendamtes mehr Familie geworden, als die Mutter und deren Ehemann es je waren.
Gegen den Stiefvater hat sie ein Strafverfahren angestrebt.

Dieses Beispiel ist auch interessant auf der Helferseite. Die Kollegen des zuständigen Sozialdienstes kannten Karlas Geschichte alle. Sie kannten sie als eine Geschichte, in welcher ein Pflegekind durch die Pflegefamilie über Jahre sexuell missbraucht wurde. Auch nach der eindeutigen Aufklärung durch Karla nahmen die Kollegen die veränderte Version der Geschehnisse nicht zur Kenntnis. Die Rehabilitation der Pflegefamilie hat in den Köpfen der Kollegen nicht stattgefunden. Wie sagte Einstein schon? „Es ist leichter, einen Atomkern zu spalten, als ein Vorurteil zu verändern." Diese Tatsache macht auch vor sogenannten intellektuellen Menschen nicht halt.

Das Kind verstehen

Neben der *Verarbeitung von Traumatisierungen* und *der Rekonstruktion der Biographie* gibt es ein weiteres Merkmal der Pflegekinder. Sie alle leben mit der *Erfahrung unterschiedlicher Kommunikationsmuster und –formen*. Im Erleben der Pflegekinder scheinen die Welten, in denen sie leben, fundamental voneinander verschieden und nicht zueinander gehörig. Sie passen nicht zusammen.
Ihre scheinbar unverständliche Kommunikation hat Logik. Sie ist die erkannte Kommunikationsform, die für das Kind zum Überleben in seiner bisherigen Welt erforderlich ist. Wenn ein Mensch ein Signal nicht direkt ausdrücken kann, so wird er es indirekt tun.
Diese Kommunikation wird von Eltern in der Rolle als ‚Täter' oft gefordert. Ebenso ist sie für das Kind eine Methode zur Identifikation seiner erlebten Welt.

Hierzu ein Beispiel:
Fred, genannt Karlchen und von seinen Eltern im alkoholkranken Gedankenspiel als starker Judoka identifiziert, lebt in einer depressiven Welt. Beide Eltern bereits über 40 Jahr alt, haben noch zwei gemeinsame Kinder, die bei Verwandten leben.

Der Junge wird von Beginn seines Lebens an immer wieder fremdplatziert, zum Teil in der Verwandtschaft, bei der Großmutter, oder auch in völlig fremden Familien. Die Mutter geht regelmäßig zur Behandlung ihrer depressiven Erkrankung in die Psychiatrie, der Vater ist körperlich bereits so hinfällig, dass er sich kaum zwei Stunden mit dem Alltag beschäftigen kann. Beide Eltern sind sehr intelligent und zu der Zeit, als sie noch im Berufsleben standen, auch erfolgreich gewesen. Ihre Ehe ist zerstritten, sie sind wechselseitig durch die Alkoholerkrankung des Partners enttäuscht und verletzt.

Zum Zeitpunkt seiner Vermittlung in eine Erziehungsstelle vor 1½ Jahren war Fred fünf Jahre alt. Er kannte kaum eine sinnvolle Kommunikationsmethode. Er spielte den alten, hinfälligen Mann, seiberte beim Essen und fraß während der Mahlzeiten hemmungslos. Dieses Essen erbrach er bei Tisch.
Fred kannte jedes Fernsehprogramm, jedoch keine Tageszeiten oder -rhythmen. Er zeigte manchmal das Verhalten eines Kleinkindes und sprach von sich in der dritten Person. Teilweise lag er apathisch in der Ecke und war nicht ansprechbar.
Es gab Zeiten, in denen wirkte er völlig manisch. Er drehte auf, war fröhlich und steigerte sich in eine Überdrehtheit hinein, die ebenso extrem war wie sein depressives Erscheinungsbild.
Es gab die Absprache, dass seine Mutter, aufgrund ihrer größeren Stabilität, Ansprechpartner für die Erziehungsstelle und für mich als Fachberater sein sollte. Kurz nach der Vermittlung erkrankte sie und war für einen längeren Zeitraum nicht zu erreichen. Der Vater übernahm ihre Rolle als Kontaktperson zu dem Kind. Bei einer biographischen Rekonstruktion erfuhr ich von der Mutter, dass der Ehemann nicht der Vater ist. Der Junge wurde während einer kurzzeitigen Trennung der Eltern durch einen Dritten gezeugt. Dieser Mann ist nicht näher bekannt. Das Kind ist ehelich geboren, die Ehelichkeit wurde nie angefochten. Der Scheinvater besteht auf der Vaterschaft.

Fred selber ist ein Kind, das keine Möglichkeit zur Entwicklung einer geschlossenen, kontinuierlich sich weiter entwickelnden Erfahrung der Welt hatte.
Seine immer wieder erfolgten Wechsel von einer Familie zu der nächsten zeigten ihm deutlich, dass das, was er soeben verstanden hatte, in einer anderen, neuen Situation untauglich war.
Immer wiederkehrend war jedoch die Präsenz seiner Eltern. Sein Vater hatte

ihn im ersten Lebensjahr betreut, das war sicher und kehrte nach jeder Fremdplatzierung wieder. Für den Vater war er "Bärchen" oder "Karlchen", seinen eigentlichen Namen hörte er fast ausschließlich von fremden Menschen oder von seiner Großmutter. Auch die Mutter bevorzugte "Karlchen" als Namen für dieses Kind.
Freds Identität wurde von seinen Eltern nicht wahrgenommen. Sie bewegten sich zwischen Alkohol, Depressionen und bei der Mutter zu Beginn noch Phasen der Arbeit sowie laufenden Ehestreitigkeiten und ihrer Aufmerksamkeit für Karlchen-Bärchen.
Die Beschreibung des Vaters nach seinem morgendlichen Aufstehen und seiner Nahrungsaufnahme machen das Essverhalten von Fred logisch. Der Vater trinkt und wenn er isst, erbricht er sich. Die Mutter, neben den obigen Ausfallserscheinungen auch magersüchtig, ebenso. Sieht man den Vater, so fällt als erstes seine zusammengefallene Erscheinung und seine verwaschene, verlangsamte, tieftraurige Sprache auf. Der Junge imitiert ihn. Sein Aussehen, seine Stimmung, sein Gang, all das sind die Reproduktionen seiner einzigen verlässlichen Welt, in welcher er gelebt hat.

Im Rahmen der Betreuung in der Erziehungsstelle wurde zunächst auf eine Verhaltensänderung durch einfache Interventionen gesetzt. Eine probate Methode war paradoxe Intervention. Zum Beispiel wurde Fred, wenn er sein Mittagessen herauswürgte, zu einem weit entfernten Weidepfahl geschickt, um sich dort zu übergeben. Wenn er dort ankam, hatte er seine Absicht zu würgen und zu erbrechen schon weitgehend vergessen, so dass es nicht mehr dazu kam. Auch durch Gespräche und Verstärkung von angepasstem Verhalten wurde versucht, den Jungen ein Verhaltensmuster zu lehren, mit dem er in seiner jetzigen Umwelt, mit den neuen Menschen, leben konnte.
Fred verstand schnell und hatte die Möglichkeit, sich zeitweilig angemessen zu verhalten. Dieses schaffte Zeiten von Entspannung und Zusammenleben in seiner Erziehungsfamilie.
Wenn nun nicht Bärchen und Karlchen wären. Bärchen imitierte immer wieder die Welt des Vaters, und Karlchen sehnte sich nach seiner Mutter. Beide Figuren waren hilflose Kinder im Alter zwischen einem ½ und 2½ Jahren in dem Körper eines siebenjährigen Jungen. Die Begegnung der Welt von Fred mit der Welt von Karlchen und Bärchen ist für die Erziehungsfamilie hochgradig anstrengend und belastend.
Karlchen und Bärchen erleben, dass sie, wenn sie bei Tisch würgen, hinausgeschickt werden, um das Essen in der Wiese oder auf der Toilette zu er-

brechen. Sie erleben, dass sie, wenn sie sich zurückziehen und „alter, kranker, depressiver Mann" sind, dieses alleine sind, in dem Zimmer von Fred.
Sie erleben auch, wenn sie Baby sind, dass sie in den Arm genommen werden und kuscheln.

Für die Erziehungsfamilie ist dieses Erscheinungsbild eine emotionale Achterbahnfahrt. Es ist ungeheuer anstrengend, in der Familie mit zwei Maßstäben zu leben. Die eigenen Kinder im Alter von neun und elf Jahren haben andere Verhaltensmuster und in manchen Bereichen bereits eine andere Selbstständigkeit erreicht. Alleine das Fernsehen ist ein Problem. Der 'Alltags-Fred' könnte, wie die anderen Kinder der Familie, ohne Aufsicht fernsehen. Die beiden anderen, Karlchen und Bärchen, können das nicht. Letztgenannte sind süchtige Wesen, die ganz im Fernsehen aufgehen und sich darin vergessen. Sie wissen beide nachher nicht mehr, was sie gesehen haben.
Da Fernsehen aber eine Art von Schlüsselreiz bei Fred ist, um Bärchen und Karlchen auf den Plan zu rufen, ist auch für Fred Fernsehen nur sehr begrenzt und unter Kontrolle möglich.

Das Gleiche gilt für Besuchskontakte zu seinen Eltern. Wenn Fred seine Mutter besucht, der Vater steht zur Zeit wegen seiner geringen Fähigkeiten nicht zur Verfügung, so geht er als Fred dort hin und kehrt als Karlchen zurück.

<u>Klarheit</u>
Wir haben erfahren, dass Fred lange Zeit glaubte, er werde wieder zu seiner Mutter und seinem Vater zurückkehren. Das hinderte ihn massiv daran, als Fred in seinem jetzigen Leben in Erscheinung zu treten. Mit dem Vater arrangierten wir einen Besuchskontakt in meinem Büro. Fred kennt es schon seit Beginn seiner Vermittlung.
Sehr ernsthaft haben die Erziehungsstellenmutter, der Vater und ich mit ihm darüber gesprochen, dass er nun für immer in der Familie bleiben soll und nur noch manchmal zu Besuch bei seinem Vater sein wird. Fred hörte bei diesem Termin zunächst zu, dann warf sich Bärchen auf die Erde, zog den Anorak über seinen Kopf und lutschte an seinem Daumen. Leise summte er in sich hinein. Er signalisierte uns: "Ich verstehe euch nicht." Wir brachten das Gespräch als Erwachsene in seiner Gegenwart so zu Ende, dass alles gesagt wurde, was zu diesem Thema zu sagen war.
Der Vater informierte Bärchen noch darüber, dass er weiter zu Besuchen

kommen werde. Die Mutter sei aber so krank, dass sie im Augenblick nicht zu ihm kommen könne. Bärchen wurde dabei ganz ruhig und hörte zu. Die Jacke behielt er über dem Kopf.
Zu Hause sprach Fred nicht über diese Geschichte. Als Bärchen wurde er immer wieder ein ganz kleiner Junge und weinte viel. Er ließ sich trösten.

Als die Mutter etwa ein ½ Jahr später aus dem Krankenhaus entlassen wurde, hatte sie eine lang anhaltende Depression überwunden und war zu dem Zeitpunkt trocken. Die Rückkehr wurde auch für Fred nötig, da der Vater immer mehr abbaute und die Kontakte mit Fred nicht mehr realistisch einschätzte. Je schwächer er wurde, um so mehr glaubte er, längere Kontakte mit Fred durchführen zu können. Dabei war er gesundheitlich schon so schwach, dass er Mühe hatte, Fred nach einem zwei Stunden dauernden Besuch zum Auto der Pflegeeltern zu bringen.

Auch mit der Mutter und Karlchen wurde ein Gespräch zur Klärung der Situation geführt. Die Mutter erklärte Karlchen, dass sie sehr krank sei und nicht für ihn sorgen könne. Sie wünsche aber, dass er in der Familie leben solle und dass es ihm dort gut gehe. Auch diese Botschaft wollte Karlchen nicht hören. Fred hat hierauf positiv reagiert. Er übernahm bei Karlchen und Bärchen die Führung.

Fred ist in der sicheren Situation, dass seine Eltern wünschen, er soll in dieser Familie sein. Wenn er es braucht, oder wenn es durch irgendwelche Schlüsselreize ausgelöst so ist, dass Karlchen und Bärchen aktiv werden, dann wird in der Familie deren Existenz zwar geduldet, aber nicht gefördert. Wenn es so ist, dass er sich in ein kleines Kind verwandelt, das noch einmal Fürsorge und Halt braucht, so wird dieses von der Familie gegeben. Der alte, betrunkene und depressive Mann, den Bärchen meisterlich darstellt, wird in das Kinderzimmer verbannt, wo er sich mit sich selber beschäftigt, bis er befreit wird oder sich selber befreit.

Es ist so, dass zu einem angemessenen Umgang mit diesem „Trio" die Situation um Fred zu verstehen war. Die Eltern waren selber bereit, ihre eigene Lebenserfahrung sowie die ihres Kindes zu schildern. Für Fred wird es sehr schwierig werden, sich in seiner Welt zurechtzufinden. Die Erziehungsstelle kann ihm nur helfen, als der, der er ist, mit der Situation, in der er lebt, so zu leben, dass er nicht verrückt wird. Fred muss immer wieder auch zu

Karlchen und Bärchen werden dürfen.
Er holt sich auf diese Weise Gewissheit, dass es ihn wirklich gibt. Seine Erfahrung ist keine Fantasie, sondern sehr real. Sein Wissen um diese Welt beginnt bereits vor der Geburt.
Er war der Protest seiner Mutter gegen eine missglückte, alkoholdurchtränkte Beziehung, voller Streit und Enttäuschung. Er wurde zum Karlchen Helden, der die Welt und die darin enthaltenden Feinde als Judoka besiegt. Er war Bärchen, der depressive, den Vater kopierende, seibernde alte Mann.
Wir wollen ihm helfen, Fred zu werden, der Junge, der auch Freude am Leben hat und Freunde gewinnt.

Zur Zeit geht Fred in die Grundschule. Er ist dort das bekannteste Kind. Ob er dort bleibt oder ob er in absehbarer Zeit in die Sonderschule für lernbehinderte Kinder wechselt, bleibt abzuwarten. Fred ist ein Kind, das die erforderlichen intellektuellen Kapazitäten hatte, in eine normale Grundschule zu gehen. Sein Verhalten ist aber im Unterricht so auffällig, dass er die Lehrer an die Grenzen ihrer Möglichkeiten bringt. Auch ist der Wechsel zwischen Fred und Karlchen in der Schule schwierig. Sein Widerstand hilft ihm im Unterricht nicht weiter, auch nicht seine überdrehte Euphorie.
Fred ist bei seinen Mitschülern durchaus beliebt. Es gibt zwei Mädchen, die ihn gerne bemuttern, was er auch zeitweilig geschehen lässt. Allerdings bemerkt er ganz langsam auch, dass Fred, wenn er die Oberhand hat und nicht hilflos ist, sich in der Schule und zu Hause wohler fühlt. Fred übernimmt langsam ein wenig die Verantwortung für das Leben.
Es kann möglich sein, dass Fred in nicht allzu langer Zukunft psychotherapeutische Begleitung erhält. Diese Unterstützung könnte Bärchen und Karlchen vielleicht helfen, ihre Existenz aufzugeben und Fred erlauben, so zu leben, wie er sein kann.

Der wichtige Schritt, der gegangen werden musste, um überhaupt mit Fred zu arbeiten und zu leben, war, die Erlaubnis und Erklärung der Eltern an den Jungen.
Die Situation war für beide Eltern nicht einfach. Auch die Erziehungsstellenmutter, die an diesen Gesprächen beteiligt war, war emotional aufs Äußerste angespannt. Trotz allem bleibt das Problem zu lösen: Wie soll der Junge, der bis dahin von einer Hand zur nächsten ging, glauben, dass da nun für ihn ein Ort ist und Menschen da sind, die bleiben werden? Wie soll er glauben, dass es sich wirklich lohnt, diesen gefährlichen Weg zu gehen, auf

dem sich seine Sicht von der Welt verändert? Könnte es nicht sein, dass Fred der Verrückte und Karlchen und Bärchen diejenigen sind, welche die Welt verstanden haben? Wie soll er denn glauben, dass die Welt, welche ihm die Eltern gegeben haben, eine ist, mit der man nicht leben und überleben kann?
Ich denke, dass für Fred gute, hilfreiche Wege gegangen wurden und dass für ihn noch sehr viele Schritte erforderlich sind. Zur Zeit beginnt er, sein Zimmer zu leeren. Er wirft alles hinaus, was nicht unbedingt zu ihm gehört. Es scheint so, als besinne er sich stärker auf sich selbst als Fred.

Für die Kinder ist es wichtig, dass der Mechanismus erkannt wird, in dem sie reagieren. Es ist wichtig für sie, dass Pflegeeltern und Fachberater wissen, dass sie zeitweilig nicht in deren Kommunikationsform agieren, sondern auf eine andere Erfahrung zurückgreifen. Es ist wichtig zu wissen, dass wir nicht immer persönlich gemeint sind, sondern die Muster, die uns vertraute Reaktionen hervorrufen, bei einem Pflegekind völlig andere Reaktionen auslösen.

Mit den Erziehungsstelleneltern diesen Stand der Dinge zu erreichen, war eine sehr interessante und zum Teil auch anstrengende Arbeit. Besonders hilfreich habe ich hierbei die Arbeit in der Gruppe der Erziehungsstelleneltern erlebt.
Diese Gruppe ist das Forum für die Erziehungsstellen, die von mir betreut werden. Hier können alle Fragen oder Probleme präsentiert werden, die in der Erziehungsstelle oder untereinander auftreten. Die Teilnahme ist verpflichtend.
Hier haben die Betroffenen die Möglichkeit, Fragen zu stellen, bestehende Situationen zu erörtern und gemeinsam die Verhaltensmuster der betreuten Kinder verstehen zu lernen.
Wir lernen alle mit jedem Kind und mit jedem Muster, das innerhalb der Familien entsteht oder in Erscheinung tritt. Wir lernen alle voneinander.

Normen und Werte

Die unterschiedlichen Kommunikationsmuster beinhalten ein Normen- und Wertesystem, das mit der derzeitigen Situation nicht harmoniert.
Wie Fred zeigt, sind die Erfahrungen der Menschen sehr relativ. Ihre Nützlichkeit zeigt sich in der Funktionalität der gewonnenen Erkenntnis oder der erworbenen Fähigkeiten innerhalb der Welt, in der wir leben und in der wir dieses Erfahrungswissen reproduzieren.

Wir kennen in unserer Arbeit Kinder, die in unterschiedlichen Welten zu leben gelernt haben. Sie leben gleichzeitig in der Welt, in der sie groß geworden sind und in der Welt, die ihnen neue Techniken zum Überleben vermittelt. Es kommt naturgemäß zu Konflikten in dem Kind, da diese Erfahrungswelten oft nicht miteinander harmonisierbar sind. Die bestehenden Normen und Werte, aber auch die Weltanschauungen sind unterschiedlich.

Georg

Georg wurde von mir vor jetzt 1¼ Jahren in eine Erziehungsstelle vermittelt. Er ist der letzte Spross einer Fabrikantenfamilie. Drogen haben die Mutter und deren damaligen Partner und Vater des Jungen ruiniert. Der Junge lebte während seiner ersten drei Lebensjahre mit seiner Mutter und seinem Vater zusammen im Drogenmilieu. Der Großvater mütterlicherseits ernährte die Familie. Ca. 1 Jahr, bevor ich den Jungen persönlich kennen gelernt habe, kamen zwei junge Frauen in mein Büro. Sie berichteten mir von Georg und erklärten mir ihre große Sorge um ihn. Sie kannten die Umstände um den Jungen sehr genau. Georg war in der Zwischenzeit nicht mehr bei seiner Mutter. Diese hatte sich von seinem Vater getrennt und verbrachte ihre Zeit in einer süddeutschen Großstadt. Sie behauptete gegenüber ihrer Familie, dort eine Therapie zu machen.
Während der Therapiezeit sollte die Urgroßmutter die Betreuung für Georg übernehmen. Sie tat ihr Bestes und brachte ihn über die Zeitung in den unterschiedlichsten Familien in unserer Stadt unter. Der Junge retardierte stark. Er verlernte zu sprechen und fiel in vielem zurück. Die beiden Frauen baten mich, etwas für das mir nicht bekannte Kind zu tun.

Ich schrieb über dieses Gespräch einen ausführlichen Bericht an den Sozialdienst. Es verging ungefähr ein Jahr, bis ich wieder von Georg hörte. Eine Pflegemutter aus meinem Bezirk rief mich an. Sie hatte das Kind von Bekannten angeboten bekommen. Ihr war die Situation sehr merkwürdig vorgekommen, so dass sie mich informierte. Ein erneuter Bericht an den Sozialdienst erfolgte. Ein weiteres Jahr verging. In der Zwischenzeit war der Junge erneut mehrmals in unterschiedlichen Familien.

Über einen anderen Sozialdienst erfuhr ich erneut von Georg. Die Kollegin, die mit ihm zu tun hatte, war über die Mutter und den Großvater nach einer möglichen Unterbringung für den Jungen befragt worden. Zudem hatte sich

ein integrativer Kindergarten[32] gemeldet und den Zustand des Jungen und seine Versorgungssituation als dramatisch geschildert. Die in der Zwischenzeit weit über 80 Jahre alte Urgroßmutter war mit dem Kind völlig überfordert und so musste selbst die Familie des Kindes kurz vor der Grundschulzeit einsehen, dass etwas für den Jungen getan werden musste. Der Bericht des Kindergartens besagte, dass Georg ein Kind sei im Randbereich zur geistigen Behinderung. Diese Aussage wurde durch ein psychologisches Gutachten gestützt.
Die drogenabhängige Mutter sah eigentlich überhaupt keinen Bedarf, etwas für das Kind zu tun. Urgroßmutter tat so, als ob ihr der Zustand des Jungen entgangen wäre. Die Ignoranz dieser Familie dem Problem des Kindes gegenüber war erheblich. Aus ihrer Sicht war der Junge normal. Sie unterstellten den beteiligten Helfern böse Absichten. In umfassenden Gesprächen mit der Ursprungsfamilie, Mutter, Urgroßmutter und Großvater wurde dort die Einsicht in die Notwendigkeit der Fremdplatzierung des Kindes geschaffen.
Im Hilfeplanverfahren wurde die Hilfe zur Erziehung als Unterbringung in einer Erziehungsstelle festgeschrieben.

Als ich Kontakt mit Georg aufnahm, um ihn zu vermitteln, hatte ich eine in meiner Berufserfahrung ungewöhnliche Begegnung mit ihm: Ich besuchte ihn zum Kennen lernen bei seiner Urgroßmutter. Georg begrüßte mich zunächst mit Handschlag „artig", so, wie ich es aus alten Filmen kenne. Die alte Frau lud mich zum Kaffee ein und bot mir als Sitz die Couch an.
Kaum saß ich auf dieser Couch, so kam Georg hinzu. Er kroch mir von der Seite mit seiberndem, weit geöffnetem Mund über den Schoß, so dass ich von dieser Situation angeekelt war. Ich schob ihn beiseite und belehrte ihn, dass ich das nicht möchte und es auch nicht in Ordnung ist. Die Urgroßmutter bemerkte das Verhalten erst, als ich mich dagegen wehrte. Sie schien es bis dahin völlig normal zu finden. Nun verstand ich auch, warum die Erzieher im Kindergarten immer wieder bemerkten, dass Georg sich auf andere Kinder warf und diese ableckte. Dieses Verhalten habe ich als stark sexualisiert empfunden. Diagnostisch war aber bis dahin noch keine Rede vom Verdacht eines Missbrauchs.
Da die Urgroßmutter dieses Verhalten offensichtlich normal fand, hatte ich erhebliche Zweifel daran, ob wir bei einer Störung dieses Kindes inhaltlich und qualitativ von den gleichen Dingen sprechen.

Offensichtlich sind die *Normen* dieser Familie und deren *Werte* völlig anders als diejenigen, die innerhalb meiner Arbeit verwirklicht werden sollen.

Wir fanden eine geeignete Familie. Der Erziehungsstellenvater ist Sonderschulpädagoge. Er kennt sich gut mit dem Erscheinungsbild aus, das Georg präsentiert. Die Ehefrau hat Erfahrungen mit Pflegekindern und ist sehr kompetent im Umgang mit Erziehungssituationen.
Im Rahmen der Hilfeplanung wurden Besuchskontakte festgelegt und Ferienzeiten zu gemeinsamer Urlaubsgestaltung mit der Uroma sowie dem Großvater eingeräumt.

Georg entwickelte sich innerhalb kürzester Zeit extrem schnell. Er wurde mit sechs Jahren vermittelt. Er wurde nicht weiter in einem Kindergarten betreut, sondern normal eingeschult. Die Einschulung erfolgte ein ¼ Jahr nach den Kindern gleichen Alters. Innerhalb der ersten drei Monate holte er den versäumten Stoff der 1. Grundschulklasse auf, in die er eingeschult wurde. Die Einstellung der Erziehungsstelle war von Anfang an die, dass es sich bei Georg um ein durchaus intelligentes, aber nicht gefördertes Kind handelte. Sie behielten recht.

Die Einstellung der Ursprungsfamilie findet in ihrer Haltung zu den in Hilfeplangesprächen getroffenen Vereinbarungen ihren Ausdruck. Wir vereinbaren immer solche Dinge miteinander, die aus der Sicht der Erziehungsstelle für den Jungen noch vertretbar sind. Die Herkunftsfamilie ist sehr bemüht, Georg häufig bei sich zu haben. Die Erwachsenen der Familie sind gewohnt, sich gegenseitig verbindlich etwas zuzusagen, es aber dann anders zu machen. So versucht diese Familie immer wieder, sich außerhalb der Vereinbarungen Sonderabsprachen zu verschaffen. Es ist ein Problem, dass die Familienmitglieder sich aufgrund ihres gewohnten sozialen Status den Erziehungsstelleneltern überlegen und damit nicht an Vereinbarungen gebunden fühlt. Verbindlichkeit existiert für sie nicht.

So haben wir zum Beispiel die Vereinbarung, dass Georg seinen Vater wiedersehen kann, wenn er dieses wünscht. Ein solcher Kontakt sollte dann aber innerhalb des Jugendamtes stattfinden. Ebenso sollte dieser Kontakt so vorbereitet sein, dass der Junge ihn problemlos verarbeiten kann. Diese Vereinbarung wurde insbesondere deshalb getroffen, da die Familie immer wieder erklärte, wie gewalttätig und unberechenbar dieser Vater sei.

In den letzten Monaten des vergangenen Jahres war Georg manchmal seltsam. Er wirkte bedrückt und äußerte mehrmals, dass er etwas nicht sagen könne, es sei ein Geheimnis.
Nach einem Termin bei einem Therapeuten, zu dem ich seine Erziehungsstellenmutter begleitete, holten wir ihn von deren Tochter ab. Im Auto äußerte er gegenüber der Erziehungsstellenmutter und mir, dass er gerne seinen Vater sehen möchte und fragte nach, ob ich ihm hierbei helfen werde. Natürlich sagte ich zu.
Gegen Ende des Jahres hielt es Georg nicht mehr aus. Die Erziehungsstellenmutter hatte ihm gesagt: sie glaube, er habe seinen Vater bereits gesehen. Das genügte. Er berichtete, dass er bereits mehrmals nach den Sommerferien mit seinem Vater zusammengetroffen sei. Der fürsorgliche Großvater hatte ihn hierbei begleitet.

An sich ist das kein großes Problem. Das Redeverbot, das Verschweigen und die daraus resultierende Not des Kindes sind ein Problem. Eine weitere Folge ist der erhebliche Vertrauenseinbruch gegenüber der Ursprungsfamilie auf der Seite der Erziehungsfamilie.
Die Erziehungsstelle hat das Gefühl, einer bourgeoisen Vorstellung von oben und unten ausgesetzt zu sein, in der die Ursprungsfamilie sie als Personal sieht. Die Ursprungsfamilie verhält sich so, als ob sie außerhalb der Vereinbarungen stehe. Es entsteht der Verdacht, dass es dem Jungen nicht erlaubt ist, sich innerhalb der Erziehungsstelle wohl zu fühlen und zu Hause zu sein. Dieses ist aber das Anliegen der Erziehungsstelle, damit neben den Überlebenstechniken und der intellektuellen Schulung auch moralische und ethische Werte an das Kind vermittelt werden können. Wenn aber diese Vermittlung von Werten nicht möglich ist, so entsteht die Frage: Ist dann nicht die intellektuelle Förderung und das Vermitteln der allgemeinen Verhaltensnormen contraindiziert zu der Erziehungsabsicht? Lohnt es sich, einen Parasiten heranzuziehen, der über Leichen geht, wenn er seine Interessen durchsetzen will?
Die Erziehungsstelle ist an einem Punkt angelangt, an dem eine Klärung wegen der offensichtlich sehr unterschiedlichen Normen und Werte erfolgen muss, will sie sich nicht der Strategie der Familie, die den Jungen ja in seine schwierige Situation brachte, beugen.

Für diese Erziehungsstelle ist die Klärung solcher Fragen im Gruppenprozess sehr hilfreich. Die unter Umständen erlebte Verunsicherung kann durch eine

Überprüfung der eigenen Haltungen und Wertvorstellungen mit anderen hilfreich sein und die eigene Richtung überprüfen und eventuell festigen.

Die letzte Schilderung Georgs durch die Erziehungsstellenmutter bestätigte den Verdacht früher analer Manipulationen an dem Kind.
Georg hat die Angewohnheit, lange auf der Toilette zu verschwinden. Er stöhnt dann laut, so, als ob er seinen Stuhl mit Gewalt herausdrückt. Ein ca. fünf cm langes Darmende stülpt sich jeweils heraus, wenn er Stuhlgang hat. Bislang konnte die Erziehungsstelle nicht in Erfahrung bringen, warum dieses so ist. Kürzlich betrat die Erziehungsstellenmutter die Toilette, als Georg dort saß und vor sich hin stöhnte. Er manipulierte gerade seinen Po mit dem Finger, um den er sich eine große Menge Toilettenpapier gewickelt hatte. Zur Rede gestellt, wie er dazu komme, das zu tun, antwortete er, das sei völlig normal, alle Menschen täten das und außerdem sei es so schön heiß, wenn er das tue. Er schob sich den Finger mit dem Toilettenpapier in den Po.
Natürlich verfestigt sich der Verdacht sexueller Manipulationen an diesem Kind in der Zeit vor der Vermittlung. Wir erhoffen uns, dass im Rahmen der angesetzten psychologischen Begleitung das Thema eventuell gut diagnostiziert wird. Sollte der Verdacht zutreffen, so könnte der Zugang zum Täter, den wir nicht kennen oder vermuten können, unterbunden werden, falls er noch besteht.

<u>Kommentar</u>
Die oben genannten Kinder haben alle eine umfassende Destabilisierung oder Verletzung erlebt. Die beschriebenen Lebensabläufe sind oft verworren und wenig durchschaubar. Die Möglichkeiten der Kinder, eine verlässliche Umwelt zu erleben mit konstanten Beziehungen und eindeutigen Bindungen sind sehr begrenzt.
Auch nach der Vermittlung in die Pflegefamilien haben die meisten Kinder noch Erfahrungen von Verunsicherung, Verletzung und Entwürdigung erlebt. Sie hatten keine Erlaubnis, ihr eigenes Leben zu leben, sondern waren in hohem Maße fremd bestimmt. Ihre Erfahrung ist es, dass über sie verfügt und ihre Individualität nicht akzeptiert wurde. Sie mussten den Interessen oder Vorstellungen der jeweiligen Erwachsenen folgen. Ihre Ursprungserfahrung ist, dass sie von lebensunfähigen und nur begrenzt zur Zuneigung und Fürsorge fähigen Menschen geboren und aufgezogen wurden.
Es gab immer eine große Zahl von Helfern, die mit all ihrem Sachverstand, aber auch mit gutem Willen und sehr viel Kraft versuchten, das Beste für die

ihnen anvertrauten Kinder zu tun. In vielen Fällen ist dieses auch gelungen.
Die Erkenntnis dieser Arbeit ist, dass wir durchaus versuchen können, den Kindern zu helfen. Wir versuchen, diesen Kindern das Leben so gut wie es möglich ist zu gestalten. Wir können aber nicht die Unwägbarkeit des Lebens voraussehen. Wir erleben, dass Kinder in Familien leben, von denen wir glauben, es sei eine helfende, das Kind unterstützende Familie. Und doch, das Kind erlebt die Streitereien, die Probleme und auch in einigen Fällen den Zerfall.
Es gibt keine absolut gute, bereinigte Situation. Wenn wir diese wünschen, so müssen wir sterben. Es gibt aber die Möglichkeit, für ein geschädigtes Kind den Platz zu suchen, an dem es nicht weiter geschädigt wird und an dem es eine Chance zur Regeneration hat. Die Antworten auf seine Fragen nach seiner Identität und Entwicklung helfen dem Kind, sich zu verstehen und sich als Souverän in seinem Leben wiedereinzusetzen. Diese Fragen werden dort beantwortet, wo das Kind lebt, von den Menschen, mit denen es lebt.

Bei allen Kindern, mit denen ich zu tun hatte, fiel mir auf, dass die Themen Identität und Zugehörigkeit von sehr großer Bedeutung waren. Physiognomisch war fast immer eindeutig erkennbar, dass das Kind seine eigene Herkunft hatte. Auch seine Anlagen waren anders, als es in seiner Pflegefamilie üblich war. Von dem Kind wurde häufig trotz allem verlangt, dass es sich seiner Pflegefamilie anpasste und sich integrierte, also mit dieser Familie verschmolz. In vielen Fällen sicher ein probates Mittel, solange der Mensch klein ist.
Trotz dieser Erwartung an das Kind, die es sicher auch gerne erfüllen würde, gelingt es ihm häufig nicht.
Wie ich werden viele Kollegen festgestellt haben, dass die Ignoranz gegenüber den Eigenarten des Pflegekindes bei diesem heftigste Gegenreaktionen auslöst. Für mich ist der Versuch der Integration auf diese Weise eine Störung an sich. Die Eigenarten eines Kindes und seine individuellen Möglichkeiten, aber auch seine Einschränkungen, sind eines seiner ureigensten Güter und bedürfen der besonderen Rücksicht. Ein Kind kann und darf nicht von sich und seiner Art und Weise entfernt werden. Es kann nicht die Aufgabe sein, die individuellen Eigenarten eines Menschen zu beseitigen oder zu ignorieren. Vielmehr ist es unsere Aufgabe, die uns anvertrauten Kinder auf einfache, einfühlende Weise zu einem neuen Verständnis ihrer Person und ihrer Situation zu bringen.
Die angehäuften Schuld- und Versagensgefühle müssen in einen verstehbaren

Kontext gebracht werden. Die Sehnsucht des Kindes, sich selber zu verstehen, sollte, soweit es möglich ist, gestillt werden. Hierzu gibt es die Hilfen von klassischen Therapeuten oder aber Fachberatern. Es ist deren Aufgabe, mit Kindern über diese Dinge zu sprechen und so neues Verstehen herbeizuführen.
Hierbei ist Verstehen zu den Themen:
- Traumatisierung und Verarbeitung,
- Rekonstruktion der Lebensgeschichte von Kindern mit biographischen Brüchen,
- Harmonisierung von Kommunikationsmustern unterschiedlicher Inhalte und Qualität

wichtige Voraussetzung in der Arbeit der beteiligten Fachleute.

*

Kapitel VII

Natürlich ist es so, dass die Unzulänglichkeit der Familien und der allgemeinen menschlichen Fähigkeiten auch die Frage nach dem Konzept „Familie in der Jugendhilfe" aufwerfen.

Das Konzept 'Familie'

Ich kenne Menschen, die, sicher gut meinend, behaupten, die Familie habe sich als Zelle der Gesellschaft überlebt. Ich frage mich, welche Zelle ist es dann, die diese Gesellschaft erhält? Werfen wir nicht vorschnell etwas weg, das uns seit Anbeginn des Lebens begleitet? Die Zugehörigkeit zu einer Familie, einer Gruppe, einer Stadt, einem Volk, der Menschheit, dem Leben, ist unser Gut an sich in dieser Welt. Ohne diese Zugehörigkeit wären wir nicht. Werfen wir nicht etwas weg, ohne die Alternative zu kennen?
Niemand überquert den Fluss, ohne seine Trittsteine zu kennen, es sei denn, er ist lebensunfähig oder lebensmüde.

Sicher, es ist zu erkennen, dass dieses Konzept des Zusammenlebens zur Zeit wenig in Mode ist. Aber, es scheint auch nicht modern zu sein, Kinder zu bekommen und diese großzuziehen.
Die Lebensgewohnheiten verändern sich. Die veränderten Denk- und Empfindungsmuster werden die Bedürfnisse der Menschen nach Wärme und Nähe auf Dauer nicht befriedigen.
Wir können nicht dauerhaft Kinder bleiben, die im Uterus der Genüsse uns selber befriedigen. Wer das tut, wird irgendwann aufwachen und sehen, dass da niemand nachgewachsen ist, dessen Seele, Körper, Geist dem eigenen ähnelt. Da wird kein Mensch sein, der Geburt und den Tod mit ihm teilt - armer Mensch.
Dieser ist das Ende der Milliarden Jahre Bemühungen dieses Kosmos, eine endlose Folge von Leben auch in der Form Mensch zu gestalten. Alleine sein, ohne Partner, Familie, Bruder, Schwester, ohne alltägliche Streitereien, die zu reifen helfen, ohne Liebe und Verzicht zugunsten eines lieben Menschen? Neue Welt, - arme Welt!
Dann vielleicht doch besser die Suche nach dem Sinn in all der Gewalt, nach der Möglichkeit, die Menschlichkeit in all diesem grausamen Spiel wiederzuentdecken.

Ich wünsche mir Menschen, Freunde, Kollegen, Männer und Frauen, Gelbe, Rote, Schwarze und Weiße, in allen Professionen jeder religiösen Richtung, die eine Vision haben von der leidenden und trotzdem aufstrebenden Menschheit. Menschen, die sich darum kümmern, die groben Verletzungen zu lindern und die helfen, den Herzweg der Menschheit zu erhalten.

In allem oben Geschilderten wird für mich sichtbar: Die Menschheit ist immer auf allen Entwicklungsstufen gleichzeitig. Ich frage mich nur, welches Gesicht sehen wir denn in der Zukunft, wenn wir nicht die Versöhnung und Ausheilung anstreben?

Bei allen Schwierigkeiten und Unmöglichkeiten glaube ich, dass das Konzept der Familie das Tragfähige in dieser Gesellschaft ist. Ich denke, es ist vieles eine Frage der Einbindung, der Kommunikation, der gegenseitigen Hilfe, Akzeptanz und Unterstützung, die es ermöglicht, zu überleben und einen großen Teil der Störungen auszuheilen. Ich bin davon überzeugt, dass nur in festen, lebendigen Verbindungen die Menschen ausreichende emotionale und soziale Unterstützung und Korrektur erfahren, die ihnen hilft, das Leben auf befriedigende Weise auch unter schwierigen Bedingungen zu meistern.
Die menschliche Gemeinschaft sollte Schutz, Sicherheit, Vertrauen, Kraft, Ideen, Freiheit, Entwicklungschance und natürlich das Überleben unter wertschätzenden Bedingungen bieten.
Ich erlebe, dass das gegenseitige Vertrauen in diese Grundtugenden des Zusammenlebens schwindet.

In meiner Arbeit mit Familien habe ich erlebt, wie tiefe Freundschaften entstanden sind. Ich habe erlebt, wie fremde Menschen gelernt haben, sich zu lieben und bis in den Tod zu begleiten. Ich habe erlebt, wie Familien bis an die Grenzen der Belastbarkeit gegangen sind, um einem Kind zu helfen. Ich habe Kolleginnen und Kollegen erlebt, die in wunderbar menschlicher Art und Weise mit gestörten Situationen und auch untereinander umgingen.
Ich bin sicher, dass wir immer weitergehen in der Richtung, „Menschen werden".

Lebensraum – Familie

Wenn wir heute von Familien reden, so meinen wir sehr unterschiedliche Formen des Zusammenlebens. Diese Unterschiedlichkeit bezieht sich auf

Personen, Geschlecht, Alter, Zeit und Interessenslagen. Wir haben in der Regel Familiengemeinschaften mit unterschiedlicher Altersstruktur und mit Männern und Frauen beziehungsweise Mädchen und Jungen.
Selten leben heute drei Generationen unter einem Dach, und oft ist die Elterngeneration bereits in mehreren unterschiedlichen Familien organisiert gewesen.
Die Erwartungshaltung, dass die Elterngeneration dauerhafte Bindungen und damit Verbindlichkeit in den Beziehungen lebt, wird oft enttäuscht. Eltern gehen auseinander, die Kinder haben nicht die Gewährleistung von Schutz und Hilfe in den Alltagsfragen, welche die Beziehungen zu Freunden, Schule und die darin üblicher Weise stattfindenden Freuden und Konflikte betreffen.
Die Menschen haben heute oft nicht mehr die Vertrauenschaffende Sicherheit ihrer Beziehungen. Sie wissen immer mehr, dass die Solidargemeinschaft der Familie, der Gruppe, der Religion, der Stadt, des Staates zerfällt.

Die Beziehungen zwischen Männern und Frauen als Grundlage familiärer Systeme sind nicht gelernt. Der Umgang miteinander ist nicht mehr geübt und mit Angst besetzt. Die Bedürfnisbefriedigung steht im Vordergrund und damit die Angst zu versagen, als Partner nicht gut genug zu sein.
Die Vorbilder für Partnerschaften und das Leben werden nicht aus dem eigenen Umfeld durch Erfahrung übernommen, sondern aus den Medien nachgeahmt. Die dazu gehörenden sozialen und emotionalen Kompetenzen werden nicht entwickelt.

Die wenigen Lebensgemeinschaften, die nicht vorübergehend, sondern von den Beteiligten auf Dauer angelegt sind, werden durch ökonomische Benachteiligung durch den Staat und die Gesellschaft massivem Druck ausgesetzt. Überlebensfähiger sind Lebensformen, die nicht den Anteil der Fürsorge für das Ganze entwickelt haben, sondern solche, in denen sich der Einzelne ohne Rücksicht auf die Gemeinschaft durchsetzt.
Familien tragen als die ökonomisch schwächeren Lebensgemeinschaften die Hauptlast bei Preissteigerungen, Steuererhöhungen sowie im Verteilungskampf um die besser dotierten Arbeitsplätze. Sie sind als die ökonomisch belasteten oft weniger leistungsfähig in Bezug auf die Wahl der Fortbildungen und Qualifizierungen, wenn diese Maßnahmen von ihnen selbst finanziert sind. In bestimmten Berufen werden die Männer nachrangig behandelt, die Frauenquote erfordert die Stellenbesetzung mit weiblichen Personen.
Familien, die ihre Kinder möglichst selber betreuen, erleiden eine zusätzliche

Benachteiligung, da nur ein Einkommen zur Verfügung steht. Diese Familien sind im Freizeitverhalten, in den Regenerationsmöglichkeiten und in den beruflichen Aufstiegschancen des Verdienenden eingeschränkt. Für die nachfolgende Generation ist das nicht unbedingt ein Leitbild, dem gefolgt wird. Hinzu kommt, dass die Altersversorgung der Eltern solcher Familie von nur einem Rentenempfänger abhängig ist und damit eine Verarmung im Alter zu erwarten ist. Hieran wird auch die private Altersvorsorge nichts ändern, bietet sie doch nur dem relativ gut verdienenden die Möglichkeit, tatsächlich ausreichendes Kapital anzusparen.

Wenn diese Benachteiligung nicht durchschlagen soll, so werden in Zukunft noch mehr Familien mit zwei berufstätigen Eltern leben als bisher. Die Anzahl der traditionell durch einen Elternteil betreuten Kinder wird abnehmen. Diese Kinder werden nicht durch Menschen innerhalb ihrer Familien, sondern in der öffentlichen Versorgung aufgefangen.

Die Anspannung im familiären Alltag wächst, denn die Belastungen nehmen nicht ab. Sie werden angesichts des Aufgabenzuwachses und der zu erwartenden weiteren Belastungen größer. Der Umgang miteinander ist wegen der geringeren Übungsmöglichkeiten nicht gekonnt. Bereits jetzt sind viele Beziehungen den wachsenden Alltagsbelastungen nicht gewachsen. Viele Familien zerbrechen. Dieser Trend wird noch stärker werden.

In diesem zerfallenden sozialen und emotionalen Umfeld werden sich die Beziehungen und menschlichen Bedürfnisse neu ordnen und ausdrücken. Wir erleben jetzt eine ständig wachsende Zahl alleine lebender Menschen und von Paaren ohne Kinder. Die Partnerschaften sind kurzlebiger, die Fähigkeiten, im Alltag mit anderen Menschen akzeptierend umzugehen, werden geringer. Wie sich diese Trends langfristig auswirken, kann nicht gesagt werden.

Auswirkungen auf das bestehende Potential zur Aufnahme eines Pflegekindes

In dem soeben beschriebenen Feld befindet sich das Potential zur Aufnahme eines Pflegekindes. Die Erfahrung zeigt, dass nur selten ein einzelner Mensch in der Lage ist, mit einem Pflegekind zu leben. Die Vorerfahrung des Kindes erfordert eine umfassende, gegenseitige Reflexion des Verhaltens der Pflegeeltern untereinander im Alltag. Diese Verhaltensreflexion und das Relativieren des Erlebten durch immer wiederkehrenden Austausch findet bei Einzelpersonen nicht statt.

Solch' ein Austausch ist nicht nur Mittel zur eigenen Unterstützung, Stärkung und Überprüfung, sondern hat als kommunikatives Vorbild auch den lernenden und lehrenden Anteil für ein Kind.
Auch stellt dieser Austausch die Steuerungsinstanz für das entstehende, bzw. sich verändernde kommunikative Feld dar, in dem die Pflegefamilien und Erziehungsstellen leben. Diese Funktion erfordert auf der Elternebene eine hohe Rollenkompetenz.

Für ein gestörtes Kind sind wir um ein größtmögliches Maß an Konstanz in den Beziehungen, dem Lebensort und Lebensraum bemüht. Eine solche Konstanz gibt die für eine neue Vertrauensbildung erforderliche Grundsicherheit. Solch eine Grundsicherheit können aber nur noch wenige Menschen als Familien anbieten. Das Potential ist damit erheblich eingeschränkt.
Ein Zahlenbeispiel hierzu: Hatte ich in den 80er Jahren im Jahr häufig 10 bis 15 Familien als Bewerber aus unserer eigenen Stadt für Pflegekinder, so finde ich heute in der Stadt im Jahr vielleicht ein Bewerberpaar und die wenigen anderen in den ländlichen Regionen. Bei meiner derzeitigen Suche nach geeigneten Pflegeeltern fand ich für ein 20 Monate altes Kind zwei Bewerberpaare, die jeweils 70 – 80 km von unserer Stadt entfernt wohnen. Diese Aussage zeigt vielleicht, wie massiv sich die veränderten familiären Lebensbedingungen im sozialen Kontext auswirken.

Auswirkungen für Pflegekinder

Wenn die oben beschriebenen Fakten ernst genommen werden, so können wir heute nicht mehr von dem dauerhaften Lebensraum „Familie" für ein von uns vermitteltes Kind ausgehen.
Wir reden heute bereits nicht mehr von der Familie als sicherem Ort für Kinder, sondern proklamieren den sich ständig wandelnden Raum und Ort als scheinbar ideale Lebensform.
Das mag für einen gutentwickelten, gebundenen Menschen auch eine gute Lebensform sein. Die Frage stellt sich: Wie kommt denn ein Kind damit zurecht? Ein Kind, das sich zunächst von traumatisierenden Ereignissen erholen muss, kann diese Erholung nicht in einem unsicheren Lebensumfeld erlangen. Es kann nicht in ständig sich verändernden Lebensbedingungen existieren, weil dieses nicht seinen Fähigkeiten als Mensch entspricht. Es kann auch nicht mit seinen Alltagsfragen sich selbst überlassen bleiben, weil es zur

Klärung dieser Fragen noch weniger fähig ist, als andere Kinder seines Alters. Es benötigt laufend wohlwollende, konsequente Ansprechpartner, die ausreichend Kapazitäten zur Verfügung haben, sich mit ihm und seinen Fragen zu beschäftigen.
Wenn eine Familie ein traumatisiertes Kind durch die Kindheit begleiten kann, so verbraucht es auch bei einer positiven Entwickelung eine ungeheure Kraft.

Die Erfahrung zeigt, dass das emotionale und soziale Potential der Pflegefamilie auch in einem konstanten Umfeld oft nicht durch die gesamte Kindheit und Jugend eines aufgenommenen Kindes trägt. Es geschieht häufig, dass Pflegekinder während der Pubertät oder auch früher die Familien verlassen. Häufig ist ihr mitgebrachtes Störpotential so bedeutend, dass die geforderte Integrationsleistung in eine Familie nicht aufrecht erhalten werden kann. Um wie viel eher muss dann eine Familie unter erweiterten Variablen und damit unsicheren Entwicklungsbedingungen an die Grenzen der Belastbarkeit mit dieser zusätzlichen Aufgabe kommen.
Familien sind nicht unbegrenzt belastbar. Wenn die Pflegekinder noch klein sind, so werden sie nachsichtiger und toleranter behandelt. Je älter aber ein Kind ist und je deutlicher erkennbar ist, dass die Störung nicht, wie erhofft, im laufe der Zeit abnimmt, sondern nur zeitweilig unsichtbar ist, um so weniger trägt eine Familie das Kind.
Das Kind selber erlebt sein Defizit als persönliches Versagen als Mitglied einer Gemeinschaft. Es kann sich nicht an die üblichen Normen und Werte halten. Es lügt, stiehlt und ist nicht berechenbar. Vereinbarungen gelten ihm scheinbar nichts. Die angebotenen Bindungen werden von dem Kind nicht durch die hierzu gehörenden moralischen Verbindlichkeiten bestätigt.
Ein solches Kind in einer Familie zu halten ist sehr schwierig, zumal der Familienrahmen für das oft in ihr sozial unangemessene Verhaltensmuster sehr eng ist.

Wenn ein solches Kind die Familie verlässt, ist diese Entscheidung für alle eine sehr belastende Situation. Niemand, der sie gewollt hat. Wir erleben in unserer Arbeit, dass eine solche Entscheidung für die Pflegefamilien nicht endgültig ist. Die meisten Pflegekinder halten den Kontakt zu ihren Pflegefamilien.

*

Kapitel VIII

Die Arbeit mit traumatisierten Kindern

Die direkte Arbeit mit diesen Kindern ist nicht als private Angelegenheit der Pflegefamilien und Erziehungsstellen zu sehen. Die Verantwortung hierfür darf nicht den Pflegeeltern oder Erziehungsstellen alleine aufgebürdet werden. Diese Arbeit wird oft von vielen Menschen begleitet.
Wie an den obigen Beispielen sichtbar wird, befinden wir uns in einem Feld unterschiedlicher sozialer Sicherungsmechanismen für Kinder. In den einzelnen Lebensabschnitten sind die unterschiedlichsten Berufsgruppen für diese von Bedeutung.
Zunächst sind es nach den Eltern die Schutzfamilien, die vorübergehend Kinder aufnehmen, bis für diese die Zukunftsperspektive entwickelt ist. Diese Zeit des Kinderschutzes ist für alle Beteiligten belastend. Die Kinder hängen sozusagen in der Luft. Es scheint oft so zu sein, dass es ein zurück nach Hause nicht gibt. Der Vorteil dieser Schutzmaßnahmen besteht in der Möglichkeit für das Kind, sich von seinem 'zu Hause' zu verabschieden und seine Trauer hierüber ohne neue Bindungsansprüche anderer Menschen, zu leben.

Diese Situation wird heute nicht mehr mit den herkömmlichen Pflegefamilien gemeistert. Es gibt in unserer Stadt Schutzfamilien von freien Trägern und Gruppen in Heimeinrichtungen, die Kinder in Obhut nehmen und bis zur Klärung der Perspektive halten. Als unrealistisch hat sich die ursprünglich angestrebte Verweildauer von drei Monaten herausgestellt. Nicht wenige Kinder verbleiben bis zu einem Jahr oder länger in Schutzfamilien. Dies ist für ein kleines Kind eine unüberschaubar lange Zeit, die durch Unsicherheit in Bezug auf die Zukunft und seine Bindungen geprägt ist. Für ein Kleinkind ist das eine Situation mit zum Teil nicht überschaubaren Schäden als Folge dieser langen Verweildauer. Ein Kind hat nicht nur die Schäden aus der Ursprungsfamilie zu tragen, sondern auch die Folgen der systembedingt langen Verweildauer in der Schutzmaßnahme.

Natürlich ist diese Zeit nicht ungenutzt. Es werden alle erforderlichen diagnostischen Institutionen eingeschaltet, um ein möglichst klares Bild des Kindes zu erhalten. Die Eltern bleiben während dieser Zeit für viele Kinder durch Besuche präsent.

Erst nach Klärung psychologischer, rechtlicher und gesundheitlicher Fragen kann eine Vermittlung in die Pflegefamilie erfolgen.

Allein durch diese Beschreibung wird deutlich, wie viele unterschiedliche Professionen schon zu Beginn der Fremdplatzierung tätig sind. Hierbei sind es Sozialarbeiter unterschiedlicher sozialer Dienste und freier Träger, Schutzfamilie, Familie, Mediziner, Psychologen, Richter, Rechtsanwälte, manchmal Nachbarn und andere.

Nach der Vermittlung in neue Familien sehen sich die Kinder erneut unüberschaubaren Situationen und unterschiedlichen Menschen gegenüber. Es sind Pflege-, Erziehungsfamilie und deren Verwandtschaft, Nachbarn und deren Familien, Ärzte und wieder Therapeuten und evtl. Richter, Anwälte und die Sozialarbeiter als Fachberater und Mitarbeiter der Sozialdienste.
Später kommen Erzieher in Kindergärten, dann Lehrer in der Schule und nicht selten begleitend Therapeuten hinzu.

Die Gestaltung des sozialen Klimas

Aufgabe der Sozialarbeit ist es, die einzelnen Abläufe, die zur Integration eines Pflegekindes in das neue Umfeld erforderlich sind, so zu begleiten, dass sie von den Betroffenen möglichst konfliktarm gestaltet werden können. Der Sozialarbeiter hat daher nicht nur das Kind in seinen Überlegungen zu berücksichtigen, sondern die Interessenlagen aller beteiligter Personen. Hierbei gibt es natürlich übergeordnete Interessen und solche, die nachrangig zu betrachten sind. Die oberste Priorität ist allerdings die weitgehende Harmonisierung der Situation.

Diese Gesamtsituation sollte für das Kind ein integratives, positives Klima erzeugen, in dem es sich, entsprechend seinen Fähigkeiten und noch vorhandenen Möglichkeiten, entwickeln kann. In dieser Hinsicht spreche ich von einer Arbeit in einem sozialen Feld. Die Verantwortlichen sollten im Sinne einer fürsorglichen Haltung zugunsten des Kindes tätig sein. So kann dieses gewünschte Klima entstehen.
Besonderer Berücksichtigung bedarf die Kräfte verzehrende Integrationsleistung der neuen Pflegefamilie für dieses Kind. Begleitend zu der alltäglichen Arbeit der Pflegefamilien wird für sie neben der Einzelberatung von mir eine begleitende Gruppenarbeit angeboten. In dieser Gruppe von

Pflegeeltern werden alle Fragen besprochen, die für das Pflegeverhältnis von Bedeutung sind.
Wenn die Integration des Kindes gelingen soll, sind Störungen dieser Familie von außen weitestgehend zu reduzieren. Der Mechanismus der 'Integration' von Kindern in Ersatzfamilien ist von den Psychologen Monika Nienstedt und Arnim Westermann in umfassender Weise dokumentiert worden. Ihr Buch „Pflegekinder" gehört zu den Standardwerken zu der Arbeit mit Kindern in Ersatzfamilien. Ein weiteres Eingehen auf diesen Prozess der Integration erspare ich mir an dieser Stelle. Ich habe in meiner Arbeit den durch die o.g. Autoren aufgezeigten Mechanismus in so vielfältiger Weise selber erlebt und begleitet, könnte aber nicht Wesentliches an Erkenntnis ergänzen.

Besuchskontakte - die Präsenz der Ursprungsfamilie

Ein wichtiges Thema sind bei dieser Arbeit die Kontakte zwischen der Ursprungsfamilie und dem Pflegekind. Diese Ursprungsfamilie wird sehr unterschiedlich repräsentiert. Es sind häufig Eltern, Geschwister, Großeltern oder andere nahe Verwandte, die den Kontakt zu dem Kind halten wollen. Als Motivation zu dieser Kontaktsuche kann gesehen werden, dass bei aller Schädigung des Kindes auch Bindungen entstanden sind, die nach dem Willen der Familie und manchmal auch nach dem Willen des Kindes nicht abreißen sollen.

Es gibt Situationen, in denen das Pflegekind dem Bindungsanspruch seiner Ursprungsfamilie nicht mehr gerecht wird. Die Ursprungsfamilie fühlt sich unterwandert, die andere Familie nimmt ihr ein Kind weg.
Es entstehen Spannungen, die das Kind spürt, es gerät in einen Loyalitätskonflikt zwischen der Ursprungsfamilie und seiner Pflegefamilie. Es erfolgt eine erneute Destabilisierung. Die Destabilisierung des Kindes erfolgt durch eine starke innere Verunsicherung und tritt nach Besuchskontakten verstärkt auf. Sie drückt sich in immer wiederkehrenden Rückfällen in alte Verhaltensweisen, aber auch dem Ausdruck von Angst aus.
Das führt dazu, dass die Eltern von den Pflegeeltern kritisch gesehen werden und umgekehrt. Es entsteht eine Spirale und Atmosphäre gegenseitigen Misstrauens. Das ist die positivere Beschreibung eines Konfliktes in einem Pflegeverhältnis. Eine solche Situation lässt sich bei ausreichender Aufmerksamkeit gut bearbeiten und weitestgehend harmonisieren. Es ist wichtig, dass die Situation verstanden wird und nicht mit Schuldgefühlen und gegenseitigen

Vorhaltungen endet.
Kritischer ist es, wenn ein Kind massiv geschädigt wurde. Die Begegnung mit seinen Peinigern versetzt es in Angst und Panik. Das Kind kann aber diese Angst und Panik nicht offen zeigen, weil es dann neue Übergriffe befürchtet. Es muss seinem Peiniger freundlich entgegentreten, denn es könnte ja sein, dass er noch einmal an Macht gewinnt.
Wenn wir es erlauben, dass solch ein Kind seinem Vergewaltiger oder Misshandler immer wieder ausgesetzt wird, so können wir nicht verlangen, dass es uns vertraut und dass unsere Lebensform für es selbst die richtige ist.
Vielmehr wird ein solches Kind von vorneherein in seiner Angst verbleiben und alles, was es an Leistung erbringt, wird reine Anpassung sein. Diese Anpassung kann aber nicht unbegrenzt aufrechterhalten bleiben, also muss dieses Kind uns ein Erscheinungsbild geben, das zwischendurch immer wieder seine große seelische Not deutlich macht. Ihm nicht zu helfen oder nicht helfen zu können ist dann für die mit der Betreuung beauftragten Menschen eine sehr große Not.
Wir werden in solchen Fällen versuchen, mit Hilfe der Einsicht der Eltern oder aber der zuständigen Gerichte eine Einschränkung oder auch das Einstellen dieser Kontakte zu erreichen. Das gelingt nicht immer.

Eltern können sehr häufig keine eindeutigen, positiven Botschaften für den neuen Lebensraum und die neue Familie des Kindes geben. Ein Kind, das die ablehnende oder zumindest ambivalente Haltung seiner Eltern zu der Pflegefamilie während der Kontakte spürt, muss immer wieder Sicherheit darin entwickeln, dass der neue Lebensort und die dazu gehörenden Menschen tatsächlich auch zu ihm gehören.
Die Bedingungen, die diese Botschaft transportieren, werden auch von Sozialarbeitern und Pflegeeltern gestaltet. Der zeitliche Abstand der Kontakte ist ein wichtiger Faktor. Enge zeitliche Abstände der Besuchskontakte von zum Beispiel zwei Wochen geben dem Kind das Signal: Du kommst bald zurück zu den Eltern. Die Folge ist: Das Kind wird sich laufend mit den Fragen und Problemen seiner Eltern und evtl. auch Geschwistern beschäftigen. Es kann sich nicht auf sein jetziges Umfeld einlassen. Wenn es sich um eine langfristige Unterbringung eines Kindes in eine Pflegefamilie oder in eine Erziehungsstelle handelt, ist damit eine Kontraindikation zu der Absicht der Integration gegeben.
Die Kontakte zwischen Eltern und Kindern müssen bei einer angestrebten Integration in die Pflegefamilie zeitlich gedehnt sein. Das Kind muss erleben,

dass auch Wochenenden und gemeinsame Ruhezeiten entstehen. Es sollte seine zweite Familie auch in deren Alltag und als Alltag erleben. Es darf sich nicht laufend mit seiner Ursprungsfamilie beschäftigen, sondern soll sich auf die neuen Menschen in seinem Lebensraum einlassen.

Es ist Illusion zu glauben, dass Kontakte unterhalb einer zeitlichen Distanz von vier eher acht Wochen diesen Effekt erzielen oder unterstützen helfen.

In vielen Einzelfällen, die ich bearbeite, finden Kontakte der Eltern mit ihren Kindern statt. Nur in den wenigsten Fällen, die ich kenne, ist es notwendig, diese Kontakte ganz zu unterbinden. Wenn die Bedingungen an dem Bedürfnis des Kindes ausgerichtet sind, so kann Kontakt zwischen ihm, den Eltern und seinen Geschwistern erfolgen.

Das Bedürfnis des Kindes ist zunächst auf Sicherheit hin ausgerichtet. Hierbei geht es darum, dem Kind klar zu vermitteln:

Der Ort, an dem Du bist, ist Dein Ort,
Die Familie, in der Du lebst, ist Deine Familie,
Es ist, wie es ist heute, morgen, übermorgen.
Die Geschichte, mit der Du lebst, ist Deine Geschichte.

Diese eindeutige Botschaft ist oft nicht vorhanden. Große Unsicherheiten lasten auf dem Kind und machen ihm Angst. Unter solchen Bedingungen ist eine selbstbewusste Entwicklung des Kindes nicht möglich.

Um Angst erzeugende Elemente zu reduzieren, wird der Kontakt zwischen Pflegefamilie und Ursprungsfamilie von mir immer häufiger in die Räume des Jugendamtes oder, bei gutem Wetter, in nahe gelegene Parks mit Spielgelegenheit verlagert. Dort kann allen Betroffenen die erforderliche Sicherheit gegeben werden, die sie für den Kontakt benötigen. Das setzt natürlich voraus, dass geeignete Räume zur Verfügung stehen.

Während dieser begleiteten Besuchskontakte fühlt sich das Kind sicher und nicht alleine gelassen. Eltern haben das Gefühl, sie haben einen festen Rahmen, in dem das Verhalten klar und eindeutig ist. Sie müssen nicht mit Pflegeeltern in Konkurrenz gehen, sie können sich auf das Kind und den Augenblick konzentrieren und müssen nicht davon sprechen, wie schön es zu Hause wäre und wie schnell sie das Kind wieder aufnehmen wollen (solche Signale destabilisieren die Situation und helfen niemandem).

Den Pflegeeltern wird die Verantwortung für diese Situation genommen. Sie werden den Ablauf akzeptieren, kritisieren oder verändern können, wie die

Eltern auch. In jedem Fall bekommt die kritische Situation in diesem Gewand eine Neutralität, die den Beteiligten Sicherheit und gegenseitige Akzeptanz verleiht.
Erst im Laufe der Zeit, wenn es zu einer gegenseitigen Akzeptanz der Erwachsenen untereinander kommt und zusätzlich der Schutzgedanke für das Kind nicht mehr erforderlich sein sollte, können die Kontakte in den Haushalt der Pflegeeltern verlegt werden. Die Signale hierzu können von allen Beteiligten ausgehen, es sollte aber Konsens über eine Veränderung bestehen.

Neben der Begegnung zwischen Eltern und Kind geht es bei den Besuchskontakten um die Begegnung von Eltern in unterschiedlichen Rollen, deren Abgrenzung durch immer wieder erfolgende Begegnung erst erlernt werden muss.
Es geht um die Begegnung von Kindern mit erwachsenen Menschen, die unterschiedliche Rollen ausüben.
Als Folge dieser Begegnung werden bei Kindern wie Eltern alte Erinnerungen und Verhaltensmuster aktiviert, die in dem Augenblick einsetzen, in dem sie sich begegnen oder in dem sie von der bevorstehenden Begegnung hören. Kinder fallen in frühere Verhaltensmuster zurück. Sie koten z. B. erneut ein, beginnen sich zu prügeln, verlieren die Sprache, sind extrem verunsichert, alte Ängste kommen wieder.
In den betreuenden Pflegestellen müssen diese Folgen von Besuchskontakten aufgefangen werden. Das ist nicht immer leicht, zumal es sich hierbei ja um immer wiederkehrende Situationen und Auffälligkeiten handelt, die Pflegeeltern den Kindern und sich selber gerne ersparen würden. Das ist oft nicht möglich.

Wenn die Kontakte zwischen dem Kind und seiner Ursprungsfamilie sehr spannungsgeladen sind, so ist es sinnvoll, diese Spannung abzuschwächen. Das kann dadurch geschehen, dass der Rahmen der Kontakte klar gestaltet wird. Das geschieht durch die Festlegung des Ortes, der Zeiten und der Beteiligten. Hinzu kommen Absprachen zum Verhalten oder zu Geschenken.
Wenn die Kontakte klar gestaltet sind, produziert das für ein Pflegekind die erforderliche, sichere Grundlage für seine Identität innerhalb des komplizierten Beziehungsgeflechts. Wenn eine solche Grundlage gegeben ist, können die auf das Familiensystem und die persönlichen Bindungen untereinander angewiesenen Entwicklungsprozesse für das Kind ablaufen. Das Kind benötigt, wie bereits ausführlich beschrieben, diese Prozesse zur emotionalen

wie sozialen Nachreifung[33].

Wir versuchen als Fachberater ein Umfeld zu schaffen, auf das sich ein Kind auf möglichst positive Weise einlassen kann. Ein solches Umfeld ist erforderlich, um dem Kind einen Weg in diese Gesellschaft zu zeigen und es bei seiner Rückkehr in sein auf seine Fähigkeiten und Möglichkeiten eingehendes Leben zu begleiten.

An dieser Stelle muss auch eine Lanze für die Eltern gebrochen werden, die mit ihren Kindern in Einverständnis leben.

Viele Pflegekinder haben laufenden und über Jahre haltenden Kontakt zu ihren leiblichen Eltern. Diese heißen Rose oder Helmut, Mami oder Mama. Sie kommen, besuchen ihre Kinder und manchmal fahren sie mit ihnen weg oder verbringen einen gemeinsamen Urlaub mit ihnen.

Ich erlebe Eltern, die sich trotz eigenen Unvermögens und trotz ehemaliger Gewaltanwendung ihren Kindern nähern, ohne diese zu verletzen. Sie wünschen für ihre Kinder eine gute, lebensbejahende Zukunft.

Es gibt unendlich viele Varianten von möglichen Kontaktsituationen. Das Wichtigste hierbei ist, dass sie gut vorbereitet sind und nach klaren Regeln erfolgen. Die Regeln müssen von denjenigen, die sie befolgen sollen, mitaufgestellt werden und nachvollziehbar sein. Die weit verbreitete Praxis, diese Situationen Pflegeeltern und Eltern alleine zu überlassen, ist nicht zu vertreten. Die Fachberatung ist als steuerndes Element gefragt.

Robert

Ein achtjähriger Junge, Robert, der hochgradig gestört in die Pflegefamilie gekommen ist, wird zur Zeit von mir begleitet. Die Kontakte zwischen ihm und seinem Vater liefen lange Zeit mit erheblichen Problemen ab.

Robert war von dem Augenblick an, in dem er von bevorstehenden Kontakten erfuhr, nicht mehr steuerbar. Nachts war er unruhig und nässte ein. In der Schule war er unkonzentriert und leistungsunfähig, er unterwarf sich seinen Mitschülern und spielte, er sei deren Hund. Diese Verhaltensweisen hielten bis zu dem Zeitpunkt der Begegnung mit seinem leicht geistig behinderten Vater an.

In der Situation mit diesem retardierte er zu einem Kleinkind von unter drei Jahren. Er versteifte bei Berührungen durch den Vater, brabbelte in der Sprache von Kleinkindern, war verunsichert und sang Schlager aus der Zeit, in welcher er noch mit dem Vater zusammenlebte. Er benötigte nach den Kontakten mehrere Wochen, in denen er sich erholte und zu einem relativ stabilen Mitglied seiner Pflegefamilie und der Klassengemeinschaft in der Schule wurde.

Es gab in der Situation mehrere, nicht steuerbar erscheinende Faktoren:
Der Vater war unsauber, er stank.
Das Sprachverhalten des Vaters war undeutlich und verwirrend.
Der Vater verhielt sich gegenüber seinem Sohn nicht dessen Alter entsprechend.
Der Vater knutschte und leckte seinen Sohn bei jeder Begegnung ab und ließ diesem nicht die Wahl, sich zu nähern oder nicht.
Der Vater klammerte den Sohn und hielt ihn so fest.
Das Spiel des Vaters war oft ungestüm, so dass der Junge überfordert war.

Diese Situation führte zu einer völligen Hilflosigkeit der Pflegeeltern.
Die Pflegemutter beschwerte sich bei der Großmutter (Mutter des Vaters) über deren Sohn.
Die Pflegemutter wurde wütend bis ablehnend dem Vater gegenüber.
Die Pflegemutter erlebte einen völlig verwirrten Jungen vor und nach den Besuchskontakten.
Die Pflegemutter reduzierte ihre Zuvorkommenheit.
- Sie verweigerte die Besuchskontakte in ihrem Haushalt.
- Sie forderte Besuchskontakte begleitet im Jugendamt.
- Sie hatte große Angst um das Kind.
- Sie konnte mit keinem der Beteiligten mehr vertrauensvoll sprechen.
- Sie erlebte das Jugendamt nicht als auf „der Seite des Jungen stehend".
- Sie verlangte eine Begutachtung der Situation aus psychologischer Sicht.

Die Situation wurde für alle Betroffenen so schwierig, dass eine direkte offene Kommunikation unmöglich wurde. Letztlich versuchte der Vater über das Familiengericht einen Beschluss zu erwirken, durch den er weitere Besuchsrechte erhielt.
Die Pflegeeltern erhofften sich, dass in diesem Verfahren der Empfehlung der psychologischen Gutachterin gefolgt würde, um so die Problemlösung durch Ausschluss des Vaters zu erreichen.

An der Situation beteiligt waren mittlerweile:
- der Vater,
- die Kindesmutter als Sorgeberechtigte,
- deren neuer Ehemann,
- die Eltern des Vaters, welche bis zur Fremdplatzierung des Jungen im vierten Lebensjahr diesen auch häufig versorgt hatten,
- eine Beiständin des geistig behinderten Vaters zur Hilfe in Alltagsfragen,
- eine Kollegin eines freien Verbandes als Familienhilfe für den Vater,
- der Bezirkssozialdienst des Jugendamtes,
- eine Kollegin des Jugendamtes aus dem Fachdienst für Pflegekinder,
- nach Fallübernahme ich selber und
- zwischenzeitlich drei Anwälte,
- sowie der Familienrichter,
- die Pflegeeltern
- und natürlich nicht zuletzt auch Robert.

Umgeben war Robert im Alltag:
Von seiner Familie (Pflegemutter, Pflegevater, Pflegebruder), der Lehrerin, der Ergotherapeutin, der Zahnärztin, seiner Fußballmannschaft, der Schulklasse und den Freunden auf der Straße.

Der Konflikt, der sich um die Situation rankte, war eskaliert und kaum noch steuerbar.

Als der Fall völlig neu aufgerollt wurde, ergab sich folgendes Bild:
1. Alle Beteiligten waren an dem Wohlergehen des Jungen interessiert.
2. Alle Beteiligten wünschten, miteinander auszukommen.
3. Alle Beteiligten waren erheblich misstrauisch gegeneinander.
4. Die professionellen Helfer hatten kein gemeinsames Bild von der Situation.
5. Die einzelnen Informationsfäden waren nicht gebündelt und ergaben kein klares, überschaubares Bild.
6. Die Betroffenen lebten mit Vorurteilen gegeneinander.

So gab es bei Roberts Großmutter das Bild: Der eigene Sohn der Pflegefamilie hat einen Hund und ein Pferd, unser Enkel hat nichts.

Die Betreuerin des Vaters glaubte:
Die Pflegeeltern sind reiche Leute mit Eigenheim und verstehen die Ursprungsfamilie aus sozialer Unterschiedlichkeit heraus nicht.

Tatsächlich handelt es sich bei der Pflegefamilie um einen normalen Arbeiterhaushalt. Die Familie bewohnt die eine Hälfte eines Doppelhauses zur Miete. Sie hat einen Hund und ein Aquarium.

Nachdem erkennbar war, dass die Kommunikation der beteiligten untereinander sehr reduziert war, habe ich damit begonnen, Gespräche auf der Ebene der Fachleute zu führen, um ein gemeinsames Verständnis von diesem Fall zu erhalten.
Ich habe als Jugendamt mit allen Betroffenen gesprochen, um deren Situation zu verstehen. Wir haben gemeinsam die Kontakte des Vaters zu Robert verändert.
Diese Kontakte waren von da an begleitet und zwar von der Betreuerin des Vaters und mir sowie den Pflegeeltern und zwischenzeitlich auch von einer Rechtsanwältin.
Die zeitlichen Intervalle von einem Monat wurden überprüft.
Die Qualität der Kontakte sollte verändert werden, so dass ein möglichst hoher Grad an Zufriedenheit mit der Situation entstehen konnte.

Der Vater wurde auf jeden einzelnen Kontakt durch seine Betreuerin vorbereitet.
Insbesondere einzelne Abläufe, zum Beispiel die Begrüßung, das Spiel, aber auch Vorbereitungen wie: sich waschen, anziehen, wurden abgesprochen, so dass der Vater sich in der Situation mit seinem Sohn sicher fühlen konnte.
Wie bei dem Jungen auch, wurde bei ihm altes Erfahrungsgut in jedem Kontakt aktiv und er wollte dieses leben, wobei ein Unterschied zwischen ihm und seinem Kind darin bestand: Er wollte die Vergangenheit erhalten.
Der Junge aber lebt jetzt und ist auf den Augenblick und die Zukunft hin orientiert.

Dem Vater können wir nur helfen, mit seinem Sohn einen aus menschlicher Sicht gesehen positiven und warmherzigen Kontakt zu haben. Das sollte beiden Menschen helfen, miteinander in einer angenehmen Atmosphäre akzeptierend umzugehen.

Dem Sohn wollten wir eine Möglichkeit geben, sich mit seiner Herkunft konfrontierend und akzeptierend auseinander zu setzen.

Vor allen anderen Ansprüchen steht das Bedürfnis des Kindes nach dem Überleben in einer hoch komplexen und komplizierten Gesellschaft. Hierfür benötigt es seine Energie, hierfür benötigt es alle Kraft, die ihm zur Verfügung steht.
Gerade deshalb wird es wichtig, die Themen Kontakt, Konfrontation, Akzeptanz in einem Maß zu halten, welches dem Kind erlaubt, sein Gleichgewicht in sich zu suchen und innerhalb dieser Gesellschaft mit seinen täglichen Anforderungen zu erhalten.
Der Aufenthalt des Jungen in seiner Pflegefamilie soll nicht in Frage gestellt werden. Über diesen Grundsatz besteht Einigkeit. Zu diesem Grundsatz bekennt sich jeder der oben aufgeführten Personen. Solange diese Einigkeit besteht, gibt es eine Chance zu Kontakten zwischen Vater und Sohn, die dem Kind in seiner Entwicklung dienen.

Ein entsprechender Vorschlag zur Gestaltung der Kontakte wurde seitens des Jugendamtes dem Familiengericht unterbreitet, nachdem er vorab mit den beteiligten Fachleuten abgesprochen wurde.
Der Vorschlag beinhaltete: Die Kontakte sollten an einem neutralen Ort - Parkanlage, Jugendamt Besucherzone und Kontaktraum - stattfinden, sie sollten von Fachleuten (Fachberater des Jugendamtes) begleitet sein, sie sollten an dem Interesse des Kindes nach Kontakt festgemacht werden.
Das Familiengericht folgte diesem Vorschlag.

Als besonders anstrengend empfand ich an diesem Fall, dass die Fachleute und die Pflegeeltern lange Zeit gegenseitiger Überzeugungsarbeit benötigten. In den gemeinsamen Terminen wurde das Misstrauen der Beteiligten untereinander deutlich. Indirekt unterstellte jeder dem anderen, ausschließlich die Interessen des eigenen Klientel zu sehen. Die Waffen wurden an Stellen gekreuzt, an denen es um Verstehen und Akzeptanz ging. Aber, es war deutlich der Wille spürbar, eine Lösung im Interesse aller Beteiligter zu finden.

Bei dem vorerst letzten Besuchskontakt eröffnete der jetzt neunjährige Junge seinem Vater und allen anderen Beteiligten, dass er den Vater nicht mehr sehen will. Niemand hatte mit dieser Entwicklung gerechnet.

Die Pflegemutter wurde weiß wie eine Wand.
Der Vater verdächtigte sie wütend, den Jungen manipuliert zu haben.
Die Kollegin des den Vater betreuenden Verbandes war, wie ich selber auch, zunächst sprachlos.

Ich nahm eine kurze Auszeit, um den Jungen selber noch einmal in Ruhe zu sprechen.
Er wiederholte seine Ablehnung zu Kontakten mit dem Vater. Er war in seiner Äußerung sehr sicher. Wir gingen noch einmal in den Raum mit allen Beteiligten. Der Junge wiederholte seine Aussage. Er wollte den Vater jetzt und in Zukunft nicht mehr sehen.

In diesem Fall konnte dem Vater keine Anbindung an seinen Sohn bleiben. Dieses ist nicht unbedingt eine Aussage für alle Zukunft, sondern für den Augenblick. Die Situation ist menschlich tragisch, kann aber nicht für alle Beteiligten zufriedenstellend gelöst werden. Über die eindeutige Willenserklärung kann niemand hinweggehen, ohne den Jungen schwer zu schädigen und zusätzlich zu belasten. Beziehungen und positive Bindungen können nicht erzwungen werden.

Zusammenfassung und Bewertung

Die Pflegefamilie bekam eine Aufgabe gestellt, die nur schwer zu bewältigen war. Die Pflegeeltern stürzten sich mit großem Elan hinein. Sie haben dem Vater alle Möglichkeiten geboten, die man zu Hause bieten kann. Sie waren überfordert.
Der Vater nahm alles an. Er war, wie er eben war, ein großes Kind. Seine Mutter fühlte sich und ihr Schutzbedürfnis für ihren Sohn angegriffen, als sich die Pflegefamilie über ihren Sohn beschwerte.
Das Unverständnis nahm seinen Lauf.
Der Junge schien zu verlieren.
Die Pflegefamilie wollte den Jungen schützen.

Wir versuchten nun, aus dem gemeinsamen Interesse an dem Jungen, etwas Neues, einen anderen, tragfähigen Umgang miteinander, mit klaren Regeln, klaren und überschaubaren Grenzen, aber auch mit sicheren Rollen zu entwickeln.
Es dauerte noch einige Zeit, bis wir so weit waren, dass der Junge spürte: die

erwachsenen Menschen um ihn herum sind in der Lage, verantwortungsvoll für ihn zu handeln. Am Ende traf er seine eigene Entscheidung.
Die Tragik der Situation bleibt.
Es ist ja tatsächlich so, dass eine Familie ein Kind verloren hat. Es ist tatsächlich so, dass eine Familie ein Kind einer anderen aufgenommen hat. Und es ist so, dass dieses Kind nicht zufällig wegen irgendwelcher Unterstellungen aufgenommen wurde, sondern weil es da ein Paket von Gewalt, Unterversorgung und gestörter Kommunikation gibt, über das niemand gerne spricht. Es ist verdrängt und wird von der Ursprungsfamilie damit als nicht existent dargestellt.
Das schafft ein Potential an verdeckten und unsicheren Botschaften, die nur zu Missverständnissen und nicht zu annehmender, klarer Kommunikation führt.

Kommentar
Es ist so, dass die Inhalte der Vorgeschichte allen Beteiligten bekannt sind und akzeptiert wurden. Und doch unterliegen diese Informationen einer Beurteilung und Zuordnung bei jedem einzelnen Betroffenen.
Im Laufe meiner beruflichen Tätigkeit wurde mir immer deutlicher, dass eben jene Zuordnungen und Beurteilungen diejenigen Elemente in der Kommunikation sind, die letztlich eine gelungene Situation für die Menschen entstehen lassen.
Bleiben die Betroffenen bei Urteilen und Verurteilungen, egal auf welcher Seite, so kann eine gelingende Beziehung nicht entstehen.
Wenn Eltern eines Kindes dabei bleiben, man habe ihnen ohne Grund ein Kind weggenommen, so wird die Beziehung spannungsgeladen sein, weil das Kind nicht in der Mitte der Botschaft steht, sondern die eigene Entlastung.
Jemand, der ein geschädigtes Kind in seinem Haushalt aufnimmt, wird eine solche Erklärung nicht akzeptieren und den Gegenüber für einen Lügner und möglicherweise neuen Täter gegenüber dem Kind empfinden. Er wird versuchen, das Kind auf jede erdenkliche Weise vor dem Zugriff des ehemaligen Täters zu schützen. Das liegt in der Natur der Sache.
Auch die Jugendbehörde hat den Kinderschutz als Auftrag und wird sich im Rahmen dieses Auftrages als Grundprinzip gegenüber dem ehemaligen Täter verhalten. Damit ist eine kooperative Situation nur noch sehr schwer herstellbar. Die einzelnen Signale der Betroffenen werden von dieser Grundinformation gesteuert und sind damit gegeneinander gerichtet.

Eine helfende, auf gegenseitige Akzeptanz beruhende Beziehung kann nur entstehen, wenn im Grundsatz für alle Betroffenen die Basis der Fremdplatzierung klar ist. Es muss Einverständnis darin bestehen, dass der Ort, an dem das Kind lebt, und die Menschen, mit denen es lebt, zuverlässig sind. Hierdurch entsteht gegenseitiges Vertrauen. Erst dann ist es möglich, die Situation gemeinsam zu betrachten und zu steuern. Es ist unbedingt erforderlich, dass ein klares Signal für den Bestand des jetzigen Lebens des Kindes von allen Verantwortlichen gegeben wird.

Zu berücksichtigen bleibt aber, dass es Situationen gibt, in denen ein Kind seine Eltern oder einen Elternteil als so bedrohlich empfindet, dass es auf jeden Fall geschützt werden muss. Wir dürfen nicht zulassen, dass ein Kind durch den Anspruch von Eltern im Status der Angst und Seelennot gehalten wird und damit an einer eigenständigen, individuellen Entwicklung gehindert wird. Für diese Situation darf es keine Toleranz gegenüber dem Anspruch der Eltern geben.

*

Kapitel IX

Laufende Beratung / Methoden

Die Beratung ist ein fachliches Angebot an Menschen, die durch die Situation des Pflegekindes betroffen sind. Die Praxis hat sich im Verlaufe der vergangenen Jahrzehnte in der Arbeit mit Pflegefamilien und Erziehungsstellen entwickelt. Diese Praxis erlaubt es, bei angemessener Fallzahl entstehende Störungen innerhalb der Familien sehr schnell zu erkennen und mit den Betroffenen daran zu arbeiten.

Wenn Kinder in fremden Familien untergebracht werden, so benötigt diese Situation, solange sie andauert, eine umfassende Beratung und Unterstützung, so, wie sie im Kinder- und Jugendhilfe Gesetz, dort im § 37 zugesagt wird. Die Beratung bezieht sich auf alle mit dieser Situation zusammenhängenden Fragen. Die Adressaten der Beratung sind in erster Linie die Pflegeeltern und Eltern, aber auch die Kinder selber.

Während Eltern in der Regel in Einzel- oder Paargesprächen beraten werden, erfolgt die Auseinandersetzung mit den Pflegeeltern in der Regel in Einzel-, Paar- und Gruppenarbeit. Hierbei sind sicher einzelne Sequenzen therapeutischer Natur, es besteht aber kein Anspruch darin, einen Therapieprozess zu steuern oder zu durchlaufen.

In der Einzelarbeit mit den Familien und oder Eltern wird sehr viel Wert darauf gelegt, die aktuellen Fragen kennen zu lernen und gemeinsam die nächsten Schritte der betroffenen Personen herauszufinden und auch zu gehen. Als Fachberater weiß ich, dass nicht wir als Berater die Schritte mit dem Kind gehen, sondern die Pflegeeltern, Eltern und selbstverständlich das Kind.

Es gibt auf der Seite der professionellen Helfer sowie des Gesetzgebers die Absicht, Hilfe zur Veränderung der Ursprungssituation der Kinder anzubieten; die Erfahrung zeigt, dass angestrebte Veränderungen nur sehr schwer zu erreichen sind. Der Glaube an das Machbare hat sich auf ein vorsichtiges Hoffen reduziert. Dieses Hoffen ist in Einzelfällen berechtigt. Die breite Masse der Klienten hat aber nicht die Fähigkeiten, tatsächlich Veränderungen umzusetzen.

Die Arbeit mit den Eltern reduziert sich innerhalb der Fachdienste häufig auf Terminabsprachen zu Besuchskontakten mit ihren Kindern sowie Verhaltensabsprachen und der Begleitung während der Kontakte.

Das Beratungssystem

Das Beratungssystem ist ein Konzept mit unterschiedlichen Adressaten, in dem sich die einzelnen Bausteine ergänzen.

Diese Bausteine sind:

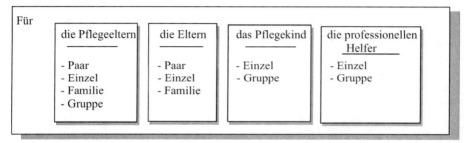

Abbildung 5: Bausteine des Beratungssystems

Die Beratung selbst ist an den bestehenden Entwicklungsschritten im Einzelfall orientiert. Sie verbindet die dort gemachten Erfahrungen mit psychologischem und rechtlichem Fachwissen. Sie findet in bestehenden organisatorischen Rahmenbedingungen statt und bezieht vorhandene Hilfsangebote des sozialen Raumes mit ein.

In jeder Phase der Vollpflege werden unterschiedliche Themen erkennbar. Die Situation muss laufend am Hilfeprozess orientiert und unter Umständen neu interpretiert werden. Der Entwurf für die Zukunft wird laufend den herrschenden Entwicklungsmechanismen des Kindes angepasst. Es wird ein möglichst großes Maß an Sicherheit für die eigenen Verhaltensmuster und Empfindungen der Betroffenen in der jeweiligen Situation angestrebt.

Die komplizierten Prozesse der Integration eines Kindes sind zu begleiten. Das Kind benötigt ergänzende Hilfe, die ihm durch entsprechende therapeutische Maßnahmen, seien sie medizinisch oder psychologisch, gegeben wird.

Die Pflegeeltern werden regelmäßig beraten. Sie haben Kontakte zu anderen Pflegeeltern, wenn sie dieses wünschen. In der jetzigen Organisationsstruktur des hiesigen Jugendamtes wird über unseren Fachdienst Beratung für diese Pflegeeltern in Gruppen und Einzelkontakten angeboten. Sehr differenziert wird hierbei die Situation der Familien betrachtet und analysiert. Die erforderlichen zusätzlichen Hilfen werden vorgeschlagen und der Kontakt dorthin vorbereitet. Die letzten Wege muss aber die Pflegefamilie selbst, wenn auch häufig begleitet, gehen.

Im Laufe des Beratungsprozesses werden sehr intensiv die Bedingungen untersucht, die für das Kind förderlich oder hemmend sind. Wir besprechen die Situationen, die das Verhalten des Kindes günstig oder ungünstig beeinflussen. Wir gehen aus diesen Situationen über zu den persönlichen Verhaltensmustern der Familien und Einzelpersonen, von hier aus zu der Logik, aus der heraus jeder Einzelne seine eigenen Reaktionen ableitet. Hierbei ist die im Vorbereitungsverfahren angewandte Methodik der Zeitstrahlarbeit sowie der Arbeit mit der Familiengrafik der Pflegeeltern hilfreich. Wir nehmen in der laufenden Beratungstätigkeit hierauf Bezug, wenn Analogien der Alltagsreaktionen zu früheren Erfahrungen erkennbar werden.

Insbesondere in schwierigen Situationen wird bei der Wiederholung alter Erfahrungen das damals erfolgreiche Verhaltensmuster reaktiviert. Ob dieses Muster heute ebenso hilfreich ist, ist nicht bekannt, zumal das Gegenüber, das Pflegekind, nicht so gut bekannt ist und das eigene Muster damit voraussichtlich nicht greift.
Wenn wir mit den Pflegeeltern genau hinsehen, werden wir entdecken, dass es durchaus sinnvolle und hilfreiche alte Muster[34] gibt, mit denen in einzelnen Situationen reagiert werden kann. Was es nicht gibt, ist die schon einmal gelebte richtige Strategie im Umgang mit diesem Kind. Diese Strategie muss bei jedem Pflegekind neu gefunden werden.

Der eingegangene Prozess ist für das Pflegekind und seine neue Familie ein dauerhafter Lernprozess, durch den die Welt verstanden und interpretiert wird. Der familiäre Raum bietet hierzu den Rahmen und das Feld, in dem die Erprobung und die Entwicklung der zum Leben erforderlichen Muster stattfinden.

Dieses ist bereits bei einem eigenen, gewollten und nicht gestörten Kind eine Übung. Um wie vieles mehr ist es aber eine solche mit einem Kind, das ja zunächst in seinem Leben abgelehnt und verletzt wurde?

Wie gesagt, wurde dieses System im Verlaufe der Jahre, in denen diese Arbeit in Fachdiensten entstand, dort auch entwickelt. Diese Beratungstätigkeit bezieht sich sehr speziell auf dieses Klientel. Die einzelnen Elemente mögen in anderen Beratungskontexten ähnlich gehandhabt werden, sind aber im Wesentlichen innerhalb dieser Tätigkeit entwickelt. Sie haben einen sehr eigenständigen Charakter.

Wenn man so will, ist dieses System, das ich zur Zeit nutze, autodidaktisch entstanden, wobei ich selber immer Anleihen aus der Literatur für mich gemacht habe, aber auch im Rahmen der fachlichen Fortbildungen sehr hilfreiche Anregungen durch Kollegen erhielt. Hinzu kommt, dass ich den Vorzug hatte, in einem Team zu arbeiten, in dem die fachliche Betrachtung der Einzelfälle hohe Priorität über Jahre hinweg hatte. Die hierdurch entstehende gegenseitige kollegiale Unterstützung ist ein wichtiger Faktor professioneller Entwicklung. In allen Überlegungen steht das Kind im Mittelpunkt. Insbesondere seinem individuellen Entwicklungsverlauf wird hohe Aufmerksamkeit gewidmet. In diesem individuellen Entwicklungsverlauf sind die Krisen oft die Auslöser für Beratungssituationen.

Der Umgang mit dem Krisenverlauf des Kindes

Jedes Kind hat seinen eigenen Krisenrhythmus. Er verläuft pulsierend, wellenförmig. Situationen des Kindes spitzen sich zu, die Reaktionen werden immer extremer, der Kontakt des Kindes zu seiner Umwelt geht verloren.

Es fühlt sich nicht mehr verstanden und reproduziert sein aus der Ursprungsfamilie gewohntes Muster. Hierbei kann es zu skurrilen und völlig unverständlichen Reaktionen kommen. Z. B. kannte ich einen damals sechsjährigen Jungen, der extreme Vernachlässigung erlebt hat. Die Wohnung seiner Mutter war vermüllt, der Gestank dort für meine Nase bestialisch.

Dieser Junge benötigte hin und wieder eine Wiederholung seiner häuslichen Erfahrung. Er nutzte hierzu das **Katzenklo**[35] der Pflegefamilie. Wenn er es brauchte, tauchte er seine Nase ganz tief in dieses Katzenklo. Natürlich holte er sich auf diese Weise eine Spur seiner Erinnerung zurück. Er brauchte dieses offensichtlich, denn seine ehemalige Erfahrung war ja real, Gestank und Müll. Sie ähnelte zudem vom Geruch her dem Katzenklo. Der Verlust des

Bezugssystems führte dazu, dass er immer wieder Erinnerungen danach suchte und sich seiner vergangenen Realität vergewissern musste. Dieses tat er auf die unterschiedlichste Art und Weise. Unter anderem benötigte er dieses Katzenklo als Bestätigung seiner Erinnerungen. Gleichzeitig zeigte er extrem sexualisiertes Verhalten, das nicht immer da war. Auch dieses kannte er aus der Erfahrung mit seiner Mutter.
Einhergehend mit dieser Reproduktion alter Verhaltensmuster verlor er seine Realitätswahrnehmung. Er konnte sich innerhalb des normalen Umfeldes nicht mehr bewegen. Er musste an den unterschiedlichsten nahegelegenen Stellen nach dem Weg fragen, obwohl er bereits häufig dort vorbeigegangen war und im normalen Alltag durchaus den Weg finden konnte.

In einem solchen Zusammenhang wird es erforderlich, Ursachen des gezeigten Verhaltens zu kennen. Für die Pflegefamilie ist es notwendig, den Kontext des Verhaltens erklären zu können und es nicht auf sich als Personen zu beziehen. Es wurde notwendig zu erkennen, dass dieses Verhalten automatisch und ungesteuert abläuft, wenn der Junge in einer Situation ist, in der er an das frühere Verhalten erinnert wird oder wenn er längere Zeit nicht mehr mit seiner früheren Situation konfrontiert war. Beides geht ineinander über.

Dieses ist ein Beispiel, das letztlich nicht zu einer dauerhaften Anbindung führte.
Der Junge verließ die Pflegefamilie wieder, da seine Verhaltensmuster nicht mit dieser in Einklang gebracht werden konnten. Die Familie hätte hierzu die sehr schädigenden Muster der Mutter übernehmen müssen.

Wir haben aber auch in den o.g. Beispielen hinreichend Hinweise dafür, dass Kinder sich ihrer eigenen Erfahrungen vergewissern, indem sie diese wiederholen. Sie erhalten sich auf diese Weise ihre psychische Stabilität. Würden sie dieses nicht tun, so wäre es in absehbarer Zeit so, dass sie ihre innere Orientierung verlören. Die Kinder würden denken müssen, sie seien verrückt, ihre Erinnerung sei nicht Realität gewesen. Nur die Wiederholung und die neue Interpretation dieser alten Erfahrungen helfen dem Kind, seine eigene Realität als solche zu erkennen und anzuerkennen. Die gleiche Anerkennung soll seitens der Pflegefamilie erfolgen, um dem Kind die Möglichkeit zur Rückkehr in seine Vergangenheit und zur neuen Erfahrung seiner Person innerhalb eines verletzten intrapersonalen Entwicklungsanteiles[36] zu ermöglichen. So kommt es zu der oben beschriebenen

Regression.
Damit hat die Familie eine Möglichkeit, gemeinsam mit dem Kind neue Gefühls- und Kommunikationsstrukturen zu entwickeln.

Die Beratung des Sozialarbeiters zielt darauf hin, diese Entwicklung für die betroffene Familie bewusst zu machen und persönliche Gefühle von Verletzung der Pflegeeltern oder anderer erwachsener Personen zu hinterfragen.
Wenn die Pflegefamilie lernt, diese Mechanismen zu verstehen, so hat jedes Mitglied die Möglichkeit, die ablaufenden Prozesse von sich zu distanzieren. Das Verhalten jedes Einzelnen wird dann nicht zwingend im alten Muster des Kindes sein müssen, sondern kann sich als eigenes, auf diese Situation bezogenes Verhalten neu entfalten. Das bedeutet für das betroffene Kind, dass es nicht immer wieder zu seinem alten Verhaltensmuster greifen muss, sondern neue Ansätze durch das Beispiel seiner neuen Familie kennen lernt.

Durch die Akzeptanz seines Bedürfnisses nach Wiederholung und Sich-Wieder-Erkennen im alten Muster gibt die Pflegefamilie oder die Erziehungsstelle dem Pflegekind die Möglichkeit, sich auch mit neuem, anderem Verhalten anzufreunden. Die Folge ist, dass sich die Spitzen der Krisen abschleifen und das Kind immer weniger in extreme Muster fallen muss. Dieses trifft auch für andere Mechanismen wie: Gewaltbereitschaft oder Depressionen des Kindes zu (Fred ist in diesem Zusammenhang ein gutes Beispiel).
Hierbei sind die Adressaten der Beratung die Pflegefamilie, die Kinder und, wenn möglich, die Eltern. In meiner beruflichen Praxis erfolgt die Beratung zu diesen Themen sowohl durch Einzelgespräche als auch innerhalb der Gruppenarbeit.

Das sichere Umfeld

In dem entstehenden, sicheren Umfeld ist das Kind in der Lage, sich ganz fallen zu lassen. Es fällt in frühere Entwicklungsphasen zurück, in Zeiten von Sprachlosigkeit oder laufen lernen. Es kann sein, dass ein Kind versucht, sich noch einmal durch seine Pflegeeltern gebären zu lassen.
Die Eltern werden in der Regel nicht verstehen, warum ihr Kind, das bis vor wenigen Wochen noch sprach, plötzlich wieder wie ein Säugling ist.

Wie zum Beispiel der soeben noch achtjährige Mathias, der ohne Sprache auf dem Schoß seiner Erziehungsstellenmutter sitzt und tatsächlich nicht sprechen kann, weil er gerade vom Gefühl her in einer Welt ist, in der er 1 Jahr alt ist und er zu diesem Zeitpunkt weder sprechen noch laufen konnte.
Mathias konnte aber, bevor er mit seiner Erziehungsstellenmutter zu mir kam, sehr genau sagen, dass er beginnt, sich wie ein ein- oder dreijähriges Kind zu fühlen. Später berichtet er dann, er habe erst mit drei Jahren gesprochen und erst um diese Zeit laufen gelernt.
Die biographische Recherche müsste noch erfolgen, um dieses zu bestätigen; allerdings ist es wichtig anzuerkennen, dass Mathias dieses Gefühl so für sich hat.
Der Junge lernt in der Erziehungsstelle sehr schnell, über dieses Alter hinwegzugehen. Hierzu kotet er noch einmal ein, benötigt Windeln und verlässt dieses Alter nach wenigen Wochen, um sich in einer Trotzphase zu finden, welche alle Familienmitglieder an den Rand ihrer Möglichkeiten bringt.
Man stelle sich vor, ein achtjähriger Junge, der beim Einkaufen im Wagen sitzt und schreit wie ein Zweieinhalbjähriger. Ich finde diese Situation schwierig.

In solchen Situationen ist es hilfreich, innerhalb der Gruppenarbeit auf die Erfahrungen anderer zurückgreifen zu können, aber auch im Einzelgespräch an die Theorie zur Integration anzuknüpfen.
Im Umgang mit Eltern ist es dann gut, wenn gemeinsam verstanden wird, dass dieses Kind sich gerade von einem Schaden erholt, der zu früherer Zeit entstanden ist. Wir können so das Angstpotential bei Eltern und Pflegeeltern auf ein möglichst geringes Maß reduzieren.
In der o.g. Situation selber ist es für Pflegeeltern kaum möglich, angemessene Reaktionen zu zeigen. Jeder wird individuell reagieren. Erst nachdem darüber gesprochen wurde, Erfahrungen ausgetauscht sind und alternative Verhaltensweisen überlegt wurden, können die Pflegeeltern in Zukunft anderes, verändertes Verhalten ausprobieren.
Das Kind wird im Nachgespräch, nämlich dann, wenn es wieder achtjährig ist, diese Situation besprechen können. Es wird so lernen, welches Verhalten angemessen ist und welches nicht. In einer solchen Situation können auch Pflegeeltern erlernen, mit dem Kind ein angemessenes, nicht auf Rache oder Strafe angelegtes Gespräch zu führen.

Können sie es nicht selbst, so kann der Sozialarbeiter mit beiden zusammen die Situation übersetzen helfen. Hierzu bedarf es einer offenen, vertrauten Atmosphäre.

Der acht Jahre alte Mathias beauftragte mich, seinen zwei Jahre jüngeren Bruder zu suchen. Die Mutter hatte den Kontakt zu diesem Bruder abgebrochen. Er lebt bei seinem Vater.
Ebenso bat er mich, mit seiner ehemaligen Heimgruppe Kontakt aufzunehmen und festzustellen, ob sich dort noch Eigentum von ihm befindet.
Als ich in der Heimgruppe war, bekam ich eine bewegende Beschreibung seiner Existenz über einen Zeitraum von zwei Jahren (5.-6.Lj). Die Gruppe hatte ein völlig anderes Bild von ihm als er selber. Er glaubte von sich, dass ihn dort niemand mag. Ich erfuhr aber so viel Mitgefühl für ihn, dass ich sehr überrascht war. Die Leiterin hatte einen guten Überblick über seine Lebenssituation und konnte von Menschen berichten, die in der Vergangenheit für ihn da waren.
Ich schlug vor, dass dieses Kind selber die Gelegenheit haben sollte, noch einmal in diese Gruppe zu gehen, um mit seinen alten Weggefährten zusammenzutreffen. Bei unserem nächsten Zusammentreffen stellte ich ihm diese Möglichkeit vor.
In der Zwischenzeit war Mathias mit seiner Erziehungsstellenmutter dort. Die Gruppenleiterin hatte ein langes Gespräch mit beiden. Es war für alle Beteiligten ein gutes Erlebnis, zu sehen, wie gut es die Menschen mit Mathias gemeint haben und auch, wie gut es ihm heute geht. Für diesen sehr in seinem Selbstwert verletzten Jungen war diese Begegnung ein besonderes Erlebnis, welches ihm hilft, wieder an sich zu glauben. Gleichzeitig hilft es ihm, eine Verbindung in die Vergangenheit herzustellen, in der er sich als ein durchaus gemochtes und akzeptiertes Kind fühlen kann.

Mathias sitzt nicht mehr sprachlos auf dem Schoß seiner Erziehungsstellenmutter.
In den vergangenen beiden Terminen ließ er sehr klar seine Ängste erkennen und berichtete von Alpträumen, in denen er und seine wesentlich ältere Pflegeschwester von einem dunklen Mann mit einem Messer verfolgt werden. Mathias ist nahe an der Wirklichkeit. Seine Mutter und er wurden von deren letztem uns bekannten Partner massiv mit dem Messer bedroht.
Mathias ging dazu über, seine Mitmenschen und seine Vergangenheit in Märchenfiguren zu beschreiben. Der Verfolger ist ein böser Geist, seine

Mutter eine Hexe von Hänsel und Gretel, seine Pflegemutter eine rote Frau, sein Berater der Frosch aus dem Froschkönig und vieles mehr. Er selber ist Pinocchio und Hänsel. Seine Pflegeschwester ist Gretel.
Der Junge verliert langsam seine Angst, zumal die ihn bedrohenden Figuren aus seinem realen Leben verschwunden sind.
Es ist für mich ein gutes Erlebnis zu sehen, wie sich das Kind aus seiner Angst befreit und neuen Lebensmut entwickelt. Auch wenn Mathias sich hilflos fühlt, er kann durch solche Erfahrungen lernen, dass seine Angst ihn nicht steuern muss. Er kann angemessenes Verhalten erlernen.
Er wird nicht sofort, aber auf Dauer ein für ihn angemessenes emotionales Muster erlernen, das es ihm erlaubt, sein Verhalten nach seiner Umwelt und seinen eigenen Bedürfnissen auszurichten. Das wird ein erkennbarer Vorteil für ihn selber und für alle Beteiligten sein.
Diese Erfahrung ist für den Jungen nur möglich, weil die Personen, die ihn früher bedroht und körperlich und seelisch schwer verletzt haben, keinen Zugang mehr zu ihm haben. Mathias fühlt sich in seiner Umgebung geschützt, niemand aus seiner alten Welt hat Zugang zu ihm, wenn er das nicht will.
Durch die offene und Vertrauenschaffende Zuwendung erwirbt Mathias Vertrauen in seine Pflegeeltern und entwickelt so Bindungen an sie. Er möchte sie nicht mehr missen.
Diese Bindung ist anderer Qualität, als wenn sie bereits als Säugling entstanden wäre. Es ist eine Nachreifung und bedarf deshalb des besonderen Schutzes und der besonderen Aufmerksamkeit der Helfer.
Aufgabe der Helfer ist es, dafür zu sorgen, dass die Mechanismen verstanden werden und dass diese Nachreifung erfolgen kann. Die Rahmenbedingungen sind so zu gestalten, dass für diese Nachreifung die größtmögliche Chance entsteht.

Biographiearbeit

Die Arbeit, wie sie mit Mathias gemacht wurde, ist zum Teil Biographiearbeit. Wie bei Frau Y (Kapitel V) ist sie als Methode eingesetzt, sich selber zu verstehen.
Ich wende diese Arbeit nicht nur für die Gruppe der Bewerber an, sondern auch in der Vorbereitung der Vermittlung für die Ursprungsfamilien oder für das Kind. Diese Methode ist aber auch im laufenden Beratungsprozess für Kinder und Familien einsetzbar, wenn der Bedarf entsteht.
Die Biographiearbeit kann durch unterschiedliche Medien unterstützt werden,

zum Beispiel durch Photografien, Briefe der Eltern, Tagebücher, Akten in den Behörden, Erinnerungen von Zeitzeugen, Besuche an vergangenen Lebensorten, die Suche nach Geschwistern, Eltern oder anderen Verwandten. Überall dort, wo es Verbindungen gibt, sind Ergänzungen der eigenen Identität möglich, seien sie erfreulich oder bitter. Die Arbeit mit diesen Themen erfolgt mit Hilfe der Fachberater. Sie wird von diesen angeregt, organisiert und beratend und ordnend begleitet. Ihre Erfahrung hilft dabei, dieses Material auszuwerten. Diese Arbeit hilft dem Menschen, sich selber, seine Erfahrungen neu zu ordnen und die Zusammenhänge seiner Lebensgeschichte zu verstehen.

Die Fragen:
Wer bin ich?
Woher komme ich?
Wohin gehe ich?

sind natürliche Fragen des Menschen. Sie sind ihrem Wesen nach spiritueller Natur. Sie sind es, die auch diese Kinder leiten, sich zu verstehen. In einer linearen, ungebrochenen Existenz können diese Fragen häufig sehr direkt beantwortet werden.
Bei den Kindern, mit denen wir arbeiten, ist die Entdeckung der biographischen Zusammenhänge mühsam. Dieses trifft häufig auch auf ihre Eltern zu. Ich habe aber in meiner Arbeit immer das große Interesse der Kinder und später der erwachsenen ehemaligen Pflegekinder erlebt, sich und die eigene Entwicklung zu verstehen sowie den Wunsch, die Gründe, die zu der Trennung von ihren Ursprungsfamilien führten, zu kennen.

Ich habe oft erlebt, dass Menschen ihre Herkunftsfamilien suchen. Oft ist die Erfahrung, wie bei Karla beschrieben, nicht so positiv wie erwartet.
Der eigene, unruhige Geist, die Unzufriedenheit mit einer Situation, die nicht verstanden wird, führen dazu, dass das Kind auch erhebliche Schwierigkeiten in Kauf nimmt, um zu verstehen. Die Kinder können nur sehr schwer mit dem Gefühl leben, von den eigenen Eltern nicht gewollt oder abgelehnt worden zu sein. Sie können deren Unfähigkeit, mit einem Kind zu leben, akzeptieren, sie ertragen jedoch nur schwer die Gewissheit von Gleichgültigkeit oder Ablehnung seitens der Ursprungsfamilien. Oft werden die eigenen Erfahrungen in der Rückschau so unwirklich, dass sie überprüft werden müssen.
Für Pflegefamilien ist es nur schwer nachzuvollziehen, dass ein Kind, das

bereits lange dort lebt, immer nach Klarheit in Bezug auf seine Ursprungssituation strebt. Für mich ist es eine der Selbstverständlichkeiten meines eigenen Lebens, aber auch des Lebens der Pflegekinder.

Die Arbeit zu diesem Thema hat sich im Laufe der Jahre aus der Arbeit mit Pflegekindern entwickelt. Sie ist weniger eine Arbeit mit probaten Methoden gewesen als die Entdeckung der Methoden, Zusammenhänge erklärbar zu machen, so dass ein Kind seine Realität akzeptieren lernt. Diese Akzeptanz hilft ihm in vielen Fällen, mit verletzenden Erfahrungen und den daran beteiligten Personen seinen Frieden zu machen und damit immer mehr ein aktives, auf die persönliche Entwicklung und den Augenblick sowie die Zukunft gerichtetes Leben zu führen. Wenn es möglich ist, so sollte eine Befreiung von den Gespenstern der Vergangenheit geschehen.

Hierbei sollte nicht vergessen werden, dass diese Arbeit bei allen Widersprüchen des Kindes nur deshalb möglich wird, weil das Kind in einen sozialen Kontext eingebettet ist, der es trägt. Dieser Kontext ist im Kern seine jetzige Familie und die Welt, in der es jetzt lebt.

Aber auch in diesem, das Kind tragenden Umfeld gibt es Geschichte. Auch diese Geschichte ist nicht immer frei von Schmerz. Oftmals ist dieser Schmerz, der in der Familie vorhanden ist, von ähnlicher Qualität, wie der des Pflegekindes. Biographische Eigenheiten der Pflege- und Erziehungsstelleneltern lassen die laufende fachliche Begleitung und Unterstützung ebenso erforderlich werden, wie die biographischen Schäden des Kindes. Diese Schäden sind in den Familien bereits vorhanden, bevor ein Kind kommt. Sie sind nicht zwingend vor der Vermittlung eines Kindes erkennbar. Sie werden zu einem Teil von den Pflegeeltern selber erst im Verlaufe der Begleitung reaktiviert und damit bewusst.

Fachliche Begleitung und Unterstützung

Diese fachliche Begleitung der Pflegefamilien findet in Einzel- und Paargesprächen auf der Elternebene statt. Diese Beratung beinhaltet in der Regel die Themen, die sich direkt auf das Pflegekind beziehen. Es werden mit der Familie aber auch die Veränderungen, die innerhalb und außerhalb dieser Familie nach der Aufnahme eines Pflegekindes auftreten, besprochen. Gemeinsam wird beraten, wie die Entwicklung für alle Beteiligten gesteuert werden kann.

Oft sind auch die persönlichen Fragen von Pflegeeltern als Paar oder Einzelpersonen Mittelpunkt der Gespräche. Diese Fragen sind nicht immer direkt erkennbar. Es entstehen auslösende Situationen, welche für die Betroffenen möglichst positiv genutzt werden können. So können alte Erfahrungen oder Traumatisierungen bewusst werden, die in den Prüfungsgesprächen und in der Zeit unmittelbar nach der Aufnahme des Kindes nicht erkennbar waren.

Hierzu ein Beispiel aus der Fallarbeit:
Eine Familie, mit der ich seit mehreren Jahren arbeitete, besuchte ich ohne Ankündigung morgens. Die Ehefrau war alleine zu Hause. Ich sah ihr an, dass es ihr nicht gut ging. Sie hatte große Schmerzen. Die Schmerzen waren aber nicht ihr Problem. Sie war außerordentlich froh über meinen Besuch. Ich wurde auf eine Tasse Kaffee eingeladen. Die Pflegemutter berichtete mir, dass sie unter schlimmen Alpträumen litt, die auch ihren derzeitigen Zustand erklärten.
Während des Gespräches erzählte sie einen dieser Alpträume. Sie erinnerte sich an düstere Drachen, dämonische Augen, Schlangen und so weiter, durch welche wir Bild für Bild hindurch gingen, bis sie das Bild einer Eisenkugel, die ihre Gallenblase abklemmte, sah. Dieses Bild war so dicht und kompakt, dass es scheinbar kein Hindurchgehen gab.
Die Frau strengte sich psychisch extrem an, und irgendwann sprengte sie diese Eisenkugel: Das Innere der Kugel bot sich als eine bizarre Missbrauchssituation dar.
Sie selber saß als kleines Mädchen, ca. sieben bis acht Jahre alt, auf ihrer Fensterbank im Kinderzimmer. Sie spürte das Holz und sah aus dem Fenster hinaus zu den Sternen.
Ihre betrunkene Mutter kam mit Reizwäsche herein und schmückte das Kind zum gemeinsamen Gang zum Vater. Sie verließ ihren Körper und wanderte durch die Welt, während ihr seelenloser Körper den Eltern diente.
Zurückgekehrt nahm sie ihren Körper wieder in Besitz und lebte, als sei nichts geschehen.
Diese Situation wiederholte sich über Jahre hinweg. Als sie 11 Jahre alt war, wollte sie sterben. Sie versuchte, sich zu töten, schaffte es nicht. In diesem Alter hörte der Missbrauch auf.
Wir berieten, dass sie therapeutische Hilfe benötige und fanden eine kompetente Beratung für sie, welche sie mehrere Jahre in Anspruch nahm.

Später sprachen wir noch einmal über diese Situation. Auf näheres Nachfragen erinnerte sich diese Pflegemutter daran, dass ihre eigene Mutter während des Krieges durch Soldaten der Siegerarmee härteste Vergewaltigungen erlebt hatte. Diese Frau konnte ihr Leben oft nur betrunken ertragen und Sexualität nur noch gestört leben. Auch der Bruder der Pflegemutter scheint eine Rolle gespielt zu haben, hat aber nie mit ihr darüber gesprochen. Vom Vater sprach sie nicht mehr. Ihm hatte sie weitgehend verziehen, nachdem er seine Schuld ihr gegenüber eingestanden hatte.

Der eigentliche Schmerz darin ist, dass diese Frau sowie deren Bruder ein Paket mit sich tragen, das ihre Beziehung untereinander und zu anderen Menschen nachhaltig beeinflusst.
Das Wunderbare an dieser Erfahrung mit ihr ist für mich, dass die ganze Familie, in welcher sie die Mutter ist, eine nachhaltige Veränderung erfahren hat. Die dort entstandene Liebe und Akzeptanz zeigt, dass eine teilweise Regeneration der Kräfte möglich ist, wenn vorurteilsfrei Menschen miteinander arbeiten und hierfür die Zeit und der Raum gegeben werden, die erforderlich sind. Voraussetzung aber ist, dass die Betroffenen tatsächlich für sich eine Veränderung wünschen. Die Unzulänglichkeit selber, die wir am obigen Beispiel sehen, zeigt deutlich den Bedarf an Unterstützung.

Gruppenarbeit mit Pflegeeltern / Erziehungsstellen

Ein weiterer wichtiger Baustein in dieser Arbeit ist die Gruppenarbeit mit Pflegeeltern/Erziehungsstellen.

Diese Pflegeelterngruppen dienten ursprünglich dem reinen Informationsaustausch, der Geselligkeit sowie dem Besprechen von Problemlagen.
Die mir seit dem Beginn der 80er Jahre bekannten Gruppen hatten als Themen:
- die Eltern,
- der Umgang mit Behörden, evtl. Rechtsstreitigkeiten u. a. ,
- das Misstrauen einzelner Familien gegenüber 'dem Jugendamt' (zu Beginn meiner Arbeit).

Auf der einen Seite war mir dieses Misstrauen als Bürger gegenüber dem Staat aus eigener Erfahrung vertraut, auf der anderen Seite war ich aber ebenso Teil dieser Behörde, die dieses Misstrauen auch traf.
Dieses Misstrauen basierte nur zum Teil auf schwierigen Erfahrungen der

Pflegeeltern mit dem Jugendamt. Bei näherer Beschäftigung mit dieser Frage fiel mir auf, dass im Wesentlichen diffuse Ängste gegenüber der Gesamtsituation als Pflegefamilie, allgemeine Rechtsunsicherheiten, die oft nicht vorhersehbare Zukunftsperspektive des Kindes, ergänzt durch unzuverlässige Zahlungsmoral der Behörden, Grundlagen des Misstrauens sind.
Pflegeeltern erwarten oft, dass das Jugendamt, in der Person des Fachberaters, ihnen diese Unsicherheiten nimmt. Geschieht dies nicht, so kommt es unter Umständen zu dem Gefühl, allein gelassen zu sein und hilflos der Willkür der Behörde oder den Elterninteressen ausgeliefert zu sein. Die Jugendämter könnten auf der Ebene der Zahlungsmoral Abhilfe leisten, wenn der politische Wille dazu vorhanden ist.
Es ist aber Realität, dass die Problematik um die Situation eines Pflegekindes erst mit der Aufnahme in einer Pflegefamilie in dieser Realität wird. Die Problemlösung entwickelt sich erst gemeinsam mit dem Fachberater in einem oft nicht vorhersehbaren Prozess. Die Unsicherheit ist mit ein wesentlicher Bestandteil einer Pflegefamilie, insbesondere zu Beginn des Pflegeverhältnisses. Klärung dieser Unsicherheiten ist wesentlicher Bestandteil der Pflegekinderarbeit in den Jugendämtern.

Ich habe aber seitens meiner Klienten, Eltern von Pflegekindern sowie Pflegeeltern auch große Wertschätzung erlebt. Sie trennten offensichtlich die persönliche Erfahrung in der Sozialarbeit von der Erfahrung mit der Behörde allgemein, insbesondere von den finanziellen Fragen und der Kontrolle. Oft von Fachberatern vorgestellte Probleme wegen der Zwiespältigkeit als Mitarbeiter des Jugendamtes, auch die Funktion des Fachberaters auszuüben, habe ich nicht real als solche erlebt.
Gerade die Arbeit mit Pflegeelterngruppen erfordert eine sehr sichere Vertrauensbasis untereinander, besonders dann, wenn nicht nur organisatorische Fragen erörtert werden, sondern auch die Pflegeeltern, ihre Erfahrungen und gefühlsmäßigen Beteiligungen, Thema der Gruppenarbeit sind.

Ich erlebte sehr bald, dass die intellektuellen Auseinandersetzungen in Pflegeelterngruppen nicht etwa zu Problemlösungen, sondern eher zu weiteren Verstrickungen und Verwirrungen führten.

Insbesondere Diskussion war in vielen Fällen wenig hilfreich, sondern führte eher dazu, immer höhere Mauern vor der Erkenntnis aufzubauen und damit auch Lösungen zu vermeiden.

Ich arbeite seit Mitte der 80er Jahre mit an Erlebnissen orientierter Gruppenarbeit.
Die Pflegeeltern erarbeiteten mit Hilfe von Traumreisen, Rollenspielen[37] und Standbildern ihre eigenen emotionalen Anteile an den Situationen um das Kind.
Dieses waren Elemente, welche starke Selbsterfahrungen möglich machten und dazu führten, dass die Aufmerksamkeit von dem Kind auf die eigenen Emotionen der Erwachsenen zu diesem Kind gerichtet wurde.
Der Vorteil dieser Methode lag auf der Hand:
Von der Fremdbestimmung und damit dem Beurteilen fort, konnten Pflegeeltern sich ihre eigene Betroffenheit ansehen und in verfahrenen Situationen wieder handlungsfähig werden.
Viele der Aussagen meiner Pflegeeltern haben mich an meine eigenen Elterngefühle erinnert. Auch die Zornausbrüche der Pflegefamilien, die sich nicht in Misshandlungen entluden, waren mir nicht fremd. Z. B.: Pflegeeltern berichteten immer wieder von innerer Wut und Verzweiflung. Sie machten diese Gefühle häufig an den Eltern der Kinder fest. Aber, sie waren es selber, die glaubten, das Kind gleich nicht mehr auszuhalten und vor Wut und Hilflosigkeit an die Wand oder als Alternative, heftig ins Bett zu werfen.
Der einzige Unterschied zu der bisherigen Erfahrung der Kinder: Sie taten es nicht! Sie taten es deshalb nicht, weil sie selber für sich entschieden hatten, dieses nicht zu tun und weil sie Ventile fanden, die ihnen halfen, dieses Gefühl abzuleiten. Eines dieser Ventile waren die Pflegeelternabende. Bis heute schätze ich diese Form der Elternabende sehr.

Für einige meiner Pflegeeltern entstand so etwas wie Freundschaft untereinander. Einige kamen sich sehr nahe und unterhalten bis heute gute Beziehungen untereinander. Immer habe ich Pflegeeltern erlebt, die mit Respekt und Feingefühl miteinander umgingen. Diese sehr annehmende Grundhaltung aller Teilnehmer untereinander ermöglichte auch, dass die Pflegeväter und ich in mehreren Jahren hintereinander ausschließlich für die Männer gedachten Wochenenden zum Thema „Männliche Integrationserfahrungen mit Pflegekindern" durchführten.
Im Mittelpunkt dieser Arbeit stand die körperliche und sinnliche

Wahrnehmung des Kindes sowie dessen Fähigkeit, sich angemessen im Kontext von Familie und Umwelt zu verhalten.

Von Seiten der Pflegefamilien wurde mir oft Freundschaft und Vertrauen entgegengebracht, ohne die meine Arbeit an vielen Stellen erfolglos geblieben wäre. Auch mit dieser freundschaftlichen Grundhaltung ist, entgegen häufig vertretener professioneller Auffassung, ein sehr professionelles Handeln möglich.

Der Austausch von Erfahrungen in einer Gruppe von Menschen mit ähnlichen Erlebnissen gibt Sicherheit. Er hilft, frustrierende Erlebnisse mit dem Kind zu verarbeiten. Insbesondere hilft dieser Austausch dabei, die eigenen Gefühle zu verstehen und als berechtigt anzunehmen.
Die Gruppenarbeit mit Pflegeeltern findet regelmäßig 1x monatlich und 1x im Jahr als gemeinsames Arbeitswochenende statt.
Ich habe es für mich als Berater als eine Erleichterung innerhalb der Arbeit empfunden, wenn nicht nur meine Beraterkompetenz eine Familie begleitete, sondern auch das Wissen und die Erfahrung anderer Menschen für die auftretenden Fragen zur Verfügung stand. Hierbei ist es nicht so wichtig, sichere Methodenkenntnisse zu haben, sondern es ist wichtig, die spielerische Haltung nicht zu verlieren. Der wichtigste Faktor dieser Arbeit war jedoch der persönliche Kontakt zu den Familien und Einzelmenschen.

Gerade innerhalb der Gruppenarbeit wird noch einmal deutlich, wie unterschiedlich die einzelnen Lebensgemeinschaften „Familien" sind.
Es sind sehr unterschiedliche Reaktionsmuster möglich. Muster, die in der einen Familie als normal anzusehen sind, erscheinen in der anderen völlig undenkbar. Hierbei gibt es kein „richtig und/oder falsch". Diese Begriffe gibt es nur in Bezug auf unsere Haltungen und Einstellungen.

In dieser Form der Beratung habe ich die heftigsten emotionalen Entladungen erlebt. Äußerungen wie: "ich könnte ihn/sie gegen die Wand hauen" habe ich im Einzelgespräch nie erlebt. Innerhalb der Gruppenarbeit aber wurde deutlich, dass solche Gefühle durchaus üblich sind. Sie wurden in der Form nur nicht ausgelebt. Die Erfahrung zeigte mir aber, dass nach solchen erlaubten Äußerungen, also nach der heftigsten emotionalen Entladung, neue Überlegungen einsetzten, an denen oft die gesamte Gruppe beteiligt war.

So hatte eine Pflegemutter monatelang das Thema Geburt mit ihrem drei Jahre alten Pflegekind zu spielen, so lange, bis es ihr buchstäblich zum Halse heraushing. Durch die einfühlsame Hilfe der anderen Gruppenmitglieder gelang es ihr, sich aus diesem Prozess zu befreien, ohne das Kind abzulehnen. Sicher, der Junge hat es gebraucht, sich in diese Familie von dieser Frau hinein gebären zu lassen, aber, er durfte nicht im Geburtskanal verbleiben. Die Pflegemutter und er mussten erlernen, dass es eine Trennung gab. Auch die Pflegemutter musste lernen, dass sie diesen Prozess aktiv gestalten konnte und nicht jeden Tag neu dieselbe Situation durchgespielt werden musste. Sie nabelte ihn schließlich ab, nachdem sie ihren Zorn und ihre Hilflosigkeit in der Gruppe gezeigt hatte und selber als eigenes Thema verstand. Sie erhielt Hilfe in Form von Beratung durch andere Frauen, die ja zum Teil ähnliches erlebt hatten.
- Der Pflegesohn entwickelte sich sehr langsam. Im Laufe der Zeit lernte er, sich als Teil seiner Pflegefamilie zu definieren. Heute ist dieser Junge bereits 15 Jahre alt. Er ist ein geistig sehr weit eingeschränktes Kind. Seine intellektuelle Entwicklung erfolgt sehr zögerlich. Trotz erheblicher sozialer Defizite lebt er noch innerhalb der Familie und hat in der Zwischenzeit deren Namen angenommen. -

Der Effekt der Regression eines traumatisierten Kindes ist in Fachkreisen als Teil der notwendigen Prozesse zur Integration eines Kindes in ein neues Lebensumfeld durchaus bekannt. Es ist die Rückkehr in frühere Entwicklungsphasen. Viele Pflegekinder gehen während ihrer Zeit in der Pflegefamilie in ihre frühere Kindheit zurück. Sie leben diese Zeit noch einmal und holen nach, was sie in der Vergangenheit vermisst haben. Sie lernen einfach völlig neue Muster der Emotionen und Kommunikation kennen und nehmen diese in ihr Grundmuster auf.
So werden sie psychisch ein Bestandteil des Kommunikationsfeldes in dieser neuen Welt, ihrer Familie. Sie bleiben sicher der, der sie sind. Sie werden aber ein Teil dessen, dem sie angehören.
Dieses Angehören entspricht nicht der eindeutigen Bindung, die durch positive Schwangerschaft und Annahme bzw. Weiterführung des Lebens, in dem dann ja akzeptierenden Lebensraum entsteht. Diese Form der sozialen und emotionalen Elternschaft und Kindschaft ist ein Ersatz für misslungene Inkarnation[38] eines Menschen in seinen Körper und in die soziale Gemeinschaft, in die er hineingeboren wurde und welche ihm keine seiner Lebenskraft entsprechende Zugehörigkeit erlaubte.

Das Wissen um diese Tatsache bleibt. Die Tatsache selbst ist Bestandteil des Lebens aller Beteiligter. Wenn alles so ist, wie ich es mir wünsche, darf dieses Wissen vergessen werden, um einer Selbstverständlichkeit innerhalb der Gemeinschaft Platz zu machen, welche keine Unterschiede in dem Zusammenleben zwischen den einzelnen Teilen des sozialen Organismus „Familie" macht.

Dieser komplizierte Prozess ist das Thema, um das sich die Gruppenarbeit mit Pflegeeltern und Erziehungsstellen rankt. Die gegenseitige Unterstützung der Erziehungsfamilien und Pflegefamilien untereinander besteht aber nicht alleine darin, die psychischen Mechanismen zu verstehen und zu akzeptieren.
Ein wesentlicher Effekt besteht in der weiteren Entwicklung der eigenen Verhaltensmuster. Die kritische Auseinandersetzung mit erzieherischem Verhalten ist ein Baustein dieser Arbeit. Verhaltensmuster von Eltern in ihrer Rolle, die von ihnen selber unangenehm oder als ungewöhnlich erlebt werden, können im Gespräch miteinander überprüft, relativiert und verändert werden.

Kommentar
Wenn ich mir vorstelle, dass gerade bei diesen sehr komplizierten psychischen Prozessen die Familien unbegleitet bleiben, so kann ich dieses heute nicht mehr verstehen.
Die Gruppenarbeit mit Pflegeeltern zeigt, dass während aller Entwicklungsphasen der Pflegekinder der Austausch mit Menschen ähnlicher Erfahrungen eine große Hilfe bei der Bewältigung von sehr schwierigen Problemen darstellt. Die Pflegefamilie selber fühlt sich in einem kommunikativen Netzwerk mit hoher gegenseitiger Akzeptanz zu der Tätigkeit aufgehoben. Die hierdurch entstehende Sicherheit hilft, dem Kind Stabilität zu vermitteln. So werden untereinander auch Solidarleistungen möglich, die ohne eine solche Gruppe ausbleiben. Solidarität in schwierigen Zeiten schafft Vertrauen in andere Menschen. Diese vertrauensvolle Stimmungslage teilt sich dem sozialen Netz, also auch dem Pflegekind, als Kompetenz mit. Eine solche Arbeit ist nicht nur Arbeit mit den Menschen, sondern sie bewirkt etwas für die Menschen und die Menschheit. Sie erhält den Menschengeist.

Erlebnisorientierte Gruppenarbeit mit Pflegekindern

Diese Arbeitsmethode habe ich 1984 das erste Mal durchgeführt. Es war meine Idee, diese Kinder, die in ihrem sozialen Kontext nichts als Schwierig-

keiten hatten, mit ihresgleichen zusammenzubringen.
Von Beginn an nahm ich meine damals vierjährige Tochter mit in diese Freizeiten. Wenn es ihre Zeit erlaubte, begleitete uns auch meine Frau und später unsere beiden Jungen. Es gab nie Probleme zwischen den Pflegekindern und den meinigen. Eher wirkten meine Kinder häufig beruhigend und ausgleichend auf die zum Teil sehr massiv gestörten Pflegekinder.

Ich setzte bei dieser Freizeit von Anfang an auf Naturerfahrungen und Erfahrungen von Phantasie. So gehen wir bis heute ausschließlich auf natürliche Zeltplätze. Für uns ist es nicht möglich, mit andern Gruppen den Platz zu teilen. Unsere grenzenlosen Kinder würden sich in den anderen Gruppen auflösen. Sie verlören ihre Orientierung. Sie wüssten nicht, wohin sie gehören.
Die Bedingungen sind primitiv. Wir haben ein Plumpsklo für die Notdurft und eine Wasserpumpe für die Hygiene. Trinkwasser wird gekauft und in Kisten herangeschafft. Wir kochen selber.
Die Idee ist, dass der Umgang der Kinder mit Regen, Feuer, Erde, Luft, warm, kalt, Sonne, Wolken und Wind ihnen gut tut. Sie werden befähigt, ihre Welt und auf diesem Wege sich selber besser wahrzunehmen und die Gruppe als Ganzes wichtig zu nehmen. Wir wünschten uns, dass Gefühle und Haltungen mit Hilfe dieser Erfahrungen nachreifen könnten. Dieses Konzept sollte sich für die Kinder zu einem Teil, eines 'natürlichen Prozesses ganz zu werden', entwickeln. Ich wünsche mir, dass die oft schwer verletzten kindlichen Seelen ein wenig 'ganzer' werden.
Ich wollte nicht, dass eine fremdbestimmte, undurchschaubare Ordnung, z. B. in Jugendherbergen, diese Kinder unsicher macht. Sie sollten die Möglichkeit haben, die erforderliche Ordnung im Alltag zu erkennen und zu erleben. Wir wünschten, dass diese Kinder so viel von dieser Ordnung aufnehmen wie irgend möglich. Dazu erschien uns die Natur der richtige Ort.

Wichtig war mir bei dieser Freizeit, dass es Möglichkeiten für diese Kinder geben sollte, aus ihrer Isolation als „Pflegekinder" herauszutreten und zu erleben, dass auch andere Menschen Schwierigkeiten haben, ohne deshalb etwas besonderes zu sein. Auch deren Pflegegeschwister hatten die Möglichkeit, an dieser Maßnahme teilzunehmen.

Hierzu ein Beispiel:

<u>Helga,</u>
blond, 10-jährig, als Kleinkind sexuell missbraucht, hatte diesen Missbrauch therapeutisch bearbeitet. Nun neigte sie dazu, jedem, ob er es hören wollte oder nicht, zu erzählen, sie sei ein missbrauchtes Kind. Als sie an der Ferienmaßnahme teilnahm, hörte sie in dieser Gruppe zum ersten Mal von einem anderen Kind: "Lass mich in Ruhe mit deinem Quatsch, das kenne ich selber." Helga lernte schnell, dass auch andere Menschen Probleme haben. Sie hat zwar ein Recht darauf, mit ihren Erfahrungen dann, wenn sie überwältigend herausdrängen, ernstgenommen zu werden. Sie erhält dann die nötige Aufmerksamkeit und Nähe. Es gibt aber Zeiten, in denen das normale Leben auch für sie einfach weitergeht. Sie lebt dann nicht im Mittelpunkt, sie kann mit anderen Freude und Spaß leben.

Aber auch wir als Kollegen lernten.
Wir hatten und haben zu unseren Pflegekindern in dieser Zeit Nähe hergestellt. Eine meiner Kolleginnen wurde eines Nachts von heftigem Weinen geweckt. Helga hatte Alpträume. Wieder einmal war sie im Traum in einer diffusen unwirklichen Welt, in der sie nicht genau erkennen konnte, was geschah. Meine Kollegin weckte Helga auf. Im Halbschlaf berichtete sie von ihrer frühen Missbrauchserfahrung.
Meine Kollegin hatte mit dieser Eröffnung nicht gerechnet. Am folgenden Tag besprachen wir die Situation, mit der sie nur sehr schwer umgehen konnte. Zum Glück war mir das Trauma des Mädchens bekannt. Wir konnten diese Situation gut meistern, weil wir sehr gut zusammenarbeiteten. Wir beschlossen, dass in Zukunft nicht sie der erste Ansprechpartner für Helga ist, sondern meine Frau. Das half ihr, die nötige Distanz und damit die erforderliche Sicherheit für den Umgang mit dem Kind in Alltagssituationen wiederzugewinnen.
Wir lernten mit den Kindern, solche Erinnerungen zu meistern und neue, einfache, stärkende Erfahrungen zu machen.

Wie schon berichtet, setzten wir interessante Hilfsmittel ein.
Wir vermittelten mit Hilfe der Schwitzhütten und der Traumreisen innere Erfahrungen, von denen ich mir wünsche, dass sie den Kindern einen inneren Ort zeigen, der sie selber sind.
Wir wünschen, dass diese Kinder sich nicht vor sich selber fürchten, dass sie

lernen, wie echt sie, ihre Erfahrungen und Gefühle sind.
Beispiel:

Roy, Walter und Jürgen - oder: 'Das Herz des Steines'
Einmal nahm ich Roy (siehe Kapitel I) mit in die Ferienfreizeit.
Roy war ungefähr neun Jahre alt. Wir machten eine Schwitzhütte und hatten Gelegenheit, Traumreisen durchzuführen.
Roy versenkte sich in einen Fluss und hatte eine wunderbare Begegnung mit diesem, die er uns nachher sehr berührt erzählte.
Roy war mit dem Geräusch dieses Flusses gewandert. Er hatte das leise Plätschern der Wellen am Ufer, ihr Brechen am Stein sowie das stetige Rauschen vernommen. Er war in seiner Phantasie gereist, war den Flussbewohnern begegnet, hatte das Meer gesehen und erfahren, wie umfassend dieser Planet von diesem Wasser durchzogen und umspült ist. Roy hatte sich als Teil einer realen Welt erlebt. Er genoss es, mit anderen Kindern seine Erfahrung auszutauschen.
Zum Beispiel mit **Walter**, einem blonden Junge gleichen Alters, der den Drang hatte, gegen jede Regel zu verstoßen und es liebte, Feuer zu machen, egal wann und wo auch immer. Walter war bei einer der frühesten Freizeiten das erste Mal dabei und genoss es, sieben Tage hintereinander Feuer zu machen. Sein Drang zu zündeln war danach erheblich abgeschwächt, zumindest steckte er keine parkenden Autos mehr in Brand. Das erleichterte ihm und seiner Umwelt das Leben miteinander sehr.
Walter saß an einem Baum. Er spürte während der ca. ¾-stündigen Sitzung dessen Kraft und Leben. Er hatte eine klare Vorstellung, mit diesem Wesen kommuniziert zu haben und sein Leben zu erspüren. Er hatte den Wind in seinen Blättern ebenso wie den Saft in den Adern gespürt, die Wurzeln mit ihrer Kraft zu halten und nicht zu wanken. Er hatte die Kraft in seine Wirbelsäule dringen lassen und fühlte sich anschließend nicht mehr so erbärmlich, klein und hilflos wie sonst. Walter war glücklich.

Ein dritter Junge, **Jürgen**, meditierte mit einem Stein in den Händen auf seinem Schoß. Er hatte das Gefühl, den Mittelpunkt dieses Wesens zu erspüren. Er nannte es **das Herz des Steines**. Er hatte erlebt, wie dieser schwere und in die Erde zurückstrebende Stein, den er kaum tragen konnte, in seinem Schoß leicht wurde. Er hatte erfahren, dass dieser Stein lebt und das Gefühl gehabt, er pulsiere wie ein langsam schlagendes Herz. Er lernte das Herz des Steines kennen. Jürgen konnte die Leichtigkeit des Steines, die dieser im Verlaufe der Sitzung angenommen hatte, als ein Gefühl von Liebe definieren.

<u>Raphaela</u>
war ein Kind, das sich häufig verletzte. Einmal lief sie vor ein Auto. Sie brach sich alle möglichen Knochen und wurde monatelang im Krankenhaus versorgt. Als sie mir davon berichtete, war sie nicht einmal traurig. Sie wirkte heiter und glücklich. Sie erlebte zum ersten Mal in ihrem kurzen Leben, dass sich die Menschen, welche ihr etwas bedeuteten, wirklich um sie kümmerten.
Ich kannte diese Familie gut. Jedes Mal, wenn ich Raphaela und deren Pflegebruder Bodo, die Kinder der Familie sah, wurde ich von deren Trauer überrascht. Viermal nahmen sie an unserer Freizeit teil und ich erlebte, wie diese Kinder im Laufe der Zeit immer gelöster und fröhlicher wurden. Sie entwickelten sich zu Gruppenmitgliedern, die Freude ausstrahlten, Regeln lernten und anderen vermittelten. Es waren freundliche und akzeptierte Menschen, die Zuneigung erlebten und diese auch genießen konnten.
Bodo formulierte anlässlich einer Traumreise zu den Sternen: "Ich sehe die Erde ganz, ganz weit entfernt. Sie brennt, sie ist meine **Heimat**." Er berichtete nachher traurig darüber, dass seine Heimat zerstört werden wird. Diese Heimat, seine Erde, brannte. Wie recht Bodo hatte. Wenige Wochen später trennten sich seine Pflegeeltern. Seine Heimat war tatsächlich in Gefahr.

Dieses ist unter anderem auch ein Beispiel für das sehr sichere emotionale Gespür der Kinder. Sie wissen sehr genau, was um sie herum geschieht, auch dann, wenn es nicht offen ausgesprochen wird.

In unserer letzten Freizeit nutzten wir ein neues Medium. Meine Praktikantin hatte in ihrer Ausbildung gelernt, Masken zu bauen. Nach einer Traumreise, in der die Kinder, die mitmachten, ihrem Traumtier begegneten, wurden im Verlaufe der kommenden Woche diese Tiere als Maske von den Kindern hergestellt.
Während der jeweiligen Arbeitsschritte entstanden große Konzentration und Ruhe. Die Kinder identifizierten sich stark mit ihrem Werk. Sie fanden ihren ganz persönlichen Ausdruck. Zu jeder Maske wurde mit dem jeweiligen 'Besitzer' ein Interview geführt, in dem noch einmal die Bedeutung der Maske erfragt wurde. Am Ende der Freizeit präsentierte sich jedes Kind mit seiner Maske. Ein Mädchen der Gruppe stellte jede einzelne Maske mit seiner jeweiligen Bedeutung vor. Es war eine sehr schlichte und ergreifende

Zeremonie, in der sich jeder noch einmal präsentierte.
Die Erfahrung zeigt, dass, wenn die Kinder einen Ausdruck für sich finden, ihre Lebenssituationen für sie leichter zu durchleben und zu akzeptieren sind. Aber nicht nur diese tiefen seelischen Erfahrungen sind es, die diese Freizeit ausmachen. Wir gehen sehr konsequent, liebevoll und respektvoll mit den Kindern um. In Krisen sind wir laut, ärgerlich oder freundlich, leise und so weiter. Wir zeigen unser natürliches Verhalten miteinander und den Kindern gegenüber. Wir sind Beispiele, Vorbilder, die von den Kindern sehr genau wahrgenommen, interpretiert und imitiert werden.
Wir machen sehr gutes Essen, besonders seit meine Frau mitfährt und den Speiseplan nicht mir überlässt, sondern ihn mit meiner Kollegin berät.
Der Ort, an den wir fahren, ist immer gleich. Wir haben eine Tradition entwickelt, die in der sich jährlich verändernden Gruppe von den erfahrenen Kindern an die weniger erfahrenen weitergegeben wird.

Wir haben ein sich ständig veränderndes Konzept, das sich an die jeweilige Gruppe anpasst sowie stabile, immer wieder gleiche Grundbedingungen. Wir fahren für ca. 10 Tage mit den Kindern fort. Wir sind fast immer das gleiche Team. Dieses Team besteht aus einer Kollegin, meiner Frau, wenn es geht einem Praktikanten und mir. Da meine Kinder während unserer Abwesenheit zu Hause nicht betreut wären, nehmen auch sie an der Maßnahme teil.

Agnes ist inzwischen eine erwachsene Frau. Sie formulierte für sich die Erfahrung während eines Besuches bei mir so: „Die Freizeiten mit dir waren das Schönste, was ich bis heute in meinem Leben erlebt habe." Diese Formulierung alleine rechtfertigt nach meiner Auffassung den Aufwand, der mit einer solchen Maßnahme betrieben wird.
Wenig Schlaf, ständige Präsenz, hohe Konzentration, das sind die Merkmale der erwachsenen Betreuer. Die Teilnahme von Praktikanten ist für uns trotz aller Unsicherheit und beruflicher Unreife eine große Hilfe; besonders dann, wenn es darum geht, für ein bestimmtes Kind spezielle Maßnahmen umzusetzen.
Beispiel:
In unserer vorletzten Maßnahme fuhr ein depressives Mädchen, nennen wir es Raphaela, mit uns. Die 16-Jährige glaubte, dass ihr Leben frühestens gegen Mittag beginnt und in den frühen Morgenstunden der Tag endet. Sie war völlig schlaff, schlecht gelaunt und hatte eine düstere, klebrige Ausstrahlung, mit der sie in der Lage war, jeden mit in ihren düsteren Keller zu nehmen, der

sich ihr liebevoll zuwandte.
Nachdem meine Frau sich mit ihr in diesen emotionalen Keller begeben hatte und fälschlicherweise glaubte, sie mit Nähe und Zuwendung dort abholen zu können, lösten meine Kollegin und ich dieses mit ihr auf. Meine Frau ist nicht die Therapeutin und sollte es auch zumindest in dieser Freizeit nicht sein.
Mein Praktikant, ein sehr sportlicher Typ, bekam einen speziellen Auftrag: Zwei mal täglich hatten er und unsere Raphaela die Aufgabe, sportlich aktiv zu sein. Also joggte er mit ihr. Innerhalb kürzester Zeit verbesserte sich ihr Zustand. Sie wurde zusehends fröhlicher. Nun veränderten wir ihren Schlafrhythmus. Wenn sie es sich erlaubte, spät aufzustehen, so ging sie am Abend früh ins Bett. Das gefiel ihr so wenig, dass sie freiwillig morgens aufstand. Zusehends nahm sie am Gruppengeschehen aktiv teil. Wir hatten mit sehr wenig Aufwand viel erreicht. Ohne den Praktikanten wäre das sicher nicht möglich geworden.

Es geht hierbei nicht um einen dauerhaften Erfolg. Dieser ist abhängig von dem sozialen und emotionalen Umfeld, in dem die Kinder leben.
In diesem Fall hielt der Erfolg nur so lange, bis die Maßnahme zu Ende ging. Der hilflose Vater rief schon wenige Tage nach der Rückkehr seiner Tochter bei mir an. Er klagte über seine Tochter. Ich konnte ihm am Telefon für diesen Augenblick nicht helfen. Ich habe mir gewünscht, er nähme Beratung bei einer kompetenten Stelle an und würde einfach mehr Zeit und Verständnis für seine Tochter aufbringen.
Leider war das nicht der Fall. Der Vater brachte seine Tochter wenige Tage später mit einer massiven Angstsymptomatik in die Psychiatrie, wo sie für die Dauer eines ½ Jahres blieb.
Raphaela zeigte, dass die repressiven Bedingungen ihrer Umwelt und das gleichzeitig geschehende intrigante Spiel ihrer Mutter sie krank machten. Aber, mit Hilfe ihrer Erkrankung hat sie es geschafft, ihre zerstrittenen Eltern dazu zu bewegen, sich ein wenig um sie zu kümmern.
Während des Psychiatrieaufenthaltes wurde eine Erziehungsbeistandschaft eingesetzt. Die Kollegin fand Zugang zur Familie. Raphaela kehrte nicht nach Hause zurück. Mit dem Einverständnis ihres Vaters, der sich zunächst massiv weigerte, das Mädchen gehen zu lassen, konnte sie in eine Erziehungsstelle wechseln. Raphaela hat im Sommer eine Ausbildung begonnen. Sie beginnt, ihre Beziehungen zu den Geschwistern und Eltern mit Hilfe der Erziehungsbeiständin neu zu ordnen. Es wird sicher noch lange dauern, bis ihre Angst sie verlassen hat.

Der Familie wünsche ich, dass sie sich mit Hilfe von fachlicher Begleitung so verändert, dass die einzelnen Mitglieder wieder vertrauensvoll und wertschätzend miteinander umgehen können.

Ein wichtiger und zu früherer Zeit wenig beachteter Faktor der Freizeit ist die Entlastung der Pflegefamilie. Die Pflegeeltern formulieren es so: „Es ist schön, dass er wieder da ist, aber, ich konnte endlich wieder einmal eine kurze Zeit nur ich selber sein". Oder: „ Es ist gefährlich, das Kind mitfahren zu lassen, denn man weiß jetzt wieder, wie es ohne sie sein könnte." Aus diesen Bemerkungen spricht nicht die Verachtung für das Kind, sondern die große Belastung für private Haushalte, die durch die Aufnahme eines traumatisierten Menschen eintritt.

Beratungsarbeit mit Kindern

Die direkte Arbeit mit Kindern wird in der Regel von den Pflegeeltern oder aber von Therapeuten und Medizinern sowie Lehrern geleistet. Außerhalb dieser Professionen bleibt ein Bereich der Sozialarbeit vorbehalten. Es handelt sich hierbei um die Identitätsbestätigung des Kindes.

Kinder in Pflegefamilien und Erziehungsstellen haben häufig biographische Brüche erlebt. Diese Brüche entstehen durch die Fremdplatzierung selbst, durch Unterbrechungen und Veränderungen der Lebensräume nach Situationen der Überforderung von Pflegefamilien oder Heimgruppen. Diese Brüche lassen das Kind hilflos in Bezug zu seiner Identität werden. Das Kind verliert den Überblick über seine Entwicklung. Das macht oft die Arbeit zu seiner Identität notwendig. Auch ist es erforderlich, Situationen innerhalb der Pflegefamilien nach der Vermittlung eines Kindes zu begleiten und gegenseitig mit den Kindern und den Pflegeeltern die unterschiedlichen Erfahrungen und die daraus entstehenden Reaktionen zu übersetzen. Wenn der Zusammenhang mit früheren Lebensräumen und Menschen hergestellt wird, kann das bei der alltäglichen Übersetzung der Botschaften des Kindes helfen. Fragen und Antworten werden möglich, die ohne diese Arbeit nicht bewusst werden. Gefühle und emotionale Ausbrüche werden verstehbar und erhalten eine andere, positive Aufmerksamkeit.

Bericht einer Fallarbeit
Ein jetzt achtjähriger Junge, Rolf, kommt mit seiner Großmutter, bei der er seit drei Jahren lebt, zu mir. Er kommt in der Schule gut mit, fällt aber durch seine große Unruhe auf. Medizinisch liegen außer einer Farbsehschwäche keine Störungen vor. Der Psychologe, dem er durch die Großmutter vorgestellt wurde, beschreibt ihn als normales, unauffälliges Kind.
Die Großmutter ist mir seit mehreren Jahren bekannt. Sie hatte sich sehr für ein Überwechseln des Kindes zu ihr eingesetzt. Der Junge ist das ältestes von vier Kindern aus der gescheiterten Ehe ihres Sohnes. Der Vater besuchte sie oft, beschäftigte sich aber nur wenig mit Rolf. Zu seinen anderen Kindern hielt er nur selten Kontakt.
Die Kindesmutter ließ die Kinder häufig alleine, blieb nächtelang weg. Sie hatte häufig wechselnde Partner, die in die Familie ein und aus zogen. Als Rolf noch bei seiner Mutter lebte, wurde er von deren Partnern geschlagen. Als fünfjähriger Junge wurde er als das älteste Kind von der Mutter in die Pflicht zur Versorgung der Geschwister genommen.
Wenn Rolf seine Mutter sehen will ruft er vorher dort an um zu erfahren, ob sie Zeit für ihn hat. Vor einem ¾ Jahr starb sein bester Freund an plötzlichem Herzversagen.

1. Termin
Als Rolf mit seiner Oma das erste mal zu mir kam, wirkte er sehr unruhig. Er zeigte keine Angst, wirkte aber traurig. Rolf und ich sprachen über seine Trauer. Er vermisst seinen verstorbenen Freund sehr.
Wir sprachen über seine Angst, die noch daher rührt, dass er in der Vergangenheit sehr viele Dinge erlebte, die für ihn verletzend waren. Er fürchtet, dass seine im Haushalt der Mutter zurückgebliebenen jüngeren Schwestern eben solche Situationen erleben.
In dem Gespräch wurde deutlich, wie sehr Rolf sich um seine Schwestern sorgt. Er hatte kein Vertrauen zu seiner Mutter. Rolf entschuldigte sie damit, dass sie ja arbeiten müsse.
Diese Erklärung gilt für alle Dinge, die zu Hause nicht richtig gelaufen sind. Rolf hatte kein Vertrauen in den neuen Ehemann der Mutter.
Der Junge beschrieb, dass er oft nächtelang alleine mit den Geschwistern war. Einer der Partner der Mutter sperrte ihn in einen Karton ein, in dem Rolf große Angst hatte. Rolf hat erlebt, dass eine seiner Schwestern in einer Nacht verschwand. Die Familie suchte lange nach ihr. Der Junge hatte von der Mutter die Verantwortung übertragen bekommen und fühlte sich daher

schuldig. Auch wenn er diese Verantwortung wegen seines Alters nicht tragen konnte, so vermittelten die Wut und Angst der Mutter ihm doch, dass er versagt hatte.
Seine Schwester wurde später bei einer Bekannten der Mutter im gleichen Haus gefunden. Das Kind war nachts aufgewacht, während Rolf schlief und hatte die Wohnung verlassen. Den Weg zu der Bekannten der Mutter kannte sie, diese hat sie aufgenommen, in der Annahme, dass das Kind alleine sei. Das alles erzählte Rolf mir.
Er berichtete, dass er sehr froh sei, nun bei der Oma zu leben und jemanden zu haben, der für ihn sorgt.
Zu Beginn des Termins war Rolf äußerst unruhig. Er konnte niemanden ansehen, zappelte auf dem Stuhl herum, stand auf, lief herum, setzte sich wieder. Er saugte ständig an einem Strohhalm und fummelte mit den Händen in seinem Gesicht, an Lippen, Nase und an seiner Brille. Mit den Beinen schlug er gegen den Tisch und die Stühle.
Während dieses Gespräches wurden die Hände und Beine von Rolf immer ruhiger.
Gegen Ende des Gespräches kuschelte er sich an seine Oma.
Die Großmutter hatte diesem Gespräch aufmerksam zugehört. Sie kannte diese Berichte schon. Es gab nur einen kleinen Unterschied in der Situation: Rolf durfte Gefühle wie Wut, Enttäuschung, Trauer haben. Die Großmutter versuchte zu Hause, ihn zu beschwichtigen und abzulenken und glaubte, dem Jungen damit zu helfen.
Im Gespräch mit mir dürfen alle so sein, wie sie sind.

Wir hatten weitere Termine. Für Rolf ging es darum, seine Familie, die erlebten Gegebenheiten und seine Rolle darin zu verstehen.

2. Termin
Rolf war sehr interessiert daran, Familiengrafik zu machen.
Zu diesem Termin brachte Rolf ein von ihm selber gestaltetes Bild seiner Familie mit. Ich war sehr gespannt darauf, was er mir berichten und zeigen würde. Zudem hatte er ein Geschenk für mich: er brachte mir zu diesem Besuch eine weiße Taube aus Wachs mit (ich habe die Taube als ein Symbol für seinen verstorbenen Freund gedeutet).
Rolf hatte seine Schwestern als Pferde, sich als kleinen, seinen Vater als großen, schwarz-weißen Orca und seine Mutter als einen orangefarbenen Skorpion gemalt. Die Tiere durften nicht interpretiert werden.

Rolf war dazu übergegangen, zu Beginn das Schild „Gespräch" außen an die Türe zu hängen und die Sitzung damit von sich aus zu beginnen und indem er es wieder abnahm, zu beenden.
Rolf sprach in dieser Stunde sehr viel von seiner Familie. Er erinnert sich, dass er sehr viel auf seine drei Schwestern im Alter zwischen vier und damals 1½ Jahren achten musste, als er erst fünf Jahre alt war. Die Kinder wurden, nachdem der Vater die Familie verlassen hatte, sehr viel alleine gelassen. Rolf wurde nach seinem Erleben häufig von der Mutter und deren Freunden geschlagen.

Sein Vater nimmt sich heute zu wenig Zeit für ihn, obwohl er sich häufig im Haushalt der Großmutter aufhält. Er hat eine neue Partnerin, die auch Kinder hat. Ihr Sohn ist im Alter von Rolf, es ist für ihn ein Rivale.

Rolf spreche ich in dieser Stunde direkt auf seine Wünsche und Vorstellungen an, die wir auch protokollieren.
Rolf hat folgende Wünsche und Befürchtungen:
- Er möchte, dass Mama und Papa zusammen sind.
- Das geht aber nicht, die streiten sich ständig.
- Wenn ich weiß, dass sie nicht mehr zusammenkommen, dann muss ich eben damit klarkommen.
- Die Eltern sollen wieder mehr miteinander sprechen.
- Der Papa geht nur zu der Mama, wenn die Schwestern Geburtstag haben.
- Mama war faul, sie hat mich alles machen lassen, auch die Kinder in den Kindergarten bringen, ich möchte ihr das einmal sagen und fragen, warum das so war.

In diesem Termin erfahre ich von der Großmutter und Rolf die Anschrift seiner Mutter. Mit beiden vereinbare ich, dass wir mit Hilfe des Sozialdienstes und der Eltern eine Absprache zur weiteren Arbeit treffen werden.
Die Dinge, die Rolf beschäftigen, müssen mit seinen Eltern besprochen werden. Wir vereinbaren, dass wir die Eltern einladen werden, um die Dinge mit ihnen zu besprechen, die Rolf bewegen.
In diesem Termin stand das Thema 'Familie' sehr klar im Vordergrund. Rolf ordnete im Gespräch die Themen selbst, er raste nicht mehr hindurch.

Rolfs Großmutter
Die Präsenz der Großmutter in diesen Gesprächen war mir sehr wichtig. Sie war in einer schwierigen Situation. Sie war bemüht, ihrem Enkel zu helfen und ihn zu entlasten. Tatsächlich aber half sie ihm, sie selber nicht mehr zu belasten. Sie ertrug die quälenden Gedanken des Jungen nicht gut und gab im Alltag ausweichende und beschwichtigende Antworten. Damit entfernte sie sich von ihm. Der Junge fühlte sich einsam und nicht verstanden.
Die Großmutter lernte, dass durchaus mit einem Kind die ganze bekannte Realität seines Erlebens besprochen werden kann. Ebenso lernte sie, seine Gefühlswelt als natürliche Reaktionen auf seine Außenwelt zu verstehen, die ihm Schmerz zugefügt hatte. Seine Schmerzäußerung wurde ernst genommen. Auf diese Weise wusste er, dass er ein Mensch ist mit Emotionen, die keiner Bewertung bedürfen, sondern die so sind, wie sie sind.

3. Termin
In diesem Termin wurde der Hilfeplan für Rolf auf meinen Wunsch hin gefertigt.
Rolf nahm nicht an diesem Planungstermin teil, er wusste aber davon. Die Kollegin des Sozialdienstes hatte die Eltern, die Großmutter und mich eingeladen. Es war erforderlich, diesen Hilfeplan zu erstellen, um den Arbeitsauftrag, den Rolf mir durch seinen Wunsch nach Klärung gegeben hatte, durch die Eltern und die für die Organisation der Hilfe zuständige Sozialarbeiterin bestätigen zu lassen.
Nach einer eindringlichen Schilderung der Not des Jungen zeigten beide Eltern Interesse daran, Gespräche mit ihm und mir sowie der Großmutter zu führen. Die Großmutter bekräftigte noch einmal ihren Wunsch nach solchen Terminen, in denen Rolf lernt zu verstehen, was geschehen ist. Sie wünschte ausdrücklich die Beratung durch den Fachdienst für Pflegekinder.

Zum ersten Termin sollte von mir eingeladen werden. Die Mutter erklärte sich bereit, den Anfang zu machen.

4. Termin
Rolf teilte ich das Ergebnis der Besprechung mit. Er strahlte übers ganze Gesicht und meinte, nun sei ja alles gut. Er wusste nicht, dass die eigentliche Arbeit nun erst begann.
Wir entwarfen zusammen einen zehn Punkte umfassenden Katalog von Fragen, die er mit der Mutter besprechen wollte.

Seine Eröffnung des Themas:
Eltern dürfen Kindern nicht zu viel zumuten! Er präzisiert: Einkaufen, alleine sein.

10 Fragen an die Mutter:
- Warum hast du uns so oft alleine gelassen?
- War es richtig, dass ich auf die Mädchen aufpassen musste?
- Warum musste ich immer einkaufen?
- Warum musste ich immer meine Geschwister zum Kindergarten bringen?
- Warum habe ich immer den Po gehauen gekriegt? – bin ich ein böses Kind?
- Warum wurde ich 'von dem Mann' (gemeint ist ein Freund der Mutter) in den Karton in die Ecke gehauen?
- Warum gab es so viele Männer?
- Wie soll es weiter gehen?
- Hast du Zeit für mich?
- Sollen wir zusammen planen?

Während dieses Termins war Rolf extrem unruhig. Er rutschte auf dem Stuhl hin und her, verdrehte die Hände ineinander, kaute den Strohhalm eines Trinkpäckchens, das er mitgebracht hatte und traute sich kaum, selbstständig etwas zu formulieren.
Die Fragen formulierten wir zusammen aus den unvollständigen Sätzen, die an unsere bisherigen Gespräche anschlossen. Ich schrieb sie auf ein großes Blatt Papier. Rolf wurde von mir immer wieder um Korrektur gebeten und machte davon Gebrauch, so dass seine persönlichen Fragen nachher auf dem Papier standen. Gegen Ende des Termins verließ er wieder den Raum, er hatte genug gearbeitet. Rolf formulierte: Wenn ich an diese Dinge denke, dann bin ich immer sehr traurig, aber nachher geht es mir viel besser. Er ließ mich mit der Großmutter alleine.

Die Großmutter
machte sich zu diesem Zeitpunkt Sorgen über Rolfs Schulleistungen. Er war bislang ein guter Schüler. Sie befürchtete, dass er nicht mehr zurechtkäme. Seine Leistungen verschlechterten sich leicht. Wir besprachen, dass das völlig normal ist.
Rolf beschäftigte sich so sehr mit anderen Dingen, dass er kaum in der Lage

war, dem Unterricht vollständig zu folgen. Außerdem hatte er jetzt weniger Zeit zum Lernen. Zwischendurch dachte er immer wieder über sich und seine Familie nach. Er war aber bereits weniger unruhig und motorisch nicht mehr so auffällig ist wie bisher. Die Großmutter überlegte, ein Gespräch mit mir und der Lehrerin zu arrangieren.

5. Termin

Rolf kam in Begleitung seiner Oma. Wie üblich waren beide bereits vor der vereinbarten Zeit da, die Mutter - ich nenne sie hier "Frau Meier" - kam ein wenig später. Sie war sehr aufgeregt. Der Fragenkatalog, den Rolf und ich in der vorherigen Stunde erarbeitet hatten, hing an der Wand und war für alle sichtbar.

Zunächst erklärte ich der Mutter in Gegenwart des Jungen, dass dieses Gespräch dazu dienen sollte, ihnen beiden zu helfen, die Situation zu verstehen. Es ging nicht um gegenseitige Vorwürfe. Frau Meier wollte ganz klar die Wahrheit sagen. Sie erklärte, dass ihr die Situation nicht leicht falle.

Die Oma war anwesend. Sie hatte aber kein Rederecht. Sie war still und gespannt.

Antworten auf die von Rolf zu stellenden Fragen:
Die Antworten habe ich im fortlaufenden Gespräch zwischen Rolf, Frau Meier und mir festgehalten. Es handelt sich um Kurzfassungen, die inhaltlich von der Mutter einzeln bestätigt wurden.

Frage 1: „ Warum hast du uns so oft alleine gelassen?"
„Ich habe früh geheiratet, ich war 19½ Jahre alt und habe geglaubt, ich hätte etwas in meinem Leben versäumt. Außerdem war ich nach der Trennung von eurem Vater alleine. Solange der Vater da war, wart ihr nie alleine. Wir sind nie zusammen weggegangen.

Frage 2: „War es richtig, dass ich auf die Mädchen aufpassen musste?"
Antwort: „ Du musstest nicht aufpassen, ich sagte nur: Mach die Mädchen nicht wach."
- In diesem Zusammenhang sprachen wir darüber, dass Rolf seine Schwester eines Nachts suchte, als diese aus der Wohnung fortgelaufen war.
- Rolf verstand: „Ich sollte nicht aufpassen, ich bin also selber Schuld, dass ich aufgepasst habe.

- Ich übersetzte: „Du bist ein kleiner Junge. Du bist älter als deine Geschwister. Du wirst also automatisch auf deine Geschwister aufpassen, wenn deine Mutter weg ist. Das ist ganz natürlich. Deine Mutter hat damit gerechnet, dass das so ist. Sie wollte das so. Auch wenn sie es nicht gesagt hat, so musstest du also aufpassen. Du hattest eine Verantwortung als kleiner Junge, die zu groß für dich war.

Mutter: „Das stimmt so, wie der Herr F. es sagt. Ich habe damals aus dem Gefühl heraus reagiert. Ich wollte leben. Ich habe nicht so auf euch Kinder geachtet, wie es meine Pflicht gewesen wäre. Nach der Trennung von eurem Vater ging eben alles durcheinander."

Frage 3: „Warum musste ich immer einkaufen?
Mutter: „Du musstest nicht immer einkaufen gehen. Du gingst mal zur Pommes-Bude, oder zum Büdchen (Kiosk), wenn ich etwas vergessen hatte. Du gingst gerne dorthin.
Rolf: Bestätigte kleinlaut, dass das so war. Er fiel in seinem Stuhl sichtlich zusammen.
Auch jetzt begann ich ein Gespräch über das Büdchen, die Pommes-Bude und die Zeiten, zu denen Rolf sich dort aufhielt. Schnell wurde erkennbar, dass dieses keine Orte sind, an denen sich ein fünfjähriger kleiner Junge aufhalten sollte, auch dann nicht, wenn er sich selber dabei groß und stark und im Dunkeln voller Angst erlebt.
Meine Übersetzung der Situation, die ich auch deutlich sagte: „Büdchen und Pommes-Bude sind keine guten Orte für fünfjährige kleine Jungen, deshalb solltest du dort nicht alleine sein, ohne deine Eltern."
Mutter: „Das stimmt. Ich habe meine Verantwortung nicht übernommen. Ich bin die Mutter und habe es nicht gemerkt. Du hast das gemacht, was ich hätte tun sollen".

Frage 4:
„Warum musste ich immer meine Geschwister zum Kindergarten bringen?"
Mutter: „Ihr hattet den gleichen Weg, und ich konnte euch von zu Hause aus sehen. Du hast die Mädchen dorthin nur begleitet."
- In dem nun folgenden Gespräch wurde beiden deutlich, dass jede Aufgabe für Rolf eine zusätzliche Belastung darstellte und Selbstverständlichkeiten für ihn bereits wegen der allgemeinen Umstände zu einer Überforderung wurden.

Frage 5:
„Warum habe ich immer den Po gehauen gekriegt? – Bin ich ein böses Kind?"
Mutter: „Weil du nicht gehört hast. Du hast nicht getan, was ich wollte."
Die Mutter schildert nun wortreich ein Kind, das sie mit ihrer normalen Alltagssprache nicht mehr erreichte und das daher tat, was es wollte.
Rolf sah man sein schlechtes Gewissen an. Er fühlte sich schuldig.
- Es entstand ein Gespräch über die Art und Weise, miteinander zu reden. Ich übersetzte für Rolf, da es der Mutter schwer fiel, Worte zu finden:
 „Deine Mutter hat nicht die Sprache und die Gelegenheit gefunden, mit dir zu reden. Es gibt keine Erfahrung mit Gesprächen zwischen euch. Zum Beispiel interessieren sich kleine Jungen für ihre Welt. Eltern sprechen mit ihnen über die Welt, die Bäume, das Wasser, den Regen, die Sonne, die Straße, den Wald usw. So lernen Kinder und Eltern sich gegenseitig zu verstehen. Ich glaube, dass es solche Gespräche nicht gab und ihr euch deshalb nicht verstehen konntet. So kam es dazu, dass du geschlagen wurdest."

Mutter: Das stimmt. Solche Gespräch gab es nicht. Ich habe geschlagen, weil ich nicht weiter wusste. Ich habe nicht genug mit Rolf geredet. Wir haben keine gemeinsamen Gedanken entwickelt. Sie sprach in meine Richtung und konnte den Jungen jetzt nicht ansehen. Sie war sichtlich traurig.
Rolf rückte in dieser Sequenz nahe an seine Mutter heran. Er wirkte sehr erleichtert.

Frage 6:
„Warum wurde ich von dem „Mann" - gemeint ist ein Freund der Mutter- in den Karton in die Ecke gehauen?" Rolf beschrieb noch einmal, wie er geohrfeigt und durch das Zimmer in einen Karton geschleudert wurde.
Mutter: „Davon habe ich nichts gewusst, ich hätte dir bestimmt geholfen, wenn du mir davon erzählt hättest."
Der Junge beschrieb nun ausführlich die Situation, in der er das Erlebnis hatte. Die Mutter versicherte mehrfach, dass sie sich wünscht, sie hätte ihm helfen können. Rolf war mit der Antwort seiner Mutter zufrieden.
- Das in dieser Situation deutlich werdende Misstrauen des Kindes seiner Mutter und der erwachsenen Welt gegenüber, welches dazu führte, dass er sich nicht an seine Mutter wenden konnte, kommt nicht zur Sprache.

Frage 7:
„Warum gab es so viele Männer?"
Mutter: „Das ist eine sehr persönliche Frage. Manche Männer, die da waren, sind auch Freunde gewesen. Sie zählte einige Männer auf.
- Für Rolf übersetzte ich:
 Deine Mutter war noch sehr jung. Es ist natürlich, dass sie mit einem Mann leben möchte. Leider hatte sie bei der Auswahl bisher nicht sehr viel Glück. Nur: es ist ihre persönliche Sache, ob sie darüber sprechen möchte. Wenn nicht, dann ist das ihr persönliches Recht.

Diese sieben Fragen konnten wir in dem ca. zweistündigen Termin bearbeiten. Die drei letzten Fragen vertagten wir auf den Folgetermin. Rolf war damit einverstanden.
Während des Treffens war er zeitweilig sehr unruhig. Die Mutter versuchte zunächst, sich zu rechtfertigen und die Verantwortung und damit das „Schuldgefühl" dem Jungen zu geben. Ohne fremde Hilfe wäre es ihnen nicht möglich gewesen, über die Fragen so zu sprechen, dass sie sich gegenseitig verstehen.
Die Mutter verstand schnell, dass es in diesem Termin nicht um Schuld, sondern um Verantwortung ging. Rolf wurde während des Termins zunehmend ruhiger. Gegen Ende kuschelte er sich an seine Mutter. Er wirkte erleichtert und glücklich. Seine Mutter hatte ihn ernst genommen und möglichst ehrlich geantwortet.
Durch die offene Gesprächssituation und die Umverteilung der Verantwortung sowie das Eingeständnis der Mutter, dass sie selber Fehler gemacht hat, für die er sich verantwortlich fühlte, wird Rolf aufgewertet und in seiner Identität und seinem Selbstwert gestärkt. **Ich bin Ich und ich bin gut!**
Die Großmutter blieb Wächter und hierin war sie sehr aufmerksam. Die Mutter bestätigte in dem Termin noch einmal, dass die Oma alle Aufgaben übernommen hat, die Eltern sonst haben.
Gegen Ende des Termins wagte Rolf es, seine Mutter zu einem Eishockey Turnier am folgenden Tag einzuladen, an dem er als Spieler teilnahm. Die Mutter sagte ihr Kommen zu.

6. Termin
Auch an diesem Termin nahmen Rolf, seine Mutter, seine Großmutter und ich teil.

Es sollten die letzten drei Fragen besprochen werden.

Frage 8:
„Wie soll es weiter gehen?"
Mutter:
„Ich möchte dich öfter als bisher sehen. Du (Rolf) solltest mich anrufen, wenn du etwas mit mir verabreden willst.
- An dieser Stelle greift wieder das alte Familienmuster: Rolf soll die Verantwortung für die Situation übernehmen. Wir sprachen sofort darüber.
- Die Mutter berichtet in diesem Zusammenhang: Für mich gab es nie jemanden, der Verantwortung übernommen hat. Als Kind war ich sehr einsam.
- Frau Meier verstand, dass sie die Initiative ergreifen muss, weil der Junge das von sich aus nicht kann. Sie muss Rolf zeigen, dass sie tatsächlich etwas mit ihm zu tun haben will.

Die Mutter versprach Rolf, sich bei ihm zu melden.

Frage 9:
„Hast du Zeit für mich?"
An dieser Stelle wurde die Mutter sehr zögerlich. Sie berichtete von dem bevorstehenden Umzug. Sie hatte jetzt eigentlich keine Zeit. In diesem Zusammenhang fragte ich nach dem Eishockey Turnier. Die Mutter konnte nicht teilnehmen.

Die Situation drohte in Rechtfertigungen abzugleiten.
Damit sie verstanden wurde, brachte ich folgendes Beispiel aus „DER KLEINE PRINZ" von Antoine De Saint Exupéry[39]:
Der kleine Prinz trifft den Fuchs. Er ist traurig und möchte mit ihm spielen.
Der schlaue Fuchs lehnt zunächst ab. „ich kann nicht mit Dir spielen", sagte der Fuchs, ich bin noch nicht gezähmt!"
Später, nach längerem Dialog über das „Zähmen": „ Oh, es wird wunderbar sein, wenn du mich einmal gezähmt hast!" - „ Wenn du einen Freund willst, dann zähme mich".
Später: „man kennt nur die Dinge, die man gezähmt hat". Der Prinz macht den Fuchs mit sich vertraut. Nahe dem Abschied sagte der Fuchs: „ ich werde weinen." „das ist deine Schuld" sagte der kleine Prinz, „ich wünschte dir nichts Übles, aber du hast gewollt, dass ich dich zähme..." „Gewiss". sagte der

Fuchs. Am Ende verrät der Fuchs dem Prinzen ein Geheimnis: „das Wesentliche ist für die Augen Unsichtbar."
Es kommt, wie es vorauszusehen war: Der kleine Prinz geht, der Fuchs bleibt traurig zurück.

Wenn die Mutter etwas von Rolf will, so muss sie etwas dafür tun. Der Junge wird sonst, wie der Fuchs auch, zurückbleiben. Er wird traurig, enttäuscht und ein weiteres Mal verletzt sein. Er wird aber auch, wie der Fuchs, die positive Erinnerung an seine Mutter behalten. Wie der freiwillig gezähmte Fuchs, so wird auch dieser Junge die Verantwortung für seine Zuneigung behalten. Er ist entlastet von den verdeckten Verantwortungen und Vorhaltungen der Vergangenheit.

Rolf begann, sich der Zukunft zuzuwenden. Auf das Beziehungsdilemma gingen wir nicht weiter ein. Es sollte noch an der 10. Frage gearbeitet werden.

Frage 10:
„Sollen wir zusammen planen?"
Ergab sich zwangsläufig aus den obigen Antworten.
Nachdem verstanden worden war, wie feinfühlig die Situation zu handhaben ist und wie klar die Mutter eine Position beziehen musste, war sie zu einer Planung auch bereit.
Die beiden, Mutter und Sohn vereinbarten, dass die Mutter mindestens einmal im Monat mit Rolf telefoniert und Rolf sie in einem Abstand von zwei Monaten zu Hause besucht. Die Mutter machte zur Bedingung, dass sie zunächst umziehen wollte, bevor die Regel in Kraft trat.
Die Regel sollte nach drei Monaten überprüft werden.

Nachdem diese Regel gefunden war, wurde Rolf ruhig und entspannt. Er kuschelte mit seiner Mutter.

Die Mutter war aber mit diesem Termin noch nicht fertig. Sie hatte nun ihrerseits Enttäuschungen, die sie der Großmutter sagen wollte. Sie hatte den Wunsch, dass sich die Oma eben auch um die drei in ihrem Haushalt lebenden Töchter kümmern soll. Zumindest sollte die Oma die Mädchen auch einmal einladen oder am Wochenende manchmal zu sich nehmen, zumal die Kinder sehr an der Oma hingen.
Die Großmutter hingegen erwartete, dass solche Kontakte von der Mutter

gesteuert werden sollten.
Beide Frauen hatten aus der Trennungssituation noch erhebliche Altlasten, die in diesem Gespräch plötzlich auftraten.

Rolf verließ zu diesen Themen den Raum. Wir hatten noch ca. eine ½ Stunde Zeit, um diese Situation zu besprechen. Das Thema wurde aber nicht zu Ende gebracht. Die Runde selber wurde damit beendet, dass ich daran erinnerte, dass die Regelungen für Rolf ein erster Schritt in der Familie sein können. Rolf sollte jetzt im Vordergrund stehen, da er es ist, der um Hilfe gebeten hat.

Anmerkung hierzu:
Was auch immer geschieht, es geschieht!
Was auch immer ich tue, ich tue es!
Wer oder was geschieht?

7. Termin
Rolf kam mit seiner Großmutter. Wir gingen in diesem Termin auf den vorhergehenden kurz ein. Rolf hatte noch nichts von seiner Mutter gehört.
Wir wollten aber nun einen Termin mit seinem Vater planen.
Sofort war Rolf, nachdem er das hörte, ein verändertes Kind. Unruhig, Strohhalm im Mund, er konnte niemanden ansehen.

Seine Aussagen zu dem Vater schrieb ich auf, wie sie kamen:
Rolf:
- Ich habe keine Fragen.
- Ich will nicht mit dir (dem Vater) reden!
- Ich habe Angst, dass ich erledigt bin, wenn ich sage, was ich denke oder wünsche.
- Ich ändere ständig meine Meinung, damit du nicht weißt, was ich denke, weil ich Angst habe, dass du mich nicht mehr magst, wenn du weißt, was ich denke.
- Es könnte sein, dass du mich nicht mehr magst, und dann würde ich dich verlieren.
- Ich habe wenig Vertrauen, Ich bin alleine!
- Am liebsten würde ich das Thema vergessen, ich möchte fröhlich sein.
- Weglaufen und die Sache nicht zu Ende bringen.
- Ich werde an die Seite geschoben.

- Es hat alles keinen Sinn.
- Es wird nicht so, wie ich es mir wünsche.
- Was darf ich wünschen, ohne dich und mich zu enttäuschen?

Um diese Situation zu verstehen, ist es wichtig, den Ablauf zu kennen. Rolf war nicht in der Lage, vollständige Sätze zu sprechen. Immer wieder beteuerte er, dass sein Vater lieb ist und keine Fehler macht. Er war der Auffassung, dass mit dem Vater nicht geredet werden soll. Seine wenigen Aussagen fasste ich in den obigen, kurzen Sätzen zusammen. Am Ende der Sitzung von ca. einer Stunde war er vollkommen erschöpft.

An den Vater gerichtet hieß die Botschaft:
"Ich habe Angst, auch Dich zu verlieren, wenn ich 'Ich' bin und sage, was ich denke."
„Wie kann ich mit dir sprechen, so, dass du mich verstehst, ohne mich zu verlassen?"
„Wenn du mich verlässt, so werde ich vergehen, denn ich bin ohnehin alleine, und ich habe dich sehr gerne."

Rolf blieb in seinem Schmerz, denn er war bereits verlassen. Rolf hatte nur eine Wahl: Er musste den Schmerz abschneiden. Das versuchte er durch Flucht (Ich will lieber spielen und nicht daran denken).
Der Junge musste lernen, sich zu verstehen. – Schreie, weine, bis der Schmerz vorbei ist, dann beginne etwas Neues!

Wir vereinbarten einen Termin mit seinem Vater. Die Großmutter wollte den Termin übermitteln.

Auch im Anschluss an diesen Termin sprach ich die Großmutter noch kurz alleine. Sie machte sich erneut Sorgen um die Schule. Rolf fiel zu dieser Zeit in seiner Leistung stark ab. Ich hörte das erste Mal von ihr, dass Rolf eine starke Farbsehschwäche hat. Ein Termin mit der Lehrerin wurde unumgänglich. Wir vereinbarten, dass ich mich mit dieser direkt zu einer Terminabsprache in Verbindung setze. Die Großmutter wollte sich der Vereinbarung anschließen.

8. Termin
Rolf kam in Begleitung seiner Großmutter und seines Vaters.
Beim Eintritt in das Büro erklärte er sofort, dass dieser Termin nicht stattzufinden brauche und er überhaupt nicht reden wolle.
Er sah die im letzten Termin hergestellte Wandzeitung mit seinen Äußerungen und erklärte, dass diese alle nicht wahr seien, nicht er, sondern ich hätte sie geschrieben und mir auch ausgedacht. Er habe mit der Sache nichts zu tun.
Der Vater verstand überhaupt nicht mehr, wovon die Rede war.
Ich bat Rolf zunächst, das Türschild abzunehmen, so dass wir ungestört miteinander sprechen könnten. Dieses Mal tat er es nur zögernd.

Rolfs Abwehrmechanismen waren ein guter Aufhänger für den Terminbeginn. Es spiegelte sich sichtbar seine Angst davor, von dem Vater nicht verstanden und von ihm verlassen zu werden. Ich sprach dieses Thema auch als Hauptthema direkt an.
Der Vater reagierte erschrocken und persönlich verletzt.
Er sprach den Jungen an:
„Rolf, du weißt doch, ich würde dich niemals verlassen, du kannst mir doch alles sagen, du musst nur zu mir kommen, wenn du etwas hast. Warum kommst du denn nicht zu mir? Ich kann doch nicht wissen, wenn du ein Problem hast."
Rolf konnte hierauf nicht antworten.
Als ich ihm anbot, für ihn zu sprechen, lehnte er dieses ab: „Du kannst nicht wissen, was mit mir ist. Das an der Tafel ist nicht von mir, das stimmt überhaupt nicht."

Ich antwortete ihm, dass ich glaube, dass sein Vater ein Recht darauf habe, zu wissen, wie es seinem Sohn geht, zumal er versprochen hat, ihm zu helfen.
Rolf war aber nicht bereit zu sprechen.
Ich erklärte Rolf nun in Gegenwart des Vaters, dass ich mich bemühen werde, das wiederzugeben, was ich von Rolf in Bezug zu seinem Vater verstanden habe.
Rolf rollte sich auf seinem Stuhl zusammen, so weit das ging und antwortete nicht.

Ich begann, dem Vater die Situation des letzten Treffens zu schildern und übersetzte ihm jeden einzelnen Satz, der in unserer Wandzeitung festgehalten wurde.

Er war sehr betroffen. Ich sprach ihn auf seine Verletztheit hin an.
Der Großmutter, die dabei saß, tat es sichtlich weh, ihren Sohn so zu sehen.
Der Vater folgte dem Gespräch über die Gefühlsebene seines Sohnes. Er begann anhand der Übersetzung zu verstehen, warum nicht sein Sohn das Gespräch mit ihm, sondern er das Gespräch mit seinem Sohn suchen muss.
Auch er hatte den Mechanismus, wie seine geschiedene Frau, den Sohn für den Dialog verantwortlich zu machen.
Der Vater war bereit, die Verantwortung für den Kontakt mit dem Sohn zu übernehmen.

Rolf war während dieses Gespräches über einen langen Zeitraum nicht ansprechbar. Er war sehr unruhig, setzte sich abwechselnd neben seine Großmutter und seinen Vater. Den Vater behielt er ständig im Blickfeld.

Es wurde gegen Ende vereinbart, noch einmal zusammenzukommen, um über folgende Fragen zu sprechen:
1. Wann sehe ich dich?
2. Wann hast du Zeit für mich?
3. Vielleicht beim Training?
4. Wochenende Unternehmungen?
5. Feste Zeiten, wann hast du Zeit?

9. Termin (Schultermin)
Mit der Großmutter wurde ein Termin in der Schule bei der Rektorin und in Personalunion Klassenlehrerin von Rolf von mir und meiner Praktikantin wahrgenommen.
Diese Lehrerin hat ein sehr gutes Auge für ihre Kinder und vermochte es, Rolf als einen völlig normalen Jungen zu sehen. Sie hat ihn während der vergangenen zwei Jahre in seiner Wandlung von einem verwahrlosten, hilflosen und strukturlosen Jungen zu einem guten Grundschüler begleitet. Sie gab der Großmutter die ihr zustehende Wertschätzung und ermahnte sie nun, dem Jungen mehr eigene Verantwortung zu geben. Sie glaubte, dass die bisher erfolgte dichte Kontrolle des Kindes und der auf ihn ausgeübte hohe Leistungsdruck nicht mehr erforderlich seien. Sie sah starke Ansätze bei Rolf zu einer eigenständigen Leistungsbereitschaft und Freude am Lernen. Für die Großmutter waren diese Äußerungen neu.
Sie glaubte noch nicht so recht, dass ihre aufgebauten Schutzmechanismen und die damit übernommene Verantwortung und Kontrolle zurückgenommen

werden konnten. Sie wollte aber versuchen, den Jungen eigenständiger arbeiten zu lassen und ihre Kontrolle zu lockern.
Wir trafen die Vereinbarung, dass bei einer stärkeren Verunsicherung des Jungen in der Schule die Lehrerin sofort mit mir als Berater der Familie Kontakt aufnimmt.

Nach Verlassen der Schule berichtete die Großmutter von Sorgen über die Reaktionen ihres Sohnes nach unserem letzten Termin. Scheinbar verstand der Vater nicht, dass Rolf sich fürchtete, mit ihm über seine Fragen zu sprechen. Rolfs Vater war immer noch gekränkt.
Ich verwies sie auf unseren bevorstehenden Termin. Sie wollte aber von mir Hinweise dazu, wie sie ihrem Sohn Verständnis für sein Kind nahe bringen kann.

10. Termin
Diesen Termin wünschte Rolfs Großmutter für sich alleine. Sie ging noch einmal auf die Reaktionen des Sohnes ein, die sie bereits angesprochen hatte.
Sie war erstaunt und verwirrt darüber, dass ihr Sohn Rolfs Vorsicht im Umgang mit ihm nicht verstand. Wir besprachen noch einmal umfassend ihre eigene Rolle in diesem Prozess.
Für sie war es wichtig zu lernen, sich aus der Beziehung zwischen Rolf und seinem Vater herauszuhalten. Die beiden müssen ihren eigenen Weg zueinander und miteinander finden. Sie hatten Gelegenheit, in einem neutralen Raum miteinander zu sprechen. Der Vater konnte, wenn er es wollte, noch einmal mit Rolf und mir offene Fragen aufgreifen.
Im Übrigen meldete diese Großmutter selber Beratungsbedarf für sich an. Sie wusste, dass ihre tradierte Überlebensstrategie für Rolf wenig Sinn macht. Sie lernte, ihre Kommunikation zu verändern und mehr fragend als umdeutend und interpretierend mit Rolf umzugehen. Auf diese Weise entlastete sie sich und den Jungen.

11. Termin
Dieser Termin wurde mit Rolf und seinem Vater bereits während des letzten Gespräches vereinbart.

Wir wollten die verbleibenden Fragen klären:
1. Wann sehe ich dich?
2. Wann hast du Zeit für mich?
3. Vielleicht beim Training?
4. Wochenendunternehmungen?
5. Feste Zeiten!

Der Vater hatte seine Hausaufgaben gemacht. Er wusste, er durfte Rolf keine Versprechungen machen, die er vielleicht nicht einhalten wird. Seine Lebenssituation war noch sehr unsicher. Er lebte in einer 150 km entfernten Stadt. Er stand kurz vor dem Abschluss seiner Umschulung, er hatte eine neue Partnerin mit drei Kindern. Er war aber regelmäßig, mindestens einmal im Monat in der Stadt, um seine Eltern zu besuchen oder etwas zu erledigen. Das alles erklärte er seinem Sohn noch einmal. Am Ende machte er ihm folgendes Angebot:
- „Ich werde einmal im Monat an einem Wochenende mit dir etwas unternehmen. Das ist das wenigste und ich werde dieses auf jeden Fall einhalten.
- Wenn ich in der Stadt bin, werde ich so oft etwas mit dir unternehmen, wie es mir möglich ist.

Rolf war mit dieser Aussage zufrieden. Er kuschelte sich an seinen Vater, die Oma und ich ließen die beiden alleine, damit sie Zeit hatten, miteinander diesen Vorschlag zu erörtern.
Ich hatte für eine ¼ Stunde Zeit, mit der Großmutter alleine zu sprechen. Auch sie war erleichtert und erhoffte sich nun, dass ihr Sohn diese Vereinbarung auf jeden Fall einhält. Sie signalisierte mir bereits, dass die Vereinbarungen zwischen Rolf und seiner Mutter bislang nicht verwirklicht wurden. Allerdings hatten die Schwestern in der Zwischenzeit Rolf besucht und auch bei ihm übernachtet.

<u>Ergebnis</u>
Wir haben diese Arbeit der Sortierung weitgehend beendet. Rolf kann nun mit den Aussagen seiner Eltern etwas anfangen, was nicht seinen Selbstwert zerstört. Er weiß zumindest, dass die Erwachsenen ihren Teil Verantwortung selber tragen müssen. Rolf hat seine Angst überwunden, mit den Eltern zu sprechen. Er ist initiativ gewesen und hat für sich seine Situation verändert. Seine übergroße Unruhe ist abgebaut. In der Schule zählt er heute als unruhiges, aber durchaus normales Kind.

Ein kleiner Teil der Arbeit war noch zu tun:
Ich habe noch einmal über den Prozess, den wir zusammen gegangen sind, mit ihm gesprochen. Wir haben seine eigene Verantwortung besprochen, die er für sich übernehmen kann. Er hat nun die Möglichkeit, seinen eigenen Standort im Leben neu zu bestimmen und zu leben.
Für die Großmutter wird es immer wieder Beratungsbedarf geben. Dieses entspricht auch den üblichen Betreuungsleistungen des Jugendamtes. Am Ende des Gespräches machte ich ihm ein Kompliment: "Es war sehr mutig von dir, diese Gespräche zu suchen. Ich hoffe, es hat dir geholfen. Nun sind wir am Ende der Arbeit und ich wünsche, dass es dir gut geht."
Rolf antwortete: „Es war sehr, sehr gut." Er stand auf und ging hinaus.
Ich sah ihn bei unserer nächsten Ferienfreizeit, er fuhr das erste Mal mit.

Methodische Eigenständigkeit

Die Arbeiten mit Frau Y mit der *Familiengrafik* und dem *Zeitstrahl* (Kapitel V), die unter dem Thema 'laufende Beratung' beschriebene *freien Assoziation zu Traumbildern* (Kapitel IX), die *Gruppenarbeit mit Pflegeeltern und Erziehungsstellen* (Kapitel IX), die *Gruppenarbeit mit Pflegekindern* (Kapitel IX), die *Einzelarbeit* mit Kindern wie Mathias (Kap. IX) und Rolf (Kapitel IX) zeigen die methodische Eigenständigkeit unseres Berufsstandes.

Ich denke, dass es im Bereich therapeutischer Prozesse Analogien zu dieser Art der Arbeit gibt. Da ich selber nicht therapeutisch ausgebildet bin, ist hier möglicherweise eine eigene, in der Sozialarbeit entstandene Methodik zur Aufdeckung von Traumatisierungen, zur Bearbeitung schwieriger Gruppen- und Familiensituationen, aber auch zur Klärung individueller Lebenssituationen entwickelt und ausgeübt worden. Diese Arbeit weist auf die methodische Eigenständigkeit unseres Berufsstandes gegenüber anderen Berufsfeldern hin.

Innerhalb des Methodenbereiches finden wir eine Vielzahl der Psychologie entlehnter Anteile. Lehrer für Sozialarbeiter sind in den seltensten Fällen aus dem eigenen Berufsstand. Wir entlehnen unser Wissen den Soziologen, Psychologen, Pädagogen, Medizinern, Juristen und Verwaltungsfachleuten.
Unsere eigenen Techniken zur Informationserhebung und deren Auswertung sowie die Planung sozialarbeiterischen Handelns werden nicht öffentlich diskutiert. Die systematische, zielorientierte Datenerhebung zur sozialen

Diagnostik und Entscheidungsfindung in den unterschiedlichen sozialen Diensten und den Fachdiensten sind wenig bekannt. Dabei wird, wie oben beschrieben, durchaus mit Techniken gearbeitet, mit denen ein umfassendes Bild der Wirklichkeit unserer Klienten erstellt wird und es damit auch auswertbar macht. Die Schlussfolgerungen, die gezogen werden, erweisen sich im Einzelfall durchaus als Grundlage realistischer Zielformulierungen für die Zukunftsgestaltung.

Als geeignetes Beispiel innerhalb der Organisationsstruktur unseres Jugendamtes hat sich hier das Fachteam bewährt. Auf der Bezirksebene organisatorisch angelegt wird hier interdisziplinäres berufliches Wissen genutzt, um Möglichkeiten der Entwicklung im Einzelfall, aber auch Grenzen zu besprechen.

In allen Einzelfällen muss auf das bestehende Wissen zurückgegriffen werden und ein neuer, individueller Ansatz - unter der Berücksichtigung der kollektiven Möglichkeiten (z. B. Angebote der Jugendhilfe) und der individuellen Kapazitäten der Familien und Personen - entstehen. So entsteht lebendige Hilfe.

Ich habe immer wieder die Erfahrung gemacht, dass bei aller intellektueller Betrachtung und Theoriebildung die Entwicklungen der Einzelfälle nur sehr schwer vorhersagbar sind. Wir können Prognosen stellen und die Wahrscheinlichkeit einer solchen Prognose anhand der bisherigen Erfahrungen vermuten, aber, was ist es, was uns so sicher macht? Was ist es, das uns sagen lässt: so könnte es sein, und dann ist es auch so?

Es gibt zur Zeit keine geschlossene Theorie, die es uns erlaubt, absolut sichere Prognosen für die Entwicklung von Menschen zu geben. Wir haben nur Wahrscheinlichkeiten anzubieten. Allerdings sind diese Wahrscheinlichkeiten schon sehr treffsicher. Wir können uns nicht angesichts des bereits vorhandenen Wissens über menschliches Verhalten und über unsere Gesellschaft auf naive Unkenntnis zurückziehen und das Schicksal alleine für zu leistende Hilfe verantwortlich machen. Wir verstehen die Entwicklung eines Menschen und die darin enthaltenen Chancen schon sehr gut. Wir wissen auch, dass der Mensch die Welt so wahrnimmt, wie sie ihm gezeigt wird.

Auch wissen wir, dass der Mensch uns durch sein Verhalten und Denken die Wirklichkeit zeigt, die ihm vermittelt worden ist.

*

Kapitel X

Kind und Pflegefamilie leben in unterschiedlichen Welten

Das Pflegekind lebt innerlich in einer Welt, welche den Pflegeeltern nicht bekannt ist. Die in diesem Manuskript beschriebenen Fallgeschichten zeigen, dass die Erfahrungen der Pflegekinder mit dem allgemeinen Erfahrungsgut ihrer Mitmenschen nicht zu verstehen sind.
Die Pflegekinder leben nach der Aufnahme in einer Pflegefamilie in einer völlig neuen Welt, die sich von der alten Erfahrungswelt grundlegend unterscheidet.
Während das Pflegekind die Erfahrung seiner 'alten Welt' in sich trägt, ist diese Welt der Pflegefamilie verschlossen. Die Erfahrung dieses Kindes bleibt fremd.

Eine Brücke von der alten in die neue Welt zu finden ist sehr schwierig. Pflegeeltern haben die Aufgabe, eine Verbindung zu dem Kind herzustellen. Diese kann über Sprache, Gefühl und Körperausdruck entstehen.
Es entsteht eine Sprache, mit der das Kind lernt, seine neue Welt zu verstehen und mit der die Mitglieder der neuen Welt glauben, das Kind zu verstehen. So entsteht eine Verbindung zwischen der Pflegefamilie, der 'neuen Welt' und dem Kind mit seiner Erfahrung in seiner 'alten Welt'. Der so entstandene emotionale Kontakt ermöglicht ein Hineinwachsen des Kindes in seine Pflegefamilie.

Ein Bild

Für mich ist die Psyche dieser Kinder wie ein großer Sumpf. Die Welt fließt in diesem Sumpf zusammen. Die Erfahrungen und Eindrücke versinken darin, die Verrottungsprozesse sind nicht erkennbar, seine Tiefe nicht auslotbar. Etwas versinkt und kommt irgendwann wieder an die Oberfläche.
In diesen Sumpf hinein und hinaus führt ein Pfad des Bewusstseins, mit welchem das innere Wesen des Kindes Kontakt zur Außenwelt hält. Dieser Pfad besteht aus den Erfahrungen in seiner Welt, die ihm den sinnvollsten Überlebensweg, seine Strategie gezeigt haben. Nur das Ende des Pfades ist für uns als direktes Verhalten sichtbar.

Aus der Vielfalt der Erfahrungen zusammengesetzt, landet er irgendwann in der Realität der Außenwelt und nimmt Kontakt mit dieser auf.
Aber die innere Welt, der Sumpf selber, bleibt ein Geheimnis.

Das Bewusstsein des Kindes wird durch diesen Sumpf gesteuert. Seine Außenwelt ist nur die Projektionsebene[40] seiner inneren Abläufe. Die Methode, mit welcher das Kind sich zeigt, ist das Verhalten, das wir sehen und die Sprache, die wir hören.

In den Pflegefamilien oder Erziehungsstellen wird versucht, einen anderen, neuen Weg für das Kind in die Außenwelt zu bauen. Wenn es ihn beschreitet, so wird es das zögerlich tun, aber der alte Weg ist noch da. Nur langsam verschwindet er. Er wird unsichtbar. Das Kind wird immer wieder versuchen, seinen alten Weg, den es einmal gelernt hat, zu gehen.
Es lernt, langsam dem warmen Regen der Freundlichkeit seiner Umwelt zu trauen, indem es für seinen bekannten Pfad nicht bestraft wird. So wird der Pfad aufgelöst und jede der Interventionen, die oben beschrieben wurden, hilft dieses langsame Unsichtbar-Werden zu ermöglichen. Das Kind lernt, dass es im Alltag eine Vielzahl von Möglichkeiten gibt, sich zu verhalten.
Es baut so einen neuen Weg, der es ihm ermöglicht, mit der Welt in einer den neuen Regeln und Erfahrungen entsprechenden Weise umzugehen.
Dieses Erlernen ist für das Kind ein ungeheuer schwieriger Prozess. Hat doch seine bisherige Methode dazu geführt, auf jeden Fall zu überleben. Die neue Methode wird für das Kind nur dann erfolgreich sein, wenn seine jetzige Lebenssituation echt ist und nicht in Frage gestellt wird. Die neuen Regeln müssen ihm helfen, darin zu überleben. Wenn diese „Neue Welt" aber in Frage gestellt wird, so wird das Kind immer wieder daran erinnert, dass es den alten Pfad gibt und dass dieser auf jeden Fall zu pflegen ist, denn es könnte ja sein: er wird wieder gebraucht.

Gebraucht aber wird der alte Pfad in jedem Fall im Zusammentreffen des Kindes mit seiner Ursprungssituation vor allem dann, wenn dieses Zusammenführen immer wieder die Botschaft beinhaltet: Wir holen dich wieder zu uns zurück. Aber auch, wenn die Repräsentanten des alten Weges versichern, es sei richtig und gewollt, dass diese neue Situation besteht, wird die im Sumpf untergegangene Erfahrung aktiviert.
Auch dann nimmt die bisherige Erfahrung in den Phantasien Gestalt an, z. B. in Träumen, Unsicherheiten, Hilflosigkeiten, die sich im Alltag ausdrücken.

So wird dieser Sumpf, der die Psyche des Kindes ist, immer Unsicherheit und Angst, mangelndes Vertrauen in seine Erfahrungen und seine Welt heißen. So kommt es dazu, seine Umwelt immer wieder auf seine Echtheit hin zu überprüfen. Es ärgert, provoziert, verletzt so oft und so lange, bis erkennbar wird: die Welt ist echt oder nicht[41].

„Angst essen Seele auf" war der Titel eines Filmes von Rainer Werner Fassbinder.
Das könnte auch der Titel der Beschreibung der Pflegekinderarbeit sein. Denn die Angst davor, nicht es selbst sein zu können, nicht sein Leben leben zu dürfen, frisst seine Seele auf. Diese Angst hemmt das Kind, sich zu kennen und voller Selbstvertrauen seine Fähigkeiten zu nutzen. So bleibt ein Kind in seinem Sumpf. Die meisten Pflegekinder, die ich kenne, haben ein sehr schwach ausgebildetes Selbstwertgefühl. Sie strengen sich ungeheuer an, die Anerkennung ihrer Umwelt zu erlangen. Sie haben ein sehr großes Bedürfnis nach Kontrolle über ihre Umwelt und großes Misstrauen Menschen gegenüber.

Kontrollmechanismen

Erstaunlich ist es für mich heute, wenn ich feststelle, dass die Kontrollmechanismen[42] geschädigter Kinder von ihrer Umwelt, als besondere Intelligenz verstanden werden.

In meiner Arbeit habe ich festgestellt, dass geschädigte Kinder sehr früh Kulturtechniken wie z. B. das Sprechen zu erlernen scheinen.
Ein Alkoholiker, Vater von Bärchen–Karlchen[43], berichtete mir, dass er bereits vor der Einschulung lesen konnte. Er hatte sich dieses selber beigebracht, weil er glaubte, er könne in der Tageszeitung etwas entdecken, was ihm helfen würde, seiner gewalttätigen Mutter beizubringen, dass er doch ein liebes Kind sei. Eigentlich wollte er die Kontrolle über seine Welt gewinnen. Er wollte so klug sein wie seine Mutter.

Die Kinder, mit denen wir zu tun haben, passen sich in hohem Maße den Anforderungen ihrer jeweiligen Umwelt an. Sie kopieren zum Teil die Verhaltensmuster der Pflegefamilie. Einige Kinder, mit denen ich arbeite, haben zum Beispiel über längere Zeit vollständig das Verhalten und die Gewohnheiten sowie Vorlieben eines anderen Familienkindes kopiert.

So ging ein Mädchen, das nicht besonders beweglich war und bislang überhaupt keine musikalischen oder sportlichen Interessen gezeigt hatte, nach seiner Vermittlung in die Pflegefamilie zum Ballett, erlernte Klavier spielen und es wollte in eine Hockeymannschaft, weil ein anderes Kind dieser Familie alle diese Dinge tat.
Als dieses Kind aber nach einem Sorgerechtsentzug durch das Vormundschaftsgericht hörte, dass es ganz in der Pflegefamilie bleiben könne, fiel es spontan in diesen Anpassungsleistungen zurück. Es konnte in dem Kindergarten nicht mehr an den Vorschularbeiten teilnehmen, das Klavierspiel wurde uninteressant und sie verfiel in alte Verhaltensmuster, die sie innerhalb dieser Familie noch nie gezeigt hatte. Dieses Kind verlor seine Kontrolle und hoffte, so akzeptiert zu werden, so, wie es war, mit seiner eigenen Erfahrung, seinen Kenntnissen und Wünschen. Für dieses Kind wurde zur Übersetzung seiner Signale an die Pflegefamilie eine psychologische Begleitung erforderlich, die auch gefunden und eingesetzt wurde.

An diesem Beispiel wird deutlich, welche ungeheure Anstrengung ein Kind erbringt, wenn es in einer unsicheren Situation lebt. Dieses Mädchen hat über einen Zeitraum von mehr als 1½ Jahren ein völlig anderes Kind gelebt, als das, welches es selber war. Es musste dieses tun, weil es glaubte, so die Mitmenschen zu seinen Gunsten zu stimmen. Sie schien ihre so unsichere Welt auf diese Weise für sich zu gewinnen und damit auf einer minimalen Basis berechenbar zu machen.

In einer solchen Situation gibt es für ein Kind kein Vertrauen.
Wenn es vertraute, dann wem? Wenn es sich öffnete, welche Konsequenzen hätte das?
Wie sollte es überleben, wenn das Vertrauen gebrochen würde und entweder die neuen Erwachsenen sich als genau so herausstellten wie die ehemaligen oder aber, sie es nicht mehr lieben würden wie vorher? Ist dann nicht alles vorbei?
Die Gefahr für ein fremdplatziertes Kind ist sehr groß. Es gibt keinen Schutz, es gibt keine Liebe, es gibt kein Vertrauen. Die frühe Erfahrung heißt: Du bist ganz allein. Diese Erfahrung machen viele Menschen erst dann, wenn sie sterben. Was soll ein solches Kind tun?
Es wird vorzeitig Verhaltensmuster zeigen, als sei es erwachsen. Es kann auch sein, dass es sich besonders zugewandt und aufmerksam den Erwachsenen seiner Umgebung gegenüber verhält. Es scheint besonders sozial ausgewogen,

weil es den Erwachsenen jeden Wunsch erfüllt, bis zur Unterwürfigkeit. Es glaubt, so sei gesichert, dass ihm nichts geschieht.
Dieses devote Verhalten stößt in der neuen Umwelt auf Ablehnung. Es kommt zu der Unterstellung, das Kind sei 'falsch'. Diese Unterstellung ist in so weit gerechtfertigt, als das Erscheinungsbild ja auch falsch ist.
Darunter verbirgt sich ein hochgradig Angst besetztes Kind, welches bemüht ist, als das ungeliebte und verletzte Wesen nicht aufzufallen.

Wenn man sich überlegt, dass ein Kind in einer nicht akzeptierenden und nicht verstehenden Umgebung in der Lage ist, dieses Erscheinungsbild über einen langen Zeitraum aufrechtzuerhalten, dann wird die Not dieses Kindes deutlich. Aber, wie schmerzhaft ist es für dieses Kind, wenn es denn endlich Vertrauen fasst, seine Mechanismen fallen lässt, sich zeigt und dann dafür bestraft wird.
Wenn dann diese Kontrollmechanismen zusammenbrechen und das Kind mit seinen alten Mustern erkennbar wird, hilft es vielleicht zu wissen, dass es den ersten Einblick in seinen Weg gewährt. Dieser Weg führt nicht nur aus dem Sumpf hinaus. Den um Verstehen bemühten Menschen lässt er auch einen Blick auf die bisherigen Erfahrungen des Kindes werfen und damit auf den eigentlichen Menschen.

Wenn dieses verstanden wird, so ist der Weg frei, zusammen einen neuen Steg zur Begegnung mit der Welt für das Kind zu bauen. Dieser Bau beginnt mit einer hohen Aufmerksamkeit für das Kind und für sich selber. Diese Aufmerksamkeit richtet sich auf die Wahrnehmung der eigenen Empfindungen und Verletzbarkeit, die unweigerlich durch das Kind angesprochen werden, ebenso für die Empfindungen und Verletzlichkeit des Kindes. Hier beginnt das Verstehen, welche der Empfindungen die eigenen sind und welche durch Übertragung entstehen.

Übertragung

Ich habe mich bemüht, zu diesem Prozess eine schlüssige Definition aus den vorhandenen, mir oder Freunden bekannten, psychologischen Schriften zu erhalten, das ist mir nicht gelungen. Beschrieben wurde dieses Phänomen aus der Sicht der Pflegekinder ausführlich in dem Buch „Pflegekinder" von Monika Nienstedt und Armin Westermann.
Im Folgenden gebe ich daher zunächst eine Definition, die mir für meine praktische Arbeit hilfreich erscheint:

Bei der Übertragung handelt es sich um ein komplexes, soziales und psychologisches Phänomen. Es handelt sich um die Präsentation von Erfahrungen aus einem früheren Lebenskontext in den derzeitigen. Hierbei wird die Funktionalität der alten Erfahrung und insbesondere der erhaltenen Lebensmuster im günstigen Fall überprüft.

Die Präsentation findet mehrdimensional statt.
Diese Dimensionen sind:
1. Verhalten,
2. Sprache,
3. Körperhaltung,
4. Stimmungen,
5. Atmosphäre.

<u>Zu 1.</u> Auf der Verhaltensebene versucht ein Mensch die gewohnten Muster in seinem neuen Lebenskontext auszuprobieren und überprüft sie auf Tauglichkeit.

<u>Zu 2.</u> Auf der Ebene 'Sprache' wird das gewohnte Sprachmuster transportiert und ebenfalls im neuen Kontext auf seine Angemessenheit hin überprüft.

<u>Zu 3.</u> Die Körperhaltung und der Bewegungsablauf sind zum Teil ererbte oder aber durch Erfahrungen und Nachahmungen erworbene Abläufe, die nicht intellektuell gesteuert sind, sondern ungefiltert in den Alltag transportiert werden. Emotionen beeinflussen diesen Ausdruck stark.

<u>Zu 4.</u> Emotionale Stimmungen werden im Individuum durch Außenreize oder Stoffwechselabläufe stimuliert, ausgelöst und beeinflussen Verhalten, Sprache und Körperhaltung.

<u>Zu 5.</u> Atmosphäre beschreibt die subtil wahrgenommene Stimmung des sozialen Umfeldes, die auf einer tiefen Ebene von außen auf uns einwirkt, und die wir durch eigene emotionale Schwingungen beeinflussen und mit gestalten. Teil dieser Atmosphäre ist der 'Smog'.

Energie-Smog

Der Begriff 'Energie-Smog' ist von mir neu geprägt worden und bedarf daher einer gesonderten Definition. Als Teil der atmosphärischen Schwingungen sehe ich in ihm die schweren depressiven oder aggressiven, sich aus der Leichtigkeit der Atmosphäre hervorhebenden Schwingungen.
Auf der Ebene Energie-Smog werden unbewusste, nebulös wahrnehmbare Emotionen (wie zum Beispiel: Angst, Trauer, Hass, Gewalt) transportiert.
Üblicherweise wird dieser Smog von Menschen in unterschiedlicher Intensität und Qualität ausgestrahlt. Innerhalb einer Gruppe wird dieser Smog durch beteiligten Personen hergestellt.

Abbildung 6: Der Smog

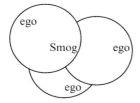

Die hier dargestellten Kreise symbolisieren einzelne Personen.
In den Überlappungen soll deutlich werden, wie das Eindringen von Smog in das Feld des anderen erfolgt. Die Beteiligten beeinflussen sich gegenseitig. An der zentralen Schnittstelle gibt es Überlappungen, die ähnliche, nicht gleiche Wahrnehmungen und Empfindungen verursachen.
Je näher sich die Menschen stehen, um so weiter - oder besser: tiefer - geht die Überlappung und damit die unbewusste Beeinflussung.
Je dominanter die Stimmungslage eines Einzelnen ist, um so stärker ist sie in der Lage, das Umfeld zu beeinflussen.
Weiche, sensible, empfindsame Stimmungen werden schnell von harten, aggressiven Stimmungen überlappt und scheinen nicht zur Geltung zu kommen.
Üblicherweise ist es so, dass Familien und andere Gruppen eine Balance der emotionalen Stimmung zeigen. Die Stimmungsaspekte jedes einzelnen Mitgliedes werden unterschiedlich intensiv deutlich. Der „Smog" ist durch jedes einzelne Mitglied geprägt.
Die durch ein Trauma produzierte Energieausstrahlung kann so dominant sein,

dass durch sie die gesamte Ausstrahlung der Familie, d.h. deren 'Smog', vorrangig durchdrungen wird.
Diese Durchdringung kann von den Mitgliedern bewusst oder unbewusst wahrgenommen werden.

In Situationen mit besonders schwer verletzten Menschen sind die Komponenten 'Atmosphäre', 'Smog' und 'Stimmungslage' besonders zu bewerten.
Diese Empfindungen erlauben eine Interpretation alltäglicher Situationen.
In diesen Faktoren wird das Gegenüber besonders verunsichert oder unbewusst beeinflusst, da sie:
 a) unsichtbar sind und
 b) in unserem Alltag nicht näher differenzierbar erscheinen.
Die Beeinflussung geschieht unbemerkt und wird, da nicht präzise nachvollziehbar, oft negiert oder verdrängt.

Prozesse der Übertragung von Emotionen finden in allen Beziehungen statt, in denen wir leben.
Wenn wir mit uns nahen Menschen zusammen sind, sind die Erfahrungen von Gefühlen dichter und weniger als Gruppen- oder als individuelle Emotion differenzierbar, als wenn wir nur sporadisch Kontakt miteinander haben.

Im engen Zusammenleben entsteht eine Atmosphäre von Emotionen, die von jedem Mitglied der Gruppe gut verstanden und respektiert wird. Ich nenne es das 'emotionale Muster'.
In diesem emotionalen Muster findet die gesamte Kommunikation einer **Gruppe** statt. **(Gruppe 1, z. B. Familie).**
Das Muster funktioniert auch dann, wenn sich einzelne Gruppenmitglieder außerhalb der Gruppe treffen.
Irritation tritt in folgender Situation auf:
Einer der Beteiligten ist im Außenkontakt sehr eng mit einer weiteren Gruppe **(Gruppe 2, z. B. Freundeskreis)** verbunden. Diese Gruppe ist den anderen Mitgliedern von **Gruppe 1** nicht zugänglich.
Nimmt nun ein Mitglied der Gruppe 1 mit dem mit der Gruppe 2 verbundenen Mitglied an einer Begegnung der Gruppe 2 teil, ohne diese zu kennen, so gibt es mehrere Möglichkeiten der Reaktion:
a) Ist die Basis der Beziehungen der Mitglieder der Gruppe 1 untereinander positiv, so wird der Gruppenfremde relativ freundlich akzeptiert, nach der

Methode, die dieser Gruppe eigen ist.
b) Wenn nun ein Mensch mit hoher Anspannung und unsicherer gemeinsamer Basis zu seinem Partner aus Gruppe 1 in diese Gruppe kommt, so wird die Atmosphäre nicht unbedingt annehmend sein. Sie wird diese Emotion spiegeln. Die Stimmungslage der Gruppe 2 verändert sich. Jeder Teilnehmer spürt es.
c) Ist die Basis der Beziehung der beiden Mitglieder der Gruppe 1 negativ, so wird auch die Atmosphäre sich dahin verändern und die Reaktion des Umfeldes eindeutig von Vorsicht, Zurückhaltung bis zu Ablehnung geprägt sein.
Die Stimmung der Gruppe 2 wird entsprechend der Übertragung des emotionalen Musters der beiden Mitglieder aus der Gruppe 1 verändert.

Dieses Phänomen kennen wir alle. Niemand würde es direkt benennen können. In der Schule, wenn ein missgelaunter Lehrer den Raum betritt, auf einer Party, wenn jemand kommt, der allgemein beliebt und gut in Stimmung ist. Zu Hause, wenn Eltern genervt oder gut gelaunt von der Arbeit kommen.
Wie entsteht dieses Phänomen?
Wir bemerken direkt, dass der erfolgte Stimmungsumschwung nicht unser eigenes Produkt ist, sondern durch die Ausstrahlung des anderen erfolgt. Jeder Betroffene nimmt sofort die Stimmungsschwankungen in einem Beziehungskontext auf und reagiert darauf. Beziehungen sind von Natur aus auf ein Gleichgewicht hin angelegt. Jeder Betroffene definiert es auf seine Weise, auf dem Hintergrund seines eigenen emotionalen Gleichgewichts.
In diesem Wechselspiel kommt es zu individuellen Irritationen. Diese sind um so heftiger, je unausgeglichener der einzelne Beteiligte ist. Diese Irritation hat nun wiederum Reaktionen nach außen zur Folge, welche die gesamte Verhaltensbreite von Akzeptanz über Neugier zu Ablehnung und Abwehr haben können.

Welche Bedeutung hat nun dieser Prozess innerhalb einer Familie?
In jeder Familie sind diese subtilen Empfindungsmuster allgemein bekannt. Die einzelnen Mitglieder verhalten sich, wie in anderen Gruppen auch, gemäß diesem Kontext. Die subtilen Mitteilungen werden aufgenommen, ignoriert, angesprochen oder einfach toleriert.

Wenn nun ein Pflegekind innerhalb dieser Familie wohnt und lebt, so ist ihm dieser Kontext sowie die darauf sich beziehenden Sprach- und Verhaltens-

muster zunächst fremd. Seine Interpretationen der Stimmungen stimmen nicht mit denen der Pflegefamilie überein.
So kann die Freundlichkeit eines Menschen leicht als Aufforderung zu körperlicher Nähe oder als die Ankündigung eines Angriffs gedeutet werden.

Zum Beispiel kann eine alltägliche erscheinende Situation zwischen einem Pflegevater und dem Pflegesohn beim Fußballspiel völlig missverstanden werden. Die in der Hitze eines Spieles erfolgte Aufforderung: „Schieß den Ball weg", die als eine freundliche, kraftvolle Unterstützung gemeint ist, kann bei dem Kind unterschiedlichste Gefühle hervorrufen.
Sie kann ein Versagensgefühl hervorrufen, da das Kind ja nicht von sich aus entdeckt, dass der Ball wegzuschießen ist. Vielleicht hält der Pflegevater es ja für dumm? Vielleicht lautet die mit der Stimmlage verbundene Erfahrung: Du wirst bestraft? - Es gibt so unendlich viele Möglichkeiten, diese Aufforderung zu interpretieren, dass, egal was gesagt wird, falsch erscheint. So entstehen möglicherweise völlig paradoxe, weil widersinnige Situationen, die, weil die Basis der Erfahrungen nicht übereinstimmt, nicht geklärt werden können.
Wenn das in diesem Beispiel so sein sollte, so wird der darauf folgende Schuss mit dem Ball unweigerlich ein Fiasko. Die Selbstständigkeit und Souveränität sind dahin, das Versagen ist da.

Ebenso kann dieser Smog innerhalb der Pflegefamilie Konflikte auslösen, die den Bestand der Familie gefährden. Wenn z. B. ein Partner auf der Elternebene auf ein traumatisiertes Kind vorrangig mit Schutz reagiert und die diffusen Signale emotional schützend, mütterlich oder väterlich abfedert, kann der andere auf das veränderte Stimmungsbild der Familie unbewusst mit Abwehr und Aggression reagieren. Der schützende Teil fühlt sich durch den abwehrenden Teil nicht mehr verstanden und wehrt nun seinerseits den anderen Partner ab. Der zunächst abwehrende Teil fühlt sich in seiner Zielreaktion, das Familiengewicht herstellen zu wollen, nicht verstanden und wendet sich von dem Partner ab. Es entsteht eine Spirale unverstandener Emotionen und Reaktionen. Beide wollen aus ihrer Sicht „das Beste", reagieren aber aneinander vorbei. Es entsteht eine Atmosphäre von Missverständnis und - später dann - Unverständnis. Die Partner verstehen sich nicht mehr, sie erkennen den jeweils Anderen nicht mehr in seinen emotionalen und aktiven Reaktionen wieder. Im negativen Fall kann dies schleichend zur Auflösung der Partnerschaft der Pflegeeltern führen.

Die immer wieder erforderliche Hilfe in solchen Situationen, in denen sich das Kind und die Erwachsenen nicht im Kontext gemeinsamer Erfahrung und daraus entstehender Kommunikation befinden, wird deutlich.

In der Beschreibung der folgenden Situation wird die Übertragung des Verhaltens eines Kindes in den neuen Lebenskontext sichtbar:
Es kommt Besuch, der Fachberater und der Vormund des Kindes werden erwartet. Die Familie weiß das bereits seit mehreren Wochen. Das Pflegekind, ein Mädchen von sechs Jahren, drängt darauf, dass der Kühlschrank gefüllt ist und die Wohnung gereinigt ist, seit es von dem bevorstehenden Besuch weiß. Die Pflegemutter glaubt zunächst, das Kind denkt, die Wohnung sei schmutzig. Sie versucht das Kind zu beruhigen, denn real ist diese Wohnung nicht ungewöhnlich. Auch der Kühlschrank ist immer gefüllt. Das Kind besteht auf einem Einkauf und auf putzen. Als nun der erwartete Besuch kommt, sitzt das eben noch fröhliche Mädchen plötzlich angespannt, artig und ernst auf seinem Bett und wartet.
Zu verstehen, dass es sich hierbei nicht etwa um den Versuch handelt, sich auszugrenzen, sondern um den Versuch, sich positiv zu zeigen, ist nicht immer einfach.

Wenn das Kind glaubt, die Wohnung müsse vor dem Besuch geputzt werden, so heißt das nicht, es denkt, die Pflegeeltern seien dreckig, sondern es kann bedeuten, dass dieses Kind es gewohnt ist, dass geputzt wird, wenn jemand kommt.
Es kann weiterhin bedeuten, es ist gewohnt, dass die Behörden, Jugendamt oder Richter zu Besuch kommen. Denn dann lohnt es sich, sich steif und vermeintlich ordentlich hinzusetzen und auch vorher zu putzen, wenn die Wohnung sonst eher schmutzig und unordentlich ist und die Eltern des Kindes nicht möchten, dass dieses von dem Besucher gesehen wird.
Der eigentliche Grund ist aber, dass sich das Kind offensichtlich aufgrund der Gefühlsübertragungen der Eltern bedroht fühlt.
Für das Kind geht die Bedrohung von dem zu erwartenden Besuch aus. Besuch ist der Schlüsselreiz für seine aktivierten Angstgefühle, und die gezeigten Reaktionen sind seine Schutzmechanismen.
- Auf der Verhaltensebene zeigt das Kind Vorbereitungen und stark angepasstes Verhalten aus alten Erfahrungen (Übertragung im Verhalten).
- Auf der Sprachebene teilt es seine Befürchtungen rational mit (ist

genug zu essen da?). Es kann aber nicht sagen, warum es etwas tut.
- Die Körperhaltung verändert sich, das lockere Kind wird steif und sitzt aufrecht und unbeweglich auf dem von ihm ordentlich gemachten Bett. Das Kind zeigt ein maskenhaft, starres Lächeln.
- Die emotionale Ebene wird als Angst des Kindes wahrgenommen (unbewusste Interpretation der Erwachsenen).
- Es wird atmosphärisch eine hohe Anspannung und Unruhe des Kindes wahrgenommen, die den Erwachsenen selber, die Pflegemutter, kribbelig und unruhig macht.

Wenn nun seinerseits die Pflegeeltern mit Ruhe und Gelassenheit reagieren, so kommt es nicht zu den Auswirkungen der Angst, nämlich die Situation zu verschleiern und zu verändern. Es kommt zu einem völlig normalen Besuch, der erwartet und begrüßt wird, der gastfreundlich behandelt und später wieder verabschiedet wird. Die Situation bleibt offen, vertrauensvoll und entspricht der emotionalen Grundstimmung der Pflegefamilie und deren Beziehung zum Besucher.
Die gelebte Situation lehrt, wie mit Besuch umgegangen wird, gleich, welche Person es ist.
Dieses Reaktionsmuster der Ruhe und Gelassenheit sowie der Offenheit gegenüber der Angst des Kindes, ermöglicht es uns, die eigentlichen Motive des Kindes in Erfahrung zu bringen oder aber auch, mit dem Kind die Situationen zu besprechen und so Angst abbauend zu wirken.
Der Verlust von Angst geht also mit der Bearbeitung von Übertragungen einher. Dieses ist ein Beispiel aus dem Alltag von Pflegefamilien, das in der unterschiedlichsten Heftigkeit betroffenen Familien hundertfach bekannt ist.

Kommentar
Die Möglichkeit der Übertragung hilft, Hemmschwellen abzubauen, die gegenüber Erinnerung an die alten, schmerzhaften Erfahrungen bestehen.
Ein Kind, das sehr früh in seiner Entwicklung verletzt wurde, geht zu dieser Zeit seiner Entwicklung zurück. Es benötigt hierzu die Unterstützung seiner Pflegeeltern. Es wird seine emotionalen Bedürfnisse aus dieser Zeit noch einmal befriedigen müssen. Es wird, obwohl bereits vier, fünf oder sechs Jahre alt, zu dem Kleinkind ohne klare Sprache, mit stolperndem Gang und Babyflasche, das einnässt und einkotet und der intensiven Pflege, wie ein Kind dieses Alters bedarf. Dieser regressive Akt ist für seine langfristige Entwicklung erforderlich und notwendig. Das Kind reift, neben seiner

normalen Altersentwicklung, teilweise nach. Diese emotionale Nachreifung wirkt sich auf seine gesamte emotionale und soziale Kompetenz positiv aus.[44]
Der Prozess selber ist für die betroffenen Pflegeeltern anstrengend. Oft ist er mit Gefühlen von Versagen verbunden. Die eigenen Erwartungen der Pflegeeltern sind auf Entwicklung ausgerichtet. Die Regression erschreckt und wird eventuell nicht gewollt, sondern unterdrückt.
Insbesondere Gefühle, die in den Pflegefamilien und besonders in den Pflegeeltern entstehen, erzeugen ein hohes Maß an Frustration. Gefühle von Wut, Gewaltbereitschaft, Ohnmacht, tiefer Trauer usw. treten auf. Für die Pflege- und Erziehungsstelleneltern sind diese Gefühle nur sehr schwer zu ertragen.
Sie glauben oft, dass sie selber diese Gefühle in sich produzieren. Sie wissen nicht, dass diese Gefühle und die in ihnen angesprochenen Ebenen auch ein Teil des von dem Kind erlebten Traumas sein können und in ihnen als Projektion entstehen. Oft werden diese Gefühlsebenen das erste Mal von den Betroffenen erlebt.
Es kann dazu kommen, dass der Hass, den ein Pflegeelternteil als Projektion in sich erlebt, tatsächlich zu einem Bestandteil der Beziehung zwischen ihm und dem Kind und damit persönlich wird. Wenn nicht verstanden wird, dass dieses Gefühl nicht das eigene ist, sondern ein Bestandteil der alten verletzenden Situation des Kindes, so wird es diese Beziehung vielleicht prägen und eventuell zerstören. Das kann auch zu einer starken Belastung der Partnerschaft der Pflegeeltern führen, zumal dieses Gefühl untereinander bislang ja nicht bekannt war.
Wenn das Kind aufgrund dieser Mechanismen abgelehnt wird, so wird der Prozess der Übertragung durch das Kind nicht erfolgen. Die Regression wird nicht möglich. Tritt dieses ein, so kann das Kind nicht zu einer vertrauensvollen Nachreifung gelangen. Die Frustration des Kindes hält es in seiner Anpassung. Seine Pflegeeltern bleiben dauerhaft frustriert, weil sie dem Kind nicht nahe kommen können.
Diese Situation kann in Einzelterminen mit den Pflegefamilien angesprochen oder aber innerhalb der Gruppenarbeit thematisiert werden. Das Thema der Übertragung durch den atmosphärischen Smog hilft, diesen Mechanismus zu verstehen.
Ich habe erlebt, dass die Gruppenarbeit eine erfolgreiche Methode ist, diese Themen bewusst zu machen und von der persönlichen Betroffenheit ausgehend zu neuen Interpretationen und damit Handlungsstrategien in dem Leben mit einem 'Trauma-Kind' gewechselt werden kann.

*

Kapitel XI

Schutz und Entlastung

Wenn wir den Auftrag an die Pflegefamilien ernst nehmen, so müssen wir uns fragen, wer denn wohl in der Lage sein kann, diesen zu erfüllen. Die Leistungsfähigkeit von Eltern, aber auch der eigenen Kinder der Familie, ist begrenzt.
Das Pflegekind kann also nur begrenzt in die obigen Mechanismen einsteigen. Die Familien werden immer wieder gezwungen sein, das Kind an die eigenen Normen und Werte anzupassen.
Insbesondere das Prinzip der Gleichbehandlung aber auch der Konkurrenz von Kindern untereinander erfordert diese Anpassungsleistung seitens der Pflegekinder. Sie ermöglicht es ihnen, neben dem eigenen Verhalten auch das Verhalten der neuen Familie kennen zu lernen und zeitweilig zu leben.
Die Pflegefamilie kann nicht in einem Dauerzustand „Krise" leben. Dieses würde zu einer Überlastung und damit zur Ablehnung der Situation des Zusammenlebens mit dem Pflegekind führen. Die Familie schützt sich durch den Alltag. Die regelmäßigen Abläufe wie: Essenszeiten, Schule, Sport, Kindergarten u. a. helfen den Alltag zu strukturieren.

Auch Auszeiten, in denen die Betreuung der Kinder den Großeltern oder auch Freunden für Stunden und manchmal am Wochenende überlassen wird, hilft, die eigenen Kräfte zu schonen und zu regenerieren.
Wenn es so ist, dass die Übertragungen und regressiven Prozesse nicht oder nur teilweise innerhalb der Pflegefamilie erfolgen können, so kann eine zusätzliche Hilfe durch Therapeuten erforderlich sein.

Unter das Thema 'Selbstschutz/Entlastung' fällt auch der Schutz der eigenen Kinder in der Pflegefamilie.
Wenn ein Kind mit sehr extremer Gewalterfahrung beginnt, das eigene Kind der Familie zu verletzen oder wenn ein sexualisiertes Kind versucht, sexuellen Kontakt zu einem der eigenen Kinder der Familie herzustellen, so ist das nicht zu tolerieren.
Es werden sehr eindeutig Grenzen durch räumliche Trennung, vermehrte Aufmerksamkeit und immer wieder annehmende Gespräche mit dem Pflegekind in der Pflegefamilie hergestellt werden müssen.

Natürlich werden wir diese Verhaltensmuster des Kindes als Übertragungen aus der Vergangenheit und zum Teil als provokative Prüfungen für die Muster der Pflegefamilie verstehen. Neben dem Verstehen wird aber auch das eigene emotionale Muster von Wut, Enttäuschung und Ablehnung diesem Verhalten gegenüber aktiviert.

Sicher ist, dass wir in der Familie Grenzen befürworten, die das Übergreifen der schädigenden Anteile des Kindes und seines Beziehungssystems auf die Pflegefamilie vermeiden bzw. verhindern helfen.

Es ist wichtig, dass das Kind trotzdem eine Ebene zur Inszenierung des Erlebten findet und ihm neue Wege des Verhaltens eröffnet werden. Das Kind soll in der von ihm gestalteten Inszenierung die Abläufe erkennen, langfristig Alternativen entdecken und Distanz zu zerstörenden Verhaltensmustern entwickeln.

Es kann sehr hilfreich sein, Inszenierungen bei Therapeuten anzusiedeln. Die Übertragungen und das Ausagieren der Erfahrungen aus der Vergangenheit können neben der Familie und deren Alltag einen anderen Ort und andere Personen erfordern. Die Belastungsgrenze der Familie darf nicht überschritten werden.

Der Vorteil ist: Die Pflegefamilie wird an vielen Stellen entlastet. Die Verantwortung für das Gelingen des Prozesses der Nachreifung wird auf mehrere Schultern verteilt.

Immer mehr psychotherapeutisch ausgebildete Fachleute stehen für diese Arbeit zur Verfügung. Der Therapieansatz ist hierbei nebensächlich. Der Einsatz und das persönliche Engagement des Therapeuten sind wichtig.

So ist auch die biographische Arbeit durch Sozialarbeiter mit dem Kind und seinem Umfeld zu verstehen (siehe Rolf und Mathias).

Auch diese Kinder scheinen den Rahmen ihrer Familien zu sprengen. Durch die Neuordnung ihrer Erfahrungen und das Erlernen neuer Kommunikationsmuster (weg von der Schuld, hin zur Verantwortung) nimmt das verwirrende Potential der Jungen ab. Sie können sich wieder um ihre eigenen Erfahrungen kümmern und werden aus der willkürlich ihnen übertragenen Verantwortung der Vergangenheit entlassen.

Veränderungen des Lebensortes und –raumes

Die von mir betreuten Kinder unterliegen in ihrem Alltag in der Regel einer Eigendynamik, die nicht von ihnen oder den sie begleitenden Menschen gesteuert wird, sondern in hohem Maße von ihrer inneren Verletzung.
Die Kinder sind den in ihnen ablaufenden Prozessen ausgeliefert. In emotional belastenden Situationen sowie in Situationen multipler äußerer Stressfaktoren reagieren sie in oft überzogener Weise.
Die körperliche Entwicklung, vor allem während der Pubertät und die damit verbundene Verunsicherung, erhöht den inneren Stresspegel des Kindes.
Die unsichere Bindung an Bezugspersonen und das mangelnde Selbstwertgefühl machen das Kind anfällig für Aufmerksamkeit erregendes Verhalten.
Diese Aufmerksamkeit löst weniger positive, sondern vielmehr negative Zuwendung aus.
Für das direkt betroffene emotionale Umfeld ist das oft so belastend, dass eine Familie das nicht mehr ertragen kann.
Die Familie selber wird vor Eintritt dieser Überlastungssituation nicht an eine mögliche Abgabe des Kindes denken.
Als Betreuer oder als langfristige Planer von Hilfen müssen wir aber solche Möglichkeiten des Pflegestellenabbruchs mit einschließen.
Wir müssen den Ort „Familie" in der Jugendhilfe desillusionieren. Sie muss von dem hohen, heiligen Sockel heruntergeholt werden, damit sie nicht überfordert oder sogar zerstört wird.
Die Leistungsfähigkeit eines Familiensystems muss realistisch eingeschätzt werden. Im Rahmen der Jugendhilfe sollte ihr die Unterstützung und Fürsorge gegeben werden, welcher sie bedarf, so dass eine Maßnahme mit ihr auch Erfolg versprechend ist.

Die sehr idealisierende Haltung der Umwelt oder der Fachberater zu Pflege- und Adoptivfamilien macht den professionellen Helfer unter Umständen blind dafür, deren Schwächen zu erkennen.
Die Familie beginnt, Situationen, in denen sie nicht ‚richtig' reagiert, zu verschleiern und zu verdrängen, weil sie die idealen Anforderungen nicht erfüllt.
Eine unterstützende Hilfe ist damit durch den Fachberater nicht mehr möglich.
Die Familie gerät in einen Kreislauf von Versagen, der zu einem späteren Zeitpunkt dazu führen könnte, dass ein Kind seine Pflegefamilie verlässt oder dass ein Kind gefährdet wird.

Hier wird deutlich, wie wichtig kompetente Beratung und realistische Einschätzung in Bezug auf das Familiensystem sind. Diese kompetente Beratung ist kein Garant für den Bestand einer Pflegefamilie als dauerhaftem Lebensraum für ein Pflegekind.
Die Veränderungen der Kinder mit traumatisierenden Erfahrungen bedürfen einer stärkeren Akzeptanz. Ein solches Kind wird als Jugendlicher nur sehr schwer seinen persönlichen Standpunkt im Leben finden. Während der Pubertät setzen sich die Kinder noch einmal intensiv mit sich auseinander. Sie haben einen erheblichen Bedarf an Selbstständigkeit und Abgrenzung gegenüber der „Erwachsenenwelt". Viele, im kindlichen Überlebenskampf nicht wahrgenommene Emotionen, kommen nun deutlich an die Oberfläche und bestimmen die Alltagsreaktionen. Das erheblich geschädigte Selbstwertgefühl, die Mechanismen, Angst abzuwehren, die Not, sich in einer Umwelt zu behaupten, in der alle anderen, vergleichbaren Menschen von Beginn an bessere Startbedingungen hatten, machen es nicht leicht, konfliktarm die körperliche Reifung zu vollziehen. In der Zeit der pubertären Entwicklung kommt es daher nach meiner Erfahrung immer wieder zur Beendigung von Pflegeverhältnissen.
Kinder und Jugendliche, die ihre Pflegefamilien verlassen, tun dies, weil der Ort und die Personen, die sie bisher beheimatet haben, ungeeignet geworden sind für diese Aufgabe, und sei es nur vorübergehend.

In der ganzen Hilflosigkeit und Unsicherheit der Selbstsuche zeigen Kinder dissoziale Verhaltensmuster wie z. B. Diebstahl, Suchtverhalten oder anderes, von der Familiennorm abweichendes Verhalten, welches dazu führt, dass sich dieses Kind aus der Familie ausgrenzt und letztlich diese verlässt.

Wenn eine Familie sich entscheidet, das Kind nicht zu halten, so müssen alle Beteiligten darin gestützt werden, den nächsten Schritt so zu gehen, dass niemand mit Versagens- und Schuldgefühlen leben muss. Diese Aussage gilt selbstverständlich auch für die Ursprungsfamilie.
Auch ist bei der Planung der nächsten Schritte eine Ursachenforschung unerlässlich.
Es ist nicht so, dass für ein geschädigtes Kind die Familie der einzig mögliche Lebensraum ist. Es kann sinnvoll sein, andere Lebensformen zu wählen, die dem Kind nicht extrem negativ besetzte Rollen zur Identifikation anbietet.

Eine Heimeinrichtung kann in diesen Fällen der sinnvollere Ort für ein Kind sein.
In den seltenen Fällen, in welchen ein Kind nach Hause in die Ursprungsfamilie zurückkehrt, kommt es in der Regel auch wieder zu einem Weggehen des Kindes oder hinausdrängen durch seine Familie. Diese Angabe kann ich allerdings nicht verallgemeinern. Ich spreche nur von den Fällen, die ich selber erlebt habe. Aber auch in diesen Fällen ist eine Heimeinrichtung der dann folgende Lebensraum.

Wenn ein anderer Lebensraum dem Kind neue Möglichkeiten eröffnet, die sein Überleben fördern, so ist es sinnvoll, mit ihm diese Veränderung anzustreben.
Der Druck der Verantwortung darf hierbei nicht alleine auf der Pflegefamilie lasten.
Es bedarf einer aktiven, gemeinsamen Planung, um die nächsten Schritte zu gehen. Der Gesetzgeber hat dieses erkannt und im § 36 KJHG Hilfeplanung, festgelegt. Mit Hilfe der Eltern, Pflegeeltern, Kinder, Schule, Therapeuten, Rechtsanwälte, Richter, Sozialarbeiter, Erzieher, Mediziner und anderer vielleicht nicht benannter Professionen wird für jedes einzelne Kind ein Netzwerk der Hilfe gewoben.
Dieses Netzwerk besteht mit dem humanitären Anspruch, dem Kind seine Zugehörigkeit zu der menschlichen Gemeinschaft zu erhalten und ihm eine, durch seine Fähigkeiten und Möglichkeiten vorgegebene, selbstständige Lebensführung und Teilnahme an der Gesellschaft zu ermöglichen.
In der Kommunikation der Beteiligten miteinander entsteht die Hilfe für ein Kind, das aus den natürlichen Bedingungen seines Lebens hinauskatapultiert wurde. Wann und wie die einzelnen Beteiligten für dieses Kind aktiv werden, ist in jeder Situation anders.
Sicher ist aber, dass jeder Beteiligte einer hohen Akzeptanz der jeweils anderen Profession bedarf, damit die Hilfe für das Kind sinnvoll und an diesem orientiert, geplant und umgesetzt werden kann.

Befinden sich die Kinder dann in Folgeeinrichtungen, so stoßen sie auch dort oft mit ihrem Verhalten an die gleichen Grenzen. Die betroffenen Personen sind nicht emotional in solch starkem Maße verstrickt. Das Verhalten wird nicht als individuelles Erziehungsversagen und Enttäuschung eines Erwachsenen erlebt, sondern es bleibt Thema des Kindes.
Das Kind hat die Chance zu lernen, die Verantwortung für sich zu

übernehmen. Auf jeden Fall wird die Beziehung zu seiner Pflegefamilie entspannter und damit wieder offener. Dieses zeigen beispielhaft die Erfahrungen von Roy und von Karla.
Wenn auch beide als Jugendliche lange ohne ihre Pflegefamilien lebten, so haben sie doch heute wieder einen guten, ihrer Situation entsprechenden Kontakt dorthin.

In heutigen Planungsgesprächen weise ich bereits bei sehr kleinen Kindern die Fachleute darauf hin, dass die Unterbringung zwar für die Dauer bis zum Erwachsensein angelegt ist, aber nicht geplant werden kann. Sie muss in extremen Krisen neu entscheidbar sein. Die Betreuung in Familien ist kein Allheilmittel für die Zerstörungen der Seele, sondern möglicherweise nur ein Teil des Heilungsprozesses.
Dieser Prozess muss von allen Beteiligten mitgetragen werden.

Das Rollenverständnis des Sozialarbeiters

Wenn ich den obigen Prozess betrachte, stelle ich fest, dass es sich für die Sozialarbeiter um eine vielfältige Rollensituation handelt.

Es ist wichtig, die mit Hilfe der Entwicklungs- und Tiefenpsychologie erklärbaren Mechanismen zu kennen und durchschaubar zu machen. Die Information an Pflegeeltern oder Erziehungsstellen zu diesen Themen findet in Einzelgesprächen oder in Form von Gruppenarbeit mit Pflegefamilien und Erziehungsstellen- /Pflegeelterngruppen statt **(Lehrender)**.

Die Sozialarbeiter sind **Fachberater**. In dieser Rolle helfen sie, vorhandenes Theoriewissen mit dem Familienpotential zu verbinden und damit für die einzelnen Familien nutzbar zu machen. Diese Fachberatung wird neben der Arbeit mit den betroffenen Familien auch in Bezug zu Kollegen anderer sozialer Dienste geleistet **(Berater)**.

In der Arbeit mit Kindern wird die Rolle eines für sie sortierenden Menschen unentbehrlich. Biographiearbeit sowie Sortierung der augenblicklichen Situation wird nicht nur mit den Pflegeeltern, sondern auch mit dem Pflegekind durchgeführt. Auch mit Eltern wird, wenn diese es wünschen, eine solche Arbeit geleistet. Der klassische Berater wird zu einem **Strukturgeber**.

Es entsteht im Laufe der Zeit eine sehr enge Vertrautheit untereinander. Der **Vertraute** wird zu einem **Helfer** in Krisen. Er ist aber neben dem Helfer eine **Sicherheitsinstanz**, die durch ihre Präsenz hilft, schwierige Situationen zu meistern. Er wird zum **Garanten** für die Umsetzung der Hilfe.

Innerhalb der **Verwaltung** ist er zuständig für die Erteilung der Pflegeerlaubnis und damit die Prüfung und Vorbereitung der Pflegefamilie. Ebenso ist er der Mensch, der für die Umsetzung der körperlichen Bedürfnisse der Kinder sorgt, indem Pflegegeldleistungen oder Sonderleistungen beantragt werden.

Die Rolle der Sozialarbeiter im Pflegekinderdienst ist vergleichbar mit der **Erziehungsleitung** in Heimeinrichtungen. Innerhalb der **Hilfeplanung** ist er an der Beschreibung der Rahmenbedingungen beteiligt, die zur Gestaltung der Zukunft des Kindes erforderlich sind.
Im Umgang mit Schulen gibt er Wissen aus dem Alltag, **motiviert** Lehrer, für dieses Kind dazusein und öffnet die Bereitschaft zur Toleranz gegenüber dem Versagen und dem Erscheinungsbild der Kinder.
Gemeinsam mit den Pflegeeltern sucht er für den Alltag von Pflegefamilien neue Wege. Er sortiert mit Eltern und Kindern deren gemeinsame, aber auch deren frühere Erfahrungen, um die Abstimmung der Kommunikation zu verbessern. Er ist als **Mediator**[45] mit verantwortlich für die Neugestaltung der Beziehungen untereinander.

Abschließend muss gesagt werden, dass nicht in jedem Fall in der oben beschriebenen Intensität gearbeitet werden kann. In vielen Fällen gibt es eine Abstufung vom reinen Organisator bis hin zu sehr persönlichen Ansätzen in der Arbeit mit Eltern, Kindern und Pflegeeltern.

*

Das Prinzip von Ursache und Wirkung

Die vorher geschriebenen Seiten sind für mich eine offene Aussage zu dem Prinzip von Ursache und Wirkung.
Jedes sorgfältig und liebevoll versorgte Kind zeigt eine entsprechende, angemessene Reaktion. Es wird die Welt auch dann, wenn es materiellen Mangel erlebt, als positiven Lebensraum definieren und sie mit der gleichen Sorgfalt und Verantwortung berühren, die ihm zu Teil geworden ist.
Das Gleiche gilt für die Menschen, die dem Kind begegnen.
Wird es die Erfahrung machen, geliebt und geborgen, wenn auch gefordert zu sein, so wird das Kind seine Mitmenschen als bergende, liebende sowie fordernde und fördernde Menschen erfahren. Das Kind wird als erwachsener Mensch seinen Mitmenschen und später auch seinen Kindern in gleicher Weise fürsorglich begegnen. Es wird die Tugenden zur Erhaltung und Pflege repräsentieren, so, wie es diese erfahren hat.
Wird es aber von seinen Mitmenschen zerstört, so kann es nicht lieben, fördern und sich entwickeln. Es wird genau so quälen und verletzen, wie es ihm selber geschehen ist, wenn nicht irgendwann jemand da ist, der ihm seinen Wert, seine Würde zurückgibt.

Das verletzte Kind wird selbst bei intensiver Hilfe häufig erst auf vielen Umwegen lernen, sich in dieser Gesellschaft zu orientieren und ein Leben führen, das innerhalb der allgemeinen Regeln stattfindet. Ein solches Kind benötigt den Schutz und die Fürsorge der menschlichen Gemeinschaft wesentlich länger, als ein gleichaltriges, nicht traumatisiertes Kind. Oft ist es nicht in der Lage, sich in diesen allgemeinen gesellschaftlichen Kontext zu integrieren. Ich kenne viele ehemalige Pflegekinder, die sich nur schwer integrieren konnten.
Der Anteil erwachsener, ehemals fremdplatzierter Kinder in der Psychiatrie ist hoch. Dies ist ein deutliches Zeichen dafür, wie sehr ein Kind langfristig unter der frühen, tiefen Verletzung leidet. Es ist sehr schwierig, diese Verletzung wieder aufzuheben und dem Kind seine Würde zurückzugeben. Die oft unvorstellbar schweren Verletzungen seiner Würde und seines Körpers machen dieses Zurückgeben oft unmöglich.
Ich bewundere alle Menschen, die es versuchen und daran mitwirken. Seien es die eigenen Eltern, Pflegeeltern, Juristen, Lehrer, Erzieher oder Sozialarbeiter.

Mir ist bewusst, dass die obigen Ausführungen nicht alle Aspekte der Arbeit mit Pflegekindern beinhalten. Ich spreche im Wesentlichen von sehr schwer verletzten Kindern, die nach meiner Auffassung den besonderen Schutz und die besondere Unterstützung der menschlichen Gemeinschaft benötigen.

Bei dieser Arbeit geht es nicht darum, Leid zu beseitigen. Schmerzen, Leiden ist in gewisser Weise in jedem Leben und für jedes Lebewesen ein Teil der Existenz. Ich denke aber, dass die Qual und die Zerstörung sowie die immer wiederkehrende Erniedrigung nicht sein darf.

Die Ursachen der erheblichen Verletzungen der Kinder zu erforschen ist heute in vielen Fällen nicht mehr möglich. Viele Familien tragen bereits seit Generationen immer wieder Traumatisierungen mit sich, die ihnen ursprünglich in Kriegen, bei Vertreibungen oder in anderen Gewaltsituationen zugefügt worden sind. Diese Verletzungen sind oft so stark, dass auch die folgenden Generationen davon berührt und geprägt werden.

Aber auch andere Erfahrungen können zu irreparablen Schädigungen führen:
- Kinder, die alleine gelassen werden, nicht versorgt sind, während die Eltern arbeiten;
- Familien, die trotz harter Arbeit der Eltern mit geringem Einkommen überleben sollen;
- Bildung, die nur bestimmten Einkommensschichten vorbehalten sein wird;
- Machtkämpfe um die gut dotierten Arbeitsstellen, die bereits im Kleinkindalter durch Eltern ausgefochten werden und Bevorzugung sowie Benachteiligung Einzelner zur Folge haben.

All das sind die Verletzungen und Entwürdigungen, denen Menschen ausgesetzt sind und die in unserer Gesellschaft durchaus Akzeptanz haben.

Die Arbeit mit Pflegekindern sollte auch bewirken, dass dieser Kreislauf des Leidens und der immer wiederkehrenden Verletzung nicht in endlosen Generationenfolgen weiter besteht.

Ich glaube nicht, dass es ein sorgenfreies, schmerzfreies Leben gibt. Diese Gesellschaft nimmt aber die Folgen der Toleranz gegenüber der ganz alltäglichen Verletzung der Würde des Menschen billigend in Kauf.

Mein Menschenbild ist geprägt von der Freiheit des Einzelnen und dem Versuch, die Welt, so wie sie eben ist, zu lieben. Wir wandern alle nur vorübergehend auf ihr und mit ihr.

Unsere menschlichen Zeitgenossen sind ebenso da wie die Steine, die Bäume, die Tiere, das Meer, die Berge und Täler. Wir sind alle Eins. Wir sind da, so

wie jedes andere Wesen da ist, nicht mehr und nicht weniger.
Das Land, die Meere, die Menschen und Tiere, welche die Verletzungen der Welt tragen und ertragen, verdienen unser aller tiefstes Mitgefühl. Gleich, welcher Abstammung, gleich welcher Erfahrung, bleibt ein Lebewesen ein Teil des großen Ganzen.
Wir sind da, wir sehen einander zu und die eigene Kraft, das Leben in jedem Einzelnen geht seinen Weg in ihm. Wir sollen es nicht verändern, sondern seinen Schmerz respektieren und lindern helfen. Es geht nicht um Strafe, es geht um Hilfe und Verstehen.
Ich wünsche, dass diese Haltung weiter in mir und meiner Welt wächst.
So entsteht eine freie, liebevolle, friedliche Arbeit, ein Zusammenleben von und mit Menschen.
Vielleicht gelingt es nicht immer, diese Haltung zu leben. Es gelingt aber, diesen Versuch zu unternehmen.

Ich hoffe, dass die Tätigkeit von Sozialarbeit mit Pflegekindern deutlich geworden ist. Es ist erkennbar, dass eine sozialarbeiterische Begleitung für Kinder und Eltern sowie Pflegeeltern, Kontinuität und fachliche Kompetenz erfordert.
Methodisch wird sich dieser Bereich weiterentwickeln.
Die hier bemerkten Fragestellungen betreffen nur einen sehr kleinen Teil der Bevölkerung. Daher ist es kaum möglich, an anderer Stelle als innerhalb der Jugendämter und freien Träger, die sich hierauf spezialisiert haben, die nötige fachliche Kompetenz im Umgang mit diesen Kindern zu entwickeln. Diese Kompetenz ist aber erforderlich, um ihnen zu helfen, sich weitgehend in diese Gesellschaft zu integrieren.
Die Schwierigkeit dieses Unterfangens ist mir sehr bewusst. Ich gehe davon aus, dass auch andere, die in diesem Feld arbeiten, wissen, wie der Erfolg zu messen ist.
Oft heißt die Frage am Ende: „Was wäre die Alternative?"

<u>Auch hierzu habe ich kürzlich ein deutliches Beispiel erlebt:</u>
Zu Beginn meiner Berufstätigkeit brachte ich vier Geschwisterkinder in einer Schutzsituation unter. Zwei Kinder waren in Pflegefamilien, zwei Kinder in einer Aufnahmegruppe einer städtischen Einrichtung.
Die drei älteren Kinder kamen nach einiger Zeit nach Hause zurück. Der jüngste Bruder wurde in eine Familie vermittelt, in der er bleiben sollte.
Der Rechtsstreit um diese Unterbringung dauerte fünf Jahre an. Am Ende

blieb der Junge, wo er war. Vor ungefähr sieben Jahren hatte ich erneuten Kontakt zu dieser Familie. Alle Kinder waren untergebracht, die Eltern hatten noch zwei weitere Kinder bekommen, keines lebt zu Hause.
Die vor 20 Jahren im Haushalt verbliebenen Kinder hatten schlimme Demütigungen und Gewalterfahrungen hinter sich. Sie halten keinen Kontakt zueinander oder zu ihren Eltern, weil sie die Fähigkeit verloren haben, sich als Familie zu fühlen. Der jetzt 20-Jährige, damals jüngste Bruder besuchte mich. Seine Entwicklung verlief nicht ohne Probleme. Nach dem Tod seiner Pflegemutter, er war 10 Jahre alt, hat der Pflegevater noch zweimal geheiratet. Er hatte aber kein Glück mit diesen Partnerinnen, und der Junge konnte diese Frauen nicht akzeptieren. Mit seinem Pflegevater und seiner Pflegeschwester hat er die üblichen Familienkonflikte. Dieser junge Mann hat soeben sein Abitur gemacht und sucht jetzt nach seinen Geschwistern. Ich kenne einen Teil von ihnen und habe mit ihm vorher darüber gesprochen. Einen seiner jüngeren Brüder hat er soeben kennen gelernt. Er lebt in einer Erziehungsstelle und hat die Absicht, in einer Gärtnerei eine Ausbildung zu machen. Beide Brüder sind neugierig auf diesen Kontakt und gehen ihn mit Hilfe vorsichtig an.

Es ist ihre Entdeckungsreise, die sie gehen können.
Sie gehen sie, nicht weil alles für sie so schrecklich war, sondern weil sie dem Schrecken entkommen sind, den ihre anderen Geschwister durchlebt haben. Sie können gehen.

Die offene Frage

Warum wird denn nun dieser Aufwand für die zu betreuenden Kinder geleistet?
Welche Idee ist im Hintergrund vorhanden, die es uns erlaubt, Kinder aus den natürlichen Kreisläufen und Verbindungen ihrer Entwicklung herauszutrennen und den Versuch zu unternehmen, sie in diese Gesellschaft, in eine neue Gemeinschaft hineinzuintegrieren? Die einzige Antwort hierauf kann nur der Schutz dieser Kinder vor der Zerstörung sein. Wir haben hier nur die Legitimation, das Kind vor noch größerem Schaden als dem bereits vorhandenen und als Zerstörung oder schwerer Verletzung des Körpers und der Seele erlebten, zu schützen.
Der zweite Aspekt ist die Regeneration des Kindes. Die körperlichen Verletzungen durch Vernachlässigung und Gewalt aller Art lassen sich zum Teil medizinisch und durch Versorgung und gesunde Ernährung beheben. Die seelischen Verletzungen sind nicht so leicht zu beeinflussen. Die oben gezeigten Methoden beruhen auf der Annahme und Erfahrung, dass die Rekonstruktion der eigenen Geschichte zu einem Verstehen des Geschehenen und einer Aussöhnung damit führen kann. Diese Aussöhnung kann dazu führen, dass die eigenen, auf die Vergangenheit fixierten Gefühle von Verlassensein, Wertlosigkeit, Verletztheit, befriedet werden. Das führt dahin, dass die hierin gebundene Lebensenergie wieder befreit und zur eigenen Entwicklung und selbstständigen Lebensführung zur Verfügung steht.
Die stetige Zuwendung und das immer wieder Anknüpfen an die jetzige Realität sind die Basis, diese Selbstfindung zu realisieren.
Die immer wieder zu leistende Rückführung aus Krisen in das "Hier und Jetzt", lehren das Kind und uns als Erwachsene zu verstehen, wie sehr es Verantwortung für sich übernehmen kann und wie weit es abhängig von seiner Vergangenheit ist. Zusammen mit dem Kind wird in den Pflegefamilien und Erziehungsstellen der Zukunftsentwurf anhand seiner Realität entwickelt. Vorhersagbar ist damit die Zukunft nicht.

*

Schlussbemerkungen

Die Arbeit mit verletzten Menschen, wie zum Beispiel Pflegekindern, ist eine Arbeit an der Wiederherstellung ihrer Lebenskraft, aber auch der Lebenskraft an sich. Das Schaffen positiver Entwicklungsbedingungen, durch deren Auswirkungen die zerstörte Lebenskraft wieder hergestellt werden soll, ist in diesem Sinne zu verstehen.
Wenn wir arbeiten, so soll diese Arbeit an den allgemeinen menschlichen Bedingungen orientiert sein. Die Menschen unterliegen ihren eigenen Grenzen. Sie sind keine Wesen, die sich grenzenlos ausdehnen können. Im Kollektiv sind sie intern steuerbar als zu nutzendes Objekt, aber nicht individuell entwickelbar im ethischen Sinn.
Die Entscheidung zu einer individuellen, ethischen Entwicklung muss jeder Mensch für sich alleine treffen.

Immer wieder bin ich erstaunt und überwältigt von der ungeheuren Kraft des Lebens. Ich sehe das Gras wachsen, Blumen erblühen und welken, Wolken ziehen, ein toter Hase verwest am Wegesrand.
Wie schnell gebiert der Mensch, wie schnell wächst der Mensch, wie schnell ist er Teil einer Gemeinschaft, die ihn fordert. Wie schnell entsteht seine Kraft, wie stark kann sie wachsen, wie schnell vergeht sie, nachdem sie ein Tor war zur nächsten Generation.

Leben
als Mensch
gewachsen in der Linie des Lebens
von Wesen zu Wesen
ohne Anfang,
ohne Ende,
Lebenskraft
immer da

Unsere Arbeit, unser Leben, begleitet, pflegt, erhält und ist Teil der Schöpfung. Unser Leben soll nicht zerstören. Unser Leben soll das Leben fördern und in Zukunft auch in dieser Art, den Menschen, bestehen helfen.
Leid entsteht durch das Leben. In aller Freude ist auch Leid. Tod ist unweigerlich eine Folge und Bestandteil von Leben. Werden und Vergehen ist Bestandteil des universellen Schöpfungsaktes.
Leiden ist Teil der Geburt, wie es Teil des Todes ist.

E N D E

Nachtrag: Finanzielle Leistungen in der Pflegekinderarbeit

Die oben beschriebene Arbeit findet in einem vorgegebenen, gesetzlich geregelten finanziellen Rahmen statt.
Das Leistungsentgelt der Pflegeeltern ist eher mager zu nennen. Es beträgt im üblichen Fall 191 € im Monat. In Einzelfällen ist es möglich, dieses zu erhöhen. Voraussetzung hierzu ist es, ein besonders in seiner Entwicklung beeinträchtigtes Kind aufzunehmen. Sonderleistungen sind möglich und die Fachberatung sollte wissen, welche.
Hinzu kommen bei der Vollpflege altersgestaffelt zwischen 399 € (für Kinder bis zum vollendeten 7. Lebensjahr), 457 € (für Kinder von Beginn des 8. Lebensjahres bis zum vollendeten 14. Lebensjahr) und 566 € (für Jugendliche zwischen dem 15. und 18. Lebensjahr) Unterhaltsleistungen im Monat für das Pflegekind. Zuzüglich entstehen in den Jugendämtern und bei den freien Trägern Beratungskosten pro Kind durch Fachberatung von monatlich ca. 90 € (= 3 € täglich).
Der Kostensatz beträgt damit:

399 €	457 €	566 €	(altersgestaffelter Unterhalt)
191 €	191 €	191 €	(Erziehungsbeitrag)
90 €	90 €	90 €	(Beratungskosten)
= 680 €	= 738 €	= 847 €	(monatlich für ein Kind in einer Pflegefamilie)

Das entspricht einem Tagessatz für ein Pflegekind zwischen 22,47 € und 28,23 €. An Erziehungsstellen werden zuzüglich zu den o. g. Unterhaltsleistungen ca. 614 € für die Erziehungsleistung gezahlt. Der Höchstsatz beträgt damit für die Familien incl. Unterhaltsleistung 1.180 €. Auch hier kommen die Trägerkosten für die Fachberatung und die Overheadkosten hinzu, diese betragen zuzüglich der Beratungskosten und Overheadkosten ca. 665 € monatlich. Der monatliche Kostensatz liegt damit für ein Kind in einer nicht an ein Heim gebundenen Erziehungsstelle bei ca. 1.845 € monatlich, das entspricht einem Tagessatz zwischen 62 € und 70 €.
Von den Kommunen werden zuzüglich Beihilfen zu unterschiedlichen Situationen wie Festen, zum Beispiel: Erstkommunion, Urlaub, das erste Fahrrad, Einschulung oder Erstausstattungen für Zimmer, Möbel und Kleidung gewährt.

Natürlich bedeutet diese Arbeit für die Stadtkasse eine Entlastung. Wenn man den Kostenaufwand für Pflegekinder neben den Aufwand in der Heimerziehung sieht, so fällt der krasse Unterschied auf.

In der Heimerziehung beträgt der Tagessatz für ein Kind zwischen 100 € und 180 € im Normalfall, wobei Sondersituationen hierin nicht enthalten sind. Das sind monatlich ca. 3.000 € bis 5.400 €.

In einem Fall habe ich erlebt, dass eine Pflegefamilie ein Kind für insgesamt sechs Jahre versorgte (Tagessatz: 28 €, monatlich: 840 €, jährlich: 10.080 €). Es war schwer gestört und durch nichts positiv zu beeinflussen. Die unterschiedlichsten Professionen waren als Helfer tätig. Nach späterer Heimunterbringung lag der Tagessatz bei über 282 €, das sind monatlich 8.460 € und jährlich 101.520 €!

Bei der zurückgehenden Zahl von Familien, die in der Lage wären, ein Kind in Vollpflege aufzunehmen, sollte von den für die Jugendhilfe verantwortlichen Entscheidungsträgern darüber nachgedacht werden, ob nicht eine bessere finanzielle Ausstattung von Familien mit Pflegekindern mehr Motivation, aber auch ganz praktisch zunächst einmal die Grundlage zu der Aufnahme eines Pflegekindes schaffen kann. Ebenso sollte die qualitative Begleitung der Pflegefamilien durch Fachberatung allgemein gestärkt werden, so dass diese natürliche Ressource unserer Gesellschaft nicht verbraucht, sondern erhalten und gepflegt wird.

*

Quellen

Die dargestellte Problematik stützt sich im Wesentlichen auf meine persönliche Erfahrungen mit Kindern und Familien. Durch Namensänderungen und zeitlichen Verschiebungen ist eine Identifikation betroffener Personen faktisch nicht möglich. Die Entwürfe zu Methoden und Theorieansätzen sind innerhalb meiner langjährigen Arbeit entstanden. Dort, wo eine mir bekannte Analogie in der Fachliteratur besteht, wird von mir darauf verwiesen.

*

Anmerkungen

[1] **Promiskuität:** Sexualverkehr mit häufig wechselnden Partnern.

[2] **Deprivierende Bedingungen:** Mangel, Verlustsituationen, die zu Entwicklungsstörungen führen. Verweigerung oder Entzug von entwicklungsfördernden Bedingungen, Mangel an individueller Beachtung und Förderung. Die Folgen werden im Wörterbuch für Psychologie von J. Drever und W. D. Fröhlich wie folgt beschrieben: Abhängig von der Dauer und Art der Deprivation: Absenkung der Leistungsfähigkeit, Auftreten von veränderten Bewusstseinszuständen, Ausschaltung der bewussten bzw. willentlichen Kontrolle, übermäßige Gefügigkeit und die Aufgabe der bisherigen Wertmaßstäbe (zugunsten der in der Deprivation suggerierten Gehirnwäsche).

[3] **Erziehungsbeitrag:** Die finanziellen Leistungen an die Pflegefamilie für ein Pflegekind bestehen aus a) dem Unterhalt für das Kind und b) dem Erziehungsbeitrag, der für die Leistung der Pflegeeltern als Anerkennung gezahlt wird. Vergleiche auch unter Kapitel "Nachtrag".

[4] Vgl. hierzu Deutsches Jugendinstitut (1987), „Handbuch / Beratung im Pflegekinderbereich" (Juventus Verlag, Weinheim u. München).

[5] Vgl. hierzu Nienstedt Monika und Westermann Arnim (1989), „Pflegekinder, Psychologische Beiträge zur Sozialisation von Kindern in Ersatzfamilien" (Votum Verlag, Erstauflage).

[6] **'Fremdplatzierung'** ist ein Thema der Jugendhilfe. Hierunter fallen alle Maßnahmen, die ganz oder einen länger zusammenhängenden Zeitraum außerhalb der Herkunftsfamilie für ein Kind oder einen Jugendlichen als Erziehungshilfe für die Eltern bereitgestellt werden, wie die Pflegefamilien, Erziehungsstellen, Heimerziehung oder auch Internate.

[7] Das **KJHG ist das Kinder- und Jugendhilfegesetz, oder das 'Sozialgesetzbuch – Achtes Buch'**, welches 1990 das bis dahin geltende Jugendwohlfahrtsgesetz ablöste. In ihm finden wir die für die Jugendhilfe relevanten gesetzlichen Regelungen.

[8] **Steuerungsmodelle:** In den vergangenen zehn Jahren wurde die Verwaltung völlig umgewandelt. In den einzelnen Behörden wurden Strukturveränderungen vorgenommen, die einen höheren Wirkungsgrad in der Leistung bei reduzierten personellen Ausstattungen gewährleisten sollen. Insbesondere die vertikale Hierarchie wurde gestrafft, wobei die Personalressourcen, insbesondere auf der Leistungsebene, einer kritischen Prüfung unterzogen wurden.

[9] **Integration:** Lexikon DTV: Integration = Zusammenschluss, ein übergeordnetes Ganzes bilden. –Wörterbuch, Psychiatrie und medizinische Psychologie- Uwe Henrik Peters, Orbis 1990: **1.** Verschmelzung von zwei oder mehr Teilen zu einem Ganzen. **2.** In der Psychiatrie der Vorgang, durch welchen verschiedene Persönlichkeitsanteile vereinigt werden und nun auf einer neuen, höheren Ebene zusammenwirken (integrierte Persönlichkeit).

[10] **Herkunftsfamilie:** Der Begriff Herkunftsfamilie oder auch Ursprungsfamilie wird hier zur Zuordnung des Pflegekindes zu seinen biologischen Wurzeln angewandt. Er bezieht alle Personen aus diesem Kontext, die für das Kind von sozialer und emotionaler Bedeutung waren, ein.

[11] **Identität: Persönlichkeit, das Ich:** Die sich und seine Erfahrungen selbst reflektierende und erkennende Person, sich im sozialen Umfeld sicher fühlend. DTV Bd. 3031 Wörterbuch zur Psychologie: (1)Vollständige Übereinstimmung in allen Einzelheiten. (2) Bezeichnung für eine auf relativer Konstanz von Einstellungen und Verhaltenszielen beruhende, relativ überdauernde Einheitlichkeit in der Betrachtung seiner selbst oder anderer. –Psychrembel, Klinisches Wörterbuch, 257. Auflage: Kontinuität und Einheit der Person.

[12] **Prägung:** lt -Wörterbuch Psychiatrie und Medizinische Psychologie – Orbis, s.o.: **1.** I.w.S. jeder dauerhafte Einfluss der Bildungs- und Sozialwelt. **2.** I.e.S. Kopplung eines angeborenen Verhaltensmusters mit einer Erfahrung aus der Umwelt, die in einer auf die Zeit nach der Geburt beschränkten kritischen Phase erfolgen muss. P. Wird von mir in dem Zusammenhang als Bezeichnung für 'dominierende Erfahrung' benutzt. Sie ist die Basis, auf der alle weiteren Erfahrungen interpretiert und zugeordnet werden. Es ist die Festlegung auf ein bestimmtes Objekt oder eine Richtung (der Autor).

[13] **internalisiert:** In sich aufnehmen, zum Bestandteil seiner selbst werden lassen (der Autor).

[14] **Traumatisierung:** Hier gebraucht im Sinne von körperlicher und seelischer Verletzung, die langfristig die seelische und soziale Lebensqualität beeinflusst.

[15] Vgl. 'Übertragung' Seite 193 ff.

[16] **Kinderschutzgruppe:** In dem städtischen Kinderheim und in den Heimen der freien Träger unserer Stadt gab es bis vor wenigen Jahren Schutzgruppen für Kinder. Sie hatten den Auftrag, Kinder bis zur Klärung ihrer jeweiligen Situation aufzunehmen. Es waren oft Aufnahmen von Kindern ohne vorherige Vorbereitung. Aus Kostengründen wurden diese Gruppen abgebaut. Die Schutzfunktion wird heute vorrangig in sogenannten

Kinderschutzfamilien durchgeführt. In Ausnahmefällen stehen heute noch vereinzelt Gruppenplätze in Einrichtungen für diese Aufgabe zur Verfügung.

[17] **Rekonstruktion:** Wiederherstellung, in diesem Zusammenhang als Wiederherstellung des Zusammenhanges von aktuellem Verhalten und Erfahrung des Kindes zu verstehen. Die Wiederherstellung seiner Geschichte (der Autor).

[18] Der Begriff **"Katzenklo"** ist in meiner heutigen Gruppenarbeit mit Pflegeeltern ein geflügeltes Wort. Immer dann, wenn das Kind erkennbar Situationen herstellt, die den alten Lebensraum mit seiner Erfahrung und emotionalen sowie sinnlichen Qualität wieder hervorholt, reden wir von dem Katzenkloeffekt (der Autor).

[19] **Verdrängung:** In diesem Fall benutzt als Abwehrmechanismus, dessen Funktion es ist, Erfahrungen und Informationen ohne Erinnerungsspuren aus dem Bereich des aktiven Bewusstseins in das Unbewusste zu verlagern, so dass die Information nicht mehr aktiv zur Verfügung steht.

[20] **Blockierung:** Das Erfahrungspotential hindert den Betroffenen an einer sachbezogenen, objektivierbaren Auseinandersetzung mit seiner jetzigen Situation. Er ist unfähig, angemessen zu reagieren. Die Erfahrung blockiert sein Denken und Handeln (der Autor).

[21] **Abspaltung:** Nicht mehr zugängliche Erfahrung. Persönlichkeitsanteile, die völlig von der sozialen Person gespalten zu sein scheinen. Die Erfahrungen werden nicht mehr für den Alltag genutzt, bestimmen aber in ihren Auswirkungen eigendynamisch das Verhalten der Person (der Autor).

[22] **Wächteramt:** Grundgesetz, Artikel 6, Abs. 2) "Pflege und Erziehung der Kinder sind das **natürliche Recht** der Eltern und die **zuvörderst** ihnen obliegende **Pflicht**. Über ihre Betätigung **wacht** die staatliche Gemeinschaft." Die gesetzliche Grundlage zu einem Eingriff in die Elternrechte bietet der § 1666 BGB. Die Zusammenarbeit zwischen dem zuständigen Familiengericht und den Jugendämtern ist im KJHG geregelt.

[23] **Aufenthaltsbestimmungsrecht:** Das Elternrecht ist in drei Rechtspositionen gegliedert: Das Personensorgerecht, das Aufenthaltsbestimmungsrecht und die Vermögenssorge. Bei einem Entzug der Elternrechte wird durch das Familiengericht nur derjenige Teil der Elternrechte eingeschränkt, dessen Einschränkung zur Abwendung einer Gefährdung des Kindes nach Auffassung des Gerichts erforderlich ist.

[24] **Schutzfamilie:** Als Schutzfamilien werden in unserer Stadt gezielt Familien angeworben. Der Auftrag ist, in Krisen der Ursprungsfamilie der Kinder diese aufzunehmen und zu versorgen. Sie stehen so lange zur Verfügung, bis eine Rückkehr des Kindes nach Hause möglich ist oder die Vermittlung in eine Pflegefamilie, Erziehungsstelle

oder eine andere für das Kind geeignete Heimeinrichtung erfolgt. Die Aufenthaltsdauer soll drei Monate nicht überschreiten. Die Realität ist aber, dass die Verfahren bei einigen Kindern so lange andauern, dass die Aufenthaltszeiten auch bis zu einem Jahr oder gar darüber hinaus gehen.

[25] Vgl. Seite 24-28.

[26] Unter Moral verstehe ich auf die Gesellschaft bezogene, grundlegende Ordnungsprinzipien, die das Zusammenleben der Mitglieder regeln, oberhalb der Gesetzgebung.

[27] Ethik ist für mich ein übergeordnetes Lebensprinzip das uns anleitet, Taten, die wir tun, als förderlich oder zerstörend und damit schädlich zu *empfinden*. Es ist der innere, unabhängige Bewertungskatalog des Einzelnen.

[28] Männer, die in der Wohnung eine Schlafstelle hatten.

[29] In der kürzeren Vergangenheit nehmen immer mehr Jugendämter Abstand davon, Pflegefamilien zu benennen. Sie sind nach der Regelung im KJHG, dort § 86, Abs.6, gezwungen, die Betreuung der Kinder zu übernehmen. Das bedeutet, dass Fachpersonal vorgehalten werden muss, das wiederum Kosten verursacht, ohne dass diese Kommune direkt davon profitiert.

[30] Biographische Brüche sind Erfahrungen von Trennungen aus dem Lebensraum und von Menschen. Diese Brüche geschehen oft gegen den Willen der Eltern und sind mit Trauer und Verlusterfahrungen begleitet. Auch ein körperlich und seelisch verletztes Kind erlebt den Verlust und trauert. Auch eine verletzende Welt ist eine Welt mit Erfahrungen, Wünschen und Wissen.

[31] Hier zu verstehen als Wiedergutmachung.

[32] Kindergarten, in dem behinderte und nicht behinderte Kinder zusammen betreut werden.

[33] **Nachreifung:** Kinder, die in verletzenden Lebensumfeldern gelebt haben, sind in ihren Möglichkeiten, emotionalen und sozialen Kontakt zu pflegen, nur sehr schwach ausgestattet. Sie haben einen sehr hohen Bedarf an Nachholen und Befriedigen ihrer eigenen Bedürfnisse. In ihren emotionalen und sozialen Fähigkeiten weisen sie keinen altersgemäßen Reifegrad auf. Sie reifen unter den neuen Bedingungen nach. Die Geschwindigkeit und der zu erreichende Reifegrad können nicht vorhergesagt werden (der Autor).

[34] **Muster:** hier emotionale und soziale Muster. Aufgrund von Erfahrungen entwickelte Empfindungen und Verhaltensweisen, die vorhersehbar, sicher und in zukünftig ähnlichen Situationen wieder eingesetzt werden (der Autor).

[35] Der Begriff **Katzenklo** kennzeichnet in der von mir betreuten Erziehungsstellengruppe heute Situationen des sich Erinnerns und erneuten Durchlebens alter Situationen und körperlicher, sinnlicher Erfahrungen. Diese Situationen und Erfahrungen weisen uns darauf hin, dass dieses Kind das Erinnern auch praktisch (Geruch, Verhalten u.s.w.) benötigt, um sein psychisches Gleichgewicht zu erhalten und nicht das Gefühl zu haben, verrückt zu sein ob der Unwirklichkeit seiner Erinnerungen, die mit der jetzigen Realität nicht vereinbar scheinen.

[36] **Verletzter intrapersonaler Entwicklungsanteil:** Hier zu verstehen als Erfahrung, die das Kind verletzte und seine Entwicklung entscheidend gehemmt hat. Die Erfahrung ist oft keine Einzelerfahrung, sondern eine Kette von immer wiederkehrenden Eingriffen in seine Persönlichkeitsentwicklung. Die Erfahrungen können lange zurückliegen. Sie beeinflusst das Verhalten des Kindes. Die eigentliche, dem Kind mögliche Entwicklung, wurde behindert (der Autor).

[37] Vgl. hierzu Wiemann Irmela (1993), „Pflege- und Adoptivkinder" (rororo Verlag).

[38] **Inkarnation:** zu verstehen als Menschwerdung.

[39] Vgl. hierzu De Saint Exupéry Antoine (1970), „Der kleine Prinz" (Karl Rauch Verlag, Düsseldorf), Seite 50-52.

[40] **Projektionsebene, Projektion:** Die Projektion ist ein Hinausverlagern der eigenen Empfindungen und Erfahrungen in die jetzige Situation. Die Situation wird anhand der alten Erfahrung, aus einem anderen Kontext, interpretiert und verliert damit unter Umständen an realem Zusammenhang. Die Projektionsebene ist der soziale Kontext, hier zum Beispiel die Pflegefamilie oder eine Einzelperson, dem/der dann Eigenschaften oder Absichten aus dem früheren Lebenskontext zugeschrieben werden. Diese Zuschreibung gestattet die Projektion der Empfindung auf das Objekt unabhängig von der objektiven aktuellen Wirklichkeit und der Realität des Gegenübers (der Autor).

[41] Siehe Kapitel VIII, Besuchskontakte – die Präsenz der Ursprungsfamilie.

[42] **Kontrollmechanismen:** Ein erwachsener Mensch versucht laufend, seine Umwelt zu kontrollieren. Er benutzt dazu die gewonnene Erfahrung in der jetzt aktuellen, sicheren Situation. Jede Veränderung der Situation fällt auf und wird entweder positiv genutzt, angepasst oder wieder rückgängig gemacht. Erscheint die Veränderung ungefährlich, nicht störend, so wird sie nicht weiter beachtet. Ein geschädigtes Kind entwickelt solche

Fähigkeiten sehr früh. Es passt sich dem Bedarf seiner Umwelt an, erlernt Techniken, in dem Glauben, sie damit für sich einzunehmen und damit zu kontrollieren. Seine Fähigkeiten entwickeln sich zu früh, seine Kreativität, seine eigene Erfahrung bleibt in der Entwicklung zurück (der Autor).

[43] Seite 110, Kapitel VI, Beispiel Fred.

[44] Vgl. hierzu Nienstedt Monika und Westermann Arnim (1989), „Pflegekinder, Psychologische Beiträge zur Sozialisation von Kindern in Ersatzfamilien" (Votum Verlag, Erstauflage).

[45] **Mediation/Mediator:** Parteilose Konfliktbearbeitung, besonders in schwierigen Beziehungssituationen eingesetzt, z. B. Konflikten zwischen Herkunfts- und Pflegefamilie (der Autor).

Literaturhinweise

Bürgerliches Gesetzbuch (BGB) §§ 1666 ff.

De Saint Exupéry Antoine (1970), „Der kleine Prinz" (Karl Rauch Verlag, Düsseldorf).

Deutsches Jugendinstitut (1987), „Handbuch / Beratung im Pflegekinderbereich" (Juventus Verlag, Weinheim u. München).

Eliacheff Caroline (1997), „Das Kind das eine Katze sein wollte" (dtv).

Hamburger Pflegekinder Kongress (1990), „Mut zur Vielfalt", Dokumentation (VotumVerlag, Red. Güthoff, Münster).

Kinder und Jugendhilfegesetz (KJHG - Auflage 1998) §§ 27 i. V. mit 33ff.

Lambeck Susanne (2002), in: „Paten, eine Fachzeitschrift rund ums Pflegekind und Adoption", Bd. 2, Seite 21-25.

Mc Goldrick Monica u. Gerson Randy (1990), „Genogramme in der Familienberatung" (Rotbusch).

Nienstedt Monika und Westermann Arnim (1989), „Pflegekinder, Psychologische Beiträge zur Sozialisation von Kindern in Ersatzfamilien" (Votum Verlag, Erstauflage).

Niestroj Hildegard (1998), „Frühkindliche Traumata. Annäherung an die nur schwer zu erkennenden sprachlosen Traumen der frühen Kindheit" (Referat Stiftung „Zum Wohl der Pflegekinder", Holzminden).

Watzlawick Paul (1976), „Wie wirklich ist die Wirklichkeit" (Piper & Co. Verlag).

Watzlawick Paul u. a. (1977) „Menschliche Kommunikation" (Rotbusch Verlag).

Weinberg Dorothea (2000), „Psychotherapie mit traumatisierten Kindern", in: Report Psychologie, <25> Heft 7.

Wiemann Irmela (1991), „Pflege- und Adoptivkinder. Familienbeispiele, Informationen, Konfliktlösungen" (rororo Verlag, Reinbeck).

Wiemann Irmela (1994), „Ratgeber Pflegekinder. Erfahrungen, Hilfen, Perspektiven" (rororo Verlag, Reinbeck).

Zenz, Prof. Dr. Gisela (2000), „Zur Bedeutung der Erkenntnisse von Entwicklungspsychologie und Bindungsforschung für die Arbeit mit Pflegekindern", in: Zentralblatt für Jugendrecht, Heft 9.